Dr. Switzers

Heilkräftige Wildkräuter-Vitalkost-Rezepte

Ich widme dieses Buch meinem Vater,

meinem besten Testesser.

Inhalt

Salate 52

Suppen 60

Sushi 79

Nudeln und Saucen 84

Porridges 92

Pfannkuchen und Toppings 101

Müslis 110

Quark, Hummus und Käse 112

Brei, Paté und herzhafte Cremes 119

Dips, Salatsaucen und Pestos 123

Anhang

Vorwort

Vor mehr als 2300 Jahren empfahl Hippokrates, der Vater der Medizin, Nahrung als Arznei einzusetzen. Aber welche Nahrung hat er gemeint? Wie würde eine solche heilkräftige Ernährungsweise aussehen? Vegetarisch, vollwertig, low-carb, eiweißhaltig oder gar ayurvedisch?

Durch meine Bekanntschaft mit essbaren Wildkräutern glaube ich, diese Frage beantworten zu können. Seit Jahrhunderten werden Wildpflanzen sowohl als Medizin wie auch als Nahrung verwendet. Ihre heilkräftige Wirkung ist überragend und durch nichts zu ersetzen. Ihre Nährstofffülle kann unseren Körper optimal ernähren. Keine gezüchteten Pflanzen- oder Gemüsesorten enthalten eine ähnlich hohe Konzentration an Nährstoffen wie die Wildpflanzen. Sie können unsere Gesundheit optimieren, während sie gleichzeitig unsere Zellen nähren. Und das alles zum Nulltarif.

Es bleibt nur die Frage, wie man die Wildkräuter kulinarisch verwenden bzw. zubereiten kann. Schließlich sollte unsere Nahrung nicht wie bittere Arznei schmecken. Diese Herausforderung hat mich während der vergangenen zehn Jahre motiviert, heilkräftige Rezepte zu kreieren.

Durch meine Wildkräuter-Vitalkost-Rezepte auf Gourmet-Niveau konnte ich in den letzten Jahren sogar einige Skeptiker überzeugen. Viele waren über ihre neu gewonnene Energie überrascht. In fast jedem Rezept gebe ich eine Erklärung, wie die einzelnen Nährstoffe auf die Gesundheit wirken.

Kulinarisch kann man die heimischen Wildkräuter für viele Rezepte einsetzen. Mittlerweile hat sogar die Gourmet-Küche sie entdeckt. Die Rezepte sind schmackhaft und erfüllen einen therapeutischen Zweck. Medizin auf Gourmet-Niveau, würde Hippokrates wahrscheinlich sagen.

Von der überragenden Vitalität der Wildkräuter kann heute jeder profitieren. Sie sind bestens verträglich und können unser Immunsystem und unseren Stoffwechsel beleben und unterstützen. Sie bauen einen wichtigen Schutzwall gegen den Angriff von freien Radikalen auf und können somit die Entstehung von degenerativen Krankheiten verhindern.

Sie müssen kein Wildkräuter-Spezialist sein, um gleich loszulegen. Selbst wenn Sie nur Brennnesseln und Löwenzahn positiv identifizieren können, würde das reichen. Weitere wichtige Pflanzen wären Giersch, Spitzwegerich, Gänseblümchen, Vogelmiere und Ackerschachtelhalm. Durch eine geführte Wildkräuterwanderung, wie wir sie monatlich am Starnberger See durchführen, kann jeder sein Wissen über Wildpflanzen vertiefen.

Diese Rezeptsammlung enthält die Quintessenz meines Wildkräuter-Vitalkost-Wissens, welches ich mir während der vergangenen zehn Jahre erarbeitet habe. Dieses Wissen setze ich therapeutisch mit großem Erfolg bei meinen Ayurveda-Patienten ein. Es wird den Leser in die Lage versetzen, eine heilkräftige Ernährungsweise Schritt für Schritt zu realisieren.

Meine Absicht ist es, auch die wichtigsten theoretischen und praktischen Kenntnisse einer heilkräftigen Ernährungsweise zu vermitteln. Ich gehe auf die Wirkung der Wildkräuter-Vitalkost auf Stoffwechsel, Immunsystem, Hormone, Energie, Bewusstsein und innere Zufriedenheit ein. Auch die Themen probiotische Superfoods, Lubrikationsmittel für den Darm, organische Spurenelemente, Sprossen und exotische „Future Food"-Gerichte wie Kelp-Nudeln, ein Nudelgericht aus Meeresalgen, werden behandelt.

Bitte beziehen Sie Ihre/n Arzt/Ärztin/Heilpraktiker ein, bevor Sie mit einer Umstellung beginnen!

Jeder sollte erst seinen Arzt/Heilpraktiker konsultieren, bevor er irgendwelche therapeutischen Selbstversuche mit den Wildkräutern unternimmt. Der Arzt/Heilpraktiker spielt weiterhin eine wichtige Rolle für die eigene Gesundheit. Hier sollte niemand leichtsinnig handeln. Eine Überwachung seitens eines Arztes oder einer Ärztin ist immer wichtig, um bei degenerativen Erkrankungen sicher vorzugehen. Der Autor kann keine Verantwortung für misslungene therapeutische Versuche übernehmen.

Nun wünsche ich Ihnen viel Freude beim Lesen.

Dr. med. John Switzer

Feldafing, im Mai 2012

Einleitung

Die Suche nach heilkräftigen Nahrungsmitteln

„Die lebendige Schöpfung, soweit wir sie auf unserer Erde werden und wachsen sehen, ist ein Ganzes, das wir nicht erkennen und das wir nur schlechter machen, wenn wir es zu ändern versuchen.“ Dr. H. P. Rusch

Ist es möglich, Nahrung wie Medizin einzusetzen? Dieses Thema beschäftigt mich seit mehr als 30 Jahren. Hippokrates, der Vater der Medizin (300 v. Chr.), sagte, dass heilkräftige Nahrung wie Medizin wirken kann.

Die Richtigkeit dieser Aussage konnte ich während der vergangenen Jahre immer wieder bestätigen. Die Einnahme von heilkräftiger und nährstoffhaltiger Nahrung kann Krankheiten und Symptome lindern und oft sogar heilen. Wenn die falsche Nahrung uns krank machen kann, müsste es durch eine heilkräftige Ernährungsweise möglich sein, unsere Gesundheit wiederzuerlangen.

Aber wie würde eine solche heilkräftige Ernährungsweise aussehen? Reicht es, wenn wir uns mit Müsli, Joghurt, Vollkornbrot, Bio-Gemüse, Obst, Olivenöl und Fisch eindecken, wie die Ernährungsexperten empfehlen? Oder gibt es heilkräftigere Nahrungsmittel, die wir noch nicht kennen?

Können nährstoffhaltige Nahrungsmittel uns vor degenerativen Krankheiten wie Krebs, Diabetes, Herz-Kreislauf-Erkrankungen, Fettsucht und Demenz schützen? Gerade vor diesen Krankheiten fühlen sich viele Menschen schutzlos und der Medizin ausgeliefert.

Um an überragende und nährstoffhaltige Nahrungsmittel zu gelangen, muss man die gewohnten Wege verlassen. Im Bioladen wird man diese heilkräftigen Nährstoffe kaum finden. Aber es kann sein, dass sie vor der Haustür wachsen, ganz unbeachtet von uns. Es sind die heimischen Wildkräuter wie Brennnessel, Löwenzahn, Giersch, Ackerschachtelhalm, Spitzwegerich, Gänseblümchen und Kohldistel, um ein paar zu nennen. Ihr Gehalt an Biophotonen, Enzymen, Chlorophyll und sekundären Pflanzenstoffen ist überragend und unübertroffen. Diese Wildpflanzen können uns helfen, unsere Gesundheit wiederzuerlangen.

Im Gegensatz zu Mutter Natur können die Landwirtschaft und die Lebensmittelindustrie uns mit diesen essenziellen Nährstoffen nicht versorgen. Die Industrie hat sich noch nie mit dem Nährstoffgehalt von Lebensmitteln beschäftigt. Deswegen leiden heute so viele Menschen unter degenerativen Erkrankungen. Damit wir uns selbst retten können, brauchen wir die Unterstützung der Wildkräuter. Mit ein paar einfachen Rezepten können Sie Ihre eigene heilkräftige Nahrung selbst herstellen und somit ein Stück Unabhängigkeit von dem Diktat der Industrie und der Medizin zurückgewinnen.

Die Wildpflanzen sind oft heilkräftiger als die teuersten Arzneimittel aus der Apotheke, ihre Heilkraft ist unübertroffen. Auch der Ayurveda und die Homöopathie setzen die Heilwirkung von Wildpflanzen ein. Selbst die Schulmedizin isoliert einzelne Wirkstoffe aus Wildkräutern, um sie bei bestimmten Krankheiten einzusetzen. Ein gutes Beispiel ist die Gabe von Digitalis bei Herzinsuffizienz.

Die Wildkräuter sind ein wahrer Goldschatz an Biophotonen (von Pflanzen aufgenommene Sonnenenergie) und sekundären Pflanzenstoffen, die im Handel so gut wie nicht erhältlich sind. Um an diese für unseren Körper und Geist so wichtigen Nährstoffe zu gelangen, müssen wir erst die Bekanntschaft mit unseren heimischen Wildkräutern machen. Dann brauchen wir ein paar gute Rezepte, um aus den Wildkräutern etwas Schmackhaftes zu machen. Deswegen habe ich diese Rezeptsammlung geschrieben.

Die grünen Wildpflanzen werden oder wurden von robusten Naturvölkern wie den Hunzukuc aus dem Hunzatal in Nordpakistan, den Dagestani aus dem Kaukasus und, in früheren Zeiten, den Indianern Nordamerikas und den Aborigines Australiens in großen Mengen verzehrt. Diese Naturvölker strotzten oder strotzen zum Teil immer noch vor Kraft und Gesundheit; mit degenerativen Erkrankungen haben sie wenig zu tun. Sie haben wenig Berührung mit Ärzten, Krankenhäusern, Medikamenten, Impfungen und Pflegeheimen.

Affen und Gorillas, die zur Familie der Primaten gehören wie wir Menschen, leben zu 70 Prozent von grünen Wildpflanzen. Auch sie strotzen vor

Kraft und leiden nicht wie Menschen unter degenerativen Krankheiten. Nur wenn die Tiere in einem Zoo gehalten werden, fangen sie an, Gebrechen zu zeigen. Dann fehlen die für ihre Gesundheit so wichtigen Wildkräuter. Hochgezüchtete Früchte und Gemüse sind kein Ersatz für Wildpflanzen.

Ohne die Wildpflanzen fehlen wichtige Nährstoffe wie sekundäre Pflanzenstoffe, Biophotonen, organische Mineralien und Spurenelemente, Enzyme und Vitamine. Dadurch entwickeln die Tiere einen unstillbaren Hunger. Dieses Verhalten kann man bei den Affen im Tierpark beobachten. Sie fangen sogar an, die mitgelieferten Kartonagen von Bananen zu fressen, ein Verhalten, welches „Pica-Syndrom“ genannt wird.

Menschen, die mit organischen Spurenelementen unterversorgt sind, entwickeln ähnliche Gelüste. Allerdings konsumieren wir anstelle von Kartonagen lieber Pizza, Pasta, Brot, Schokolade, Kuchen, Chips, Eis, Süßigkeiten, Wurst, Käse, Fleisch, Alkohol und Nikotin. Die uns von der Industrie aufgetischte minderwertige Nahrung kann dieses Verlangen beleben und lässt die Menschen immer dicker werden. Trotz voller Bäuche wird man nicht richtig satt.

Wenn man den Körper mit organischen Spurenelementen (Mikromineralien-Ur-Essenz) und Wildkräuter-Cocktails versorgt, ist es möglich, diese Gelüste einzudämmen. Das funktioniert fast immer. Man wird deutlich weniger Verlangen nach Brot, Nudeln, Käse, Fleisch, Wurst, Süßigkeiten, Schokolade, Kaffee, Alkohol und oft sogar Nikotin verspüren. Zwischenmahlzeiten wird man nicht mehr brauchen. Hunderte meiner Patienten und Seminarteilnehmer konnten diese Erfahrung machen.

Die Wildkräuter enthalten Nährstoffe, die sowohl Affen wie auch Menschen vor Krankheiten und Degeneration schützen können. Diese Nährstoffe wird man selbst in Biokost kaum finden. Unsere Gemüsesorten sind meistens hochgezüchtet und weisen bei Weitem nicht den hohen Gehalt an Nährstoffen auf wie die Wildkräuter. Viele der wichtigen sekundären Pflanzen- und Bitterstoffe, die eine heilkräftige Wirkung auf den Körper ausüben können, wurden inzwischen weggezüchtet.

Fehlen die sekundären Pflanzenstoffe in unserer Nahrung, kann unser Immunsystem sich gegenüber Krankheiten schlechter wehren. Dann müssen wir den Arzt aufsuchen, um die fehlenden Pflanzenstoffe verschreiben zu lassen. Was in unserem Gemüse und Obst fehlt, kaufen wir in der Apotheke – eigentlich ein tolles Geschäft für die Industrie. Die Pflanzenstoffe, die herausgezüchtet wurden, müssen wir später in der Apotheke teuer einkaufen.

Weil viele Nährstoffe wie die Biophotonen eine begrenzte Halbwertzeit von nur wenigen Stunden haben, sind frisch gesammelte Wildkräuter für unsere Gesundheit von großer Bedeutung. Ihre Nährstoff-Fülle ist überragend und kaum zu übertreffen. Biophotonen sind eine Nährstoffklasse, die von der Medizin sträflich ignoriert wird. Die Biophotonen sind aber unerlässlich, um den Körper vor degenerativen Erkrankungen zu schützen.

Wie viele Nährstoffe bleiben überhaupt übrig, wenn man Bio-Erzeugnisse aus Spanien nach Deutschland karrt? Kann welkes Gemüse aus dem Bioladen noch irgendwelche Biophotonen enthalten? Wie kann man gesund werden, wenn unsere Lebensmittel kaum noch organische Spurenelemente, Chlorophyll, Enzyme, sekundäre Pflanzenstoffe und Biophotonen aufweisen?

Das sind wichtige Fragen, die die Medizin weitgehend ignoriert hat. Deswegen befindet sich die Menschheit in einer gigantischen ernährungsbedingten Schieflage. Ein Blick auf die Statistik macht das deutlich: In den USA sterben bereits ca. 50 Prozent aller Menschen an Herz-Kreislauf-Erkrankungen, gefolgt von fast 40 Prozent Todesfällen aufgrund von Krebs. Jeder zweite 85-Jährige leidet mittlerweile unter Demenz. 40 Prozent der Bevölkerung leiden unter Fettsucht, eine Folge der außer Kontrolle geratenen Gelüste, die durch einen Mangel an organischen Spurenelementen entstehen können. Kaum ein Mensch stirbt heute nur an Altersschwäche. Die fehlenden Nährstoffe in unserer Nahrung sowie unsere toxische Umwelt sind die wichtigsten Gründe für diese Entwicklung.

Um diese Nährstoffmängel auszugleichen, habe ich die frischen Wildkräuter-Cocktails kreiert. Diese „alltagstauglichen" Cocktails sind einfach zu mixen und auch sehr schmackhaft. Sie enthalten eine große Fülle an Nährstoffen, die den Stoffwechsel und das Immunsystem optimieren können. Ihr Nährstoffgehalt ist kaum zu übertreffen, wie die folgende Tabelle zeigt. In jeder Kategorie sind die Wildkräuter den gezüchteten Gemüsesorten deutlich überlegen.

Nährstoffvergleich zwischen verschiedenen Gemüsesorten und Wildkräutern

Art	Wasser (%)	K (mg)	P (mg)	Mg (mg)	Ca (mg)	Fe (mg)	Vitamin C	Provit-amin A
Chinakohl	95,4	202	30	11	40	0,6	36	13
Kopfsalat	95,0	224	33	11	37	1,1	13	130
Spinat	91,6	633	55	58	126	4,1	52	700
Brennnessel	84,8	410	105	71	630	7,8	333	740
Giersch	87,2	510	88	67	230	4,3	201	684
Löwenzahn	89,9	590	68	23	50	1,2	115	384

Pro 100 Gramm; K = Kalium, P = Phosphor, Mg = Magnesium, Ca = Kalzium, Fe = Eisen

Quelle: Wildgemüse: AID Verbraucherdienst 1989; Wildpflanzen: Franke et al. 1981, Dumner et al 1984.

Ein Blick auf die Tabelle macht einiges deutlich. Möchten wir gesund werden, müssen wir unseren Fokus auf die heimischen, essbaren Wildkräuter richten. Als Nährstoffspender sind sie alternativlos. Es gibt nichts Besseres. Sie müssen nur noch schmackhaft zubereitet werden, dann werden wir sie täglich essen wollen.

Wenn die Wildkräuter-Cocktails und -Gerichte gut zubereitet werden, können sie sogar mit Pizza, Pasta, Pommes, Brot, Döner und Hamburgern konkurrieren.

In diesem Rezeptbuch habe ich versucht, kulinarisch interessante Gerichte zu entwickeln, die leicht und mühelos in der Zubereitung sind. Diese schmackhaften und gesunden Gerichte sind bei meinen Patienten und Seminarteilnehmern immer gut angekommen. Sie bilden einen Teil meiner Therapie, vor allem bei Patienten mit degenerativen Krankheiten. Während der letzten zehn Jahre habe ich viel Zeit investiert, um leckere Wildkräuter-Rezepte zu kreieren, damit sogar Kinder und Gourmets zufriedengestellt werden können. Kleinkinder und Senioren, Kranke und Athleten, alle können von den schmackhaften Gerichten profitieren.

In Verbindung mit einer Ayurveda-Panchakarma-Entschlackungskur können die Wildkräuter-Cocktails den Entschlackungsprozess unterstützen.

Sie können auf Blut und Lymphflüssigkeit entgiftend wirken. Sie können die Darmwände säubern und die Bildung von Verdauungssäften verbessern. Durch die Bitterstoffe kommt die Galle besser zum Fließen. Seit wir die Wildkräuter-Cocktails bei unseren Ayurveda-Patienten einsetzen, wirkt die Panchakarma-Kur wesentlich intensiver. Mithilfe der Wildkräuter bekommen wir die Srotas, oder Körperkanäle, besser frei. Wir erreichen damit bessere Ergebnisse auch bei Patienten mit degenerativen Erkrankungen.

Durch eine Mischung aus Fleisch- und Milcheiweiß, glutenhaltigen Kohlenhydraten und Zucker ist das Darmmilieu bei den meisten Menschen oft empfindlich gestört. Eine ayurvedische Darmreinigung und die Wildkräuter-Cocktails sind hier die beste Therapie. Laut Hippokrates ist ein gesunder Darm die wichtigste Voraussetzung, um wieder gesund zu werden.

Durch den hohen Gehalt an sekundären Pflanzenstoffen in den Wildkräuter-Cocktails kann man auf teure Medikamente oft verzichten; man bekommt quasi die Medizin mit den Wildkräutern mitgeliefert. In einer Zeit explodierender Gesundheitskosten liefert Mutter Natur die perfekte Lösung: Aus einem Mix aus Wildkräutern, Früchten und Wasser kann man leckere Cocktails mixen, die nicht nur schmecken und sättigen, sondern fast wie Medizin wirken. Und das beinahe zum Nulltarif, für jedermann erschwinglich.

Ein sehr gutes Buch im Taschenformat zur Bestimmung von Wildkräutern mit Fotos und Zeichnungen heißt „Essbare Wildpflanzen. 200 Arten bestimmen und verwenden“ von Guido Steffen Fleischhauer u. a. (AT Verlag).

Brot und Nudeln für die Menschen, Wildkräuter für die Affen?

Wer ist schlauer, Affen oder Menschen? Manchmal bin ich mir nicht so sicher. Die Affen besitzen jedenfalls einen besseren Instinkt. In der Wildnis kennen Affen keine degenerativen Erkrankungen wie wir Menschen. Sie zeigen auch keine Altersgebrechen. Zwischen jüngeren und älteren Affen kann man kaum unterscheiden. Grauhaarige Affen gibt es in der Wildnis nicht. Manche Tiere werden sogar 100 Jahre alt, weibliche Affen leiden nicht unter klimakterischen Beschwerden. Herzinfarkte oder Krebs? Fehlanzeige.

Um ähnlich gesund zu werden, müssten wir unsere Ernährungsweise optimieren. Weg mit glutenhaltigen Kohlenhydraten, die in Brot, Nudeln und Teigwaren schlummern, weniger Milcheiweiß und Fleisch, Verzicht auf Industriezucker und die Einführung von frischen Wildkräuter-Gerichten wie den Cocktails. Aber ist der Preis für robuste Gesundheit für uns Feinschmecker-Menschen zu hoch? Wer verzichtet freiwillig auf Pasta, Pizza, Brot und andere Leckereien?

Frisches grünes Blattgemüse kann mit stärkehaltigen Kohlenhydraten kaum noch konkurrieren: Pizza, Pasta, Brot, Kartoffeln, Plätzchen, Cracker und Kuchen sind billig, überall erhältlich und schmackhaft. Wir essen sie lieber als grünes Blattgemüse. Wer geht heute gern ins Restaurant, um einen Teller Spinatsalat zu essen? Ein Teller Nudeln oder ein Stück Pizza schmecken uns um ein Vielfaches besser. Durch ihre dominante kulinarische Stellung kommt pflanzliche Nahrung wie Gemüse und Obst meistens zu kurz. Selbst wenn wir sie essen, enthalten sie nicht die Nährstoffe, die unser Körper braucht.

Ca. 70 Prozent der Nahrung von Affen stammen aus Wildkräutern. Bei Menschen liegt der Anteil an grünem Blattgemüse bei nur ca. ein bis zwei Prozent. Viele essen überhaupt kein frisches Blattgemüse wie Mangold, Spinat, Grünkohl, Petersilie, Feldsalat, Pak Choi etc. Die paar Blätter Kopfsalat, die man täglich im Salat isst, zählen übrigens nicht zu grünem Blattgemüse. Kopfsalat ist relativ arm an Nährstoffen; Brennnesselblätter enthalten ca. 20-mal mehr Kalzium und Vitamin C als die Salatblätter.

Die überragende Bedeutung von frisch gepflückten, grünen Blattgemüsen und Wildpflanzen wird auch von den „Ernährungsexperten" meistens übersehen. Die grünen Blätter enthalten viele Nährstoffe, die in Getreide, Bohnen, Milchprodukten und tierischem Eiweiß nicht vorkommen. Deswegen wird eine vollwertige Ernährungsweise, die hauptsächlich auf Vollkornbrot und Getreide aufgebaut ist, ihr Ziel verfehlen!

Um in den Genuss dieser wertvollen Nährstoffe zu kommen, müssen die grünen Wildkräuterblätter frisch gepflückt, zubereitet und verzehrt werden. Durch Kochen und längere Lagerung würden viele ihrer Enzyme, Vitamine und Biophotonen verloren gehen. Gerade die empfindlichen Biophotonen verschwinden innerhalb weniger Stunden nach der Ernte.

Biophotonen als überragende Antioxidantien

Die Biophotonen sind unsere wichtigsten Antioxidantien. Sie können freie Radikale neutralisieren und damit die Entstehung von degenerativen Krankheiten wie Krebs und Demenz verhindern. Wird der Körper mit Biophotonen nicht adäquat versorgt, kann, vor allem im Alter, die körperliche Degeneration schneller voranschreiten. Frisch gepflückte und verarbeitete Wildkräuter sind eine überragende Quelle von Biophotonen, die in der Lage sind, degenerative Prozesse im Körper aufzuhalten. Das ist mein Fazit aus zehn Jahren Erfahrung mit den mineralisierten Wildkräuter-Cocktails. Wir sollten deswegen dieses Geschenk nutzen, um unsere Gesundheit bis ins hohe Alter zu erhalten.

Unsere Ayurveda-Klinik setzt bei der Behandlung chronischer Krankheiten folgende Strategien ein: durch eine Panchakarma-Entschlackungskur wird zuerst der Darm gesäubert; danach werden die Nährstoffspeicher durch die Wildkräuter-Cocktails und Mikromineralien-Ur-Essenz aufgefüllt. Wenn nötig, verstärken wir das Verdauungsfeuer mit Mitteln wie Mikro-Digest, um den Gehalt an Magensäure und Verdauungsenzymen zu steigern. Durch ein robustes Verdauungsfeuer werden die Nährstoffe besser aufgenommen und verwertet. Ist der Darm stark zugekleistert, wird der Heilungsprozess länger dauern.

Die Wildkräuter stellen ein wichtiges Ordnungsprinzip für unsere Zellen und Organe dar. Sie helfen uns, wieder ins Gleichgewicht zu kommen. Kein anderes Nahrungsmittel wird das besser schaffen als ein grüner, mineralisierter Wildkräuter-Cocktail. Ein Premium-Mittel der Extraklasse, sowohl geschmacklich als auch im Inhalt.

Rohkost oder Kochkost, pflanzliches oder tierisches Eiweiß?

Dieses Buch erhebt nicht den Anspruch, ein hundertprozentiges Rohkost-Veganer-Kochbuch zu sein, obwohl die meisten Rezepte ohne Hitze und tierisches Eiweiß zubereitet werden.

Obwohl ich eine vegane Rohkost-Ernährungsweise durchaus für erstrebenswert halte, ist es für die meisten Menschen und vor allem für viele Patienten schlicht und einfach nicht möglich, auf tierisches Eiweiß oder Kochkost ganz zu verzichten. Es dauert oft viele Jahre, um von tierischem Eiweiß wegzukommen. Hier gibt es eine Faustregel: Je degenerierter der Magen-Darm-Trakt, desto höher ist der Bedarf an tierischem Eiweiß. Diese Tatsache wird eine vegane Ernährungsweise erschweren.

Kleine Mengen tierisches Eiweiß können wie ein Katalysator auf den Stoffwechsel wirken und die Aufnahme von Nährstoffen aus Gemüse, Obst und Wildkräutern steigern, vor allem bei Menschen, die an Krankheiten laborieren. Laut Edgar Cayce, dem berühmten amerikanischen Gesundheitspropheten, kann eine kleine Menge an Gelatine die Aufnahme von Nährstoffen aus Gemüse und Obst deutlich steigern.

Ein rohes Eigelb, eine Götterspeise aus Gelatine oder Sashimi (kalt geräucherter Bio-Lachs) sind gesunde Quellen von tierischem Eiweiß, die ich meinen Patienten empfehle. Weil sie nicht erhitzt werden, bilden sie während des Verdauungsprozesses kaum Schlacken oder Toxine. Wird tierisches Eiweiß in der Bratpfanne erhitzt, beginnt das Eiweiß zu gerinnen. Der Körper hat Schwierigkeiten, das geronnene Eiweiß zu verwerten, und muss es als Schlacken deponieren. Daraus können Eiweißspeicher-Krankheiten entstehen.

Selbst im Ayurveda wird erzählt, dass eine gelatinehaltige Knochenbrühe in der Lage ist, „Tote wieder zum Leben zu erwecken“. Deswegen setze ich therapeutisch auch eine Gelatine-Götterspeise ein. Sie stärkt das Bindegewebe, glättet die Haut und kräftigt die Knochen und Gelenke. Gerade bei schweren Arthrosen kann sie sehr hilfreich sein. In Japan wird sie fast wie Medizin eingesetzt. Warum ist das nicht allgemein bekannt? Weil es keine Lobby gibt, man kann die Gelatine nicht patentieren.

Auch Kühe und Pferde sind keine reinen Veganer; die Tiere fressen Würmer und Insekten, die an den Grashalmen und Kräutern hängen. Affen fressen Insekten, Ameisen und Kleintiere. Streng genommen gibt es keine veganen Tiere. Wenn Tiere es nicht schaffen, vegan zu leben, wie sollten die meisten Menschen es schaffen? Alle robusten Naturvölker wie die Hunzukuc (Bewohner des Hunza-Tals) in Nordpakistan und die Dagestani (Nordkaukasus) essen kleine Mengen an tierischem Eiweiß. Ich kenne auch keine Menschen, die als Veganer 100 Jahre alt oder älter geworden sind. Ich denke, dass die meisten Menschen kleine Mengen tierisches Eiweiß brauchen. Das könnten ca. 100 bis 150 Gramm kalt geräucherter Bio-Lachs pro Woche sein.

Nur ausnahmsweise habe ich Menschen erlebt, die mit einer rein veganen Ernährungsweise gut klargekommen sind. Während der letzten zehn Jahre habe ich nur eine Patientin bei einer Kur kennengelernt, die als Veganerin überragend gesund war. Sie litt weder unter degenerativen Erscheinungen noch unter Nährstoffmängeln.

Nährstoffmangel bei Vegetariern und Veganern

Immer wieder erlebe ich, wie Vegetarier und Veganer in meiner Praxis unter einem Mangel an Vitamin B12, Vitamin D, Taurin (einer Aminosäure), Vitamin A, Zink und anderen organischen Spurenelementen leiden. Die erfolgreichsten Vegetarier waren diejenigen, die ihre Ernährung weniger konsequent betrieben haben und gelegentlich auch ein Stück Fleisch oder Fisch gegessen haben. Dadurch litten sie unter weniger Nährstoffmangel.

Bei Menschen mit einem schwachen Verdauungsfeuer kann eine Hühnerbrühe ein exzellentes Stärkungsmittel sein. Vor allem Vegetarier, die zu wenig Magensäure bilden, können bei der Assimilation von Nährstoffen aus Gemüse und Obst Probleme bekommen. Typische Symptome, die auf einen Mangel an Magensäure hinweisen können, sind Blähungen, Völlegefühl, Sodbrennen und Verstopfung. Hier kann das Mittel Mikro-Digest, eine Verdauungshilfe, die Hydrochlorsäure und Enzyme im Magen freisetzt, eine sehr hilfreiche Unterstützung sein.

Wöchentlich esse ich ca. 150 Gramm kalt geräucherten Bio-Lachs und zweimal eine Gelatine-Götterspeise. Auf Milchprodukte verzichte ich mit

Ausnahme von Rohmilch-Kefir. Gelegentlich esse ich ein Stück Rohmilch-Ziegenkäse und Butter. Ganz selten, im Sommer, mixe ich Eis aus Rohmilch und gefrorenen Himbeeren. Die Milch erhalte ich von einem Bio-Bauernhof in der Nähe. Mit diesen kleinen Mengen tierischem Eiweiß fühle ich mich sehr kraftvoll und ausgeglichen. Wenn ich Wildkräuter und die organischen Mikromineralien hinzugebe, leide ich nicht unter den Gelüsten, die mich früher, als ich mich klassisch ayurvedisch ernährte, geplagt haben.

Gelatine kann die Haut glätten und die Bildung von Falten verhindern. Sie liefert wichtige Bausteine für die Bildung der Haut, Knochen, Haare und Blutgefäße. Durch die Gelatine und organischen Mikromineralien bin ich mit 53 immer noch faltenfrei und meine Haare haben ihre natürliche Farbe. Das Bindegewebe kann von der Gelatine profitieren, weil sie wichtige Bausteine für die Bildung von kollagenen Fasern liefert. Für Vegetarier gibt es Gelatine-Pulver, das aus Fischknochen gewonnen wird. Bio-Gelatine erhält man im Bioladen oder Reformhaus.

Gerade Vegetarier und Veganer können schnell grau und faltig werden. Fehlende Gelatine und organische Spurenelemente können den Alterungsprozess beschleunigen. Ich habe schon 50-jährige Vegetarierinnen erlebt, die fast wie 70 ausgesehen haben. Kleine Mengen Gelatine, kalt geräucherter Bio-Lachs, Wildkräuter-Cocktails, das Weglassen von glutenhaltigen Kohlenhydraten und eine Reduktion von Milcheiweiß können diesen Prozess verlangsamen bzw. stoppen. Hier nutzen all die teuren Cremes nicht viel.

Bewährte Rezepte einer heilkräftigen Ernährungsweise

Die zwölf wichtigsten Rezepte stehen am Anfang der jeweiligen Rezeptkapitel. Diese Gerichte bilden das „Fastfood" meiner Vitalkost-Ernährungsweise. Die Zubereitung erfolgt einfach und schnell, weil die Zutaten nicht gekocht werden müssen. Sie sind schmackhaft, bekömmlich und setzen eine Menge Energie frei. Die Sättigung nach einer solchen Vitalkost-Mahlzeit ist einmalig, der Hunger bleibt oft viele Stunden weg.

Weil diese Gerichte viel Heilkraft freisetzen, kann es passieren, dass sie zu Beginn einer Ernährungsumstellung eine Entgiftungsphase in Gang setzen. Es kann ein paar Wochen dauern, bis die Darmverschlackungen weggeräumt sind. Schwitzen, Durchfall, Schwäche, Hautausschläge und Blähungen sind typische Begleiterscheinungen dieser Entgiftungsphase. Hier sollte man nicht in Panik geraten! Diese Phase muss man einfach geduldig durchstehen. Die Intensität kann etwas abgemildert werden, indem man die Quantität der Wildkräuter reduziert oder fetthaltige Früchte wie Avocados isst.

Meine wichtigsten Rezepte auf einen Blick

1. *Grüner Wildkräuter-Cocktail*
2. *Grüner Wildkräuter-Kakao-Cocktail*
3. *Beluga-Sprossen-Salat*
4. *Heilkräftiger Power-Salat*
5. *Wildkräuter-Miso-Suppe*
6. *Wildkräuter-Sushi*
7. *Zucchini-Spaghetti mit Frischkost-Tomatensauce*
8. *Kelp-Meeresalgen-Nudeln*
9. *Topinambur-„Kartoffelbrei"*
10. *Quinoa-Quark*
11. *Leinsamen-Sprossen-Cracker*
12. *Ackerschachtelhalm-Limonade*

Diese Gerichte bilden das Fundament meiner Rezeptesammlung. Sie sind nicht nur heilkräftig, sondern auch sehr schmackhaft und bekömmlich. Ihre heilkräftigen Nährstoffe reinigen die Körpersäfte (Blut und Lymphflüssigkeit), stärken die Verdauungssäfte und entschlacken die zellulären Zwischenräume. Das Verdauungsfeuer und der Stoffwechsel werden belebt und der Darm kann sich von Schlacken aus Gluten und tierischem Eiweiß befreien. Nach einer solchen Reinigung werden wir uns leichter und beschwingter fühlen. Dadurch spüren wir mehr Zufriedenheit und Lebensfreude in unserem täglichen Leben.

Diese Rezepte werden uns helfen, den Anteil an Frischkost und Wildkräutern in unserer Ernährung auf ca. 80 Prozent zu erhöhen. Schließlich wollen wir alle in den Genuss von überragender Gesundheit kommen und nicht vor die Hunde gehen. Der Weg dahin führt nur über mehr Frischkost und Wildkräuter. Wenn Sie vorwiegend gekochte Nahrung essen, wird es schwierig, auf ein optimales Niveau zu kommen. Zu viel Kochkost kann das Gewebe und die Gefäße verschlacken und somit degenerative Prozesse im Körper fördern.

Müssen wir uns wie Affen ernähren?

Die Wildkräuter sind die ursprüngliche Nahrung des Menschen und haben uns seit mindestens 4,5 Millionen Jahren begleitet. Als Gott den Menschen schuf, gab es keinen Aldi oder Lidl. Der Mensch lebte vorwiegend von Wildpflanzen, Früchten, Wurzeln, Nüssen, Kleintieren und Insekten, die klassische Ernährungsweise aller Primaten wie Affen und Gorillas. Dennoch müssen wir uns heute nicht wie Affen ernähren, um unseren Körper zu optimieren. Durch die Verwendung von frischen Wildkräutern verbinden meine Rezepte Genuss mit heilkräftigen Nährstoffen.

Durch meine leckeren Wildkräuter-Vitalkost-Rezepte kann jeder seinen Frischkostanteil auf mindestens 80 Prozent erhöhen. Das ist eine wichtige Voraussetzung dafür, überragende Vitalität zu erreichen. Um so viel Frischkost essen zu können, müssen die Gerichte auch geschmacklich überragend sein. Sie müssen einen hohen Sättigungsgrad und hohe Bekömmlichkeit aufweisen. Viele Patienten und Seminarteilnehmer waren von dem tollen Geschmack der Wildkräuter-Gerichte und -Cocktails überrascht. Das hat mich motiviert, dieses Rezeptbuch zu schreiben.

Müssen wir, um gesund zu werden, ganz auf Kochkost verzichten? Nein, keineswegs. Gerade die ayurvedischen Bohnen- und Linsengerichte können sehr nahrhaft sein und Fleischkost ersetzen. Menschen, die unter einer Vata-Störung leiden, zeigen oft Symptome von innerer Unruhe, Verdauungsbeschwerden, Gereiztheit und Stimmungsschwankungen. Von warmen Gerichten können solche „Vata-Menschen“ profitieren. Deshalb habe ich einige warme Wildkräuter-Gerichte meiner Rezeptesammlung hinzugefügt.

Mehrere Studien (Dr. Hayes, Dr. Airola) haben gezeigt, dass ein hoher Anteil an Frischkost (mindestens 80 Prozent) den Stoffwechsel und das Immunsystem deutlich beleben können. Ein hoher Frischkost-Anteil lässt das Immunsystem wesentlich effizienter arbeiten als eine nur durchschnittliche, gekochte Ernährungsweise.

Die Ergebnisse dieser Studien kann ich aus der Praxis bestätigen. Mithilfe meiner Wildkräuter-Vitalkost habe ich immer wieder erlebt, wie der Stoffwechsel und das Immunsystem meiner Patienten optimiert werden konnten. Die Patienten kamen in den Genuss von mehr Energie, litten unter weniger Infekten, erlebten eine Normalisierung ihres Gewichts und erfuhren mehr Glück und Beschwingtheit in ihrem täglichen Leben. Anhand der Laborwerte konnte man die Wirkung der Wildkräuter-Vitalkost verfolgen.

Lebenselixier Grüner Wildkräuter-Cocktail

Die Wildkräuter-Vitalkost-Ernährungsweise steht und fällt mit dem grünen Wildkräuter-Cocktail. Egal, ob man sich von Fastfood, Makrobiotik, Ayurveda-Kost, vegetarisch oder von Fleischkost ernährt, ein grüner Wildkräuter-Cocktail tut gut und wird die Nährstoffversorgung verbessern. Die allgemeine Gesundheit wird durch den regelmäßigen Verzehr profitieren, selbst wenn Sie Ihre übrige Ernährung beim Alten lassen. Selbst Krebspatienten fühlen sich durch einen täglichen Wildkräuter-Cocktail gestärkt.

Ich möchte allerdings betonen, dass der grüne Wildkräuter-Cocktail kein Allheilmittel ist. Bevor Sie eine Ernährungsumstellung vornehmen, sollten Sie zuerst mit Ihrem Arzt oder Heilpraktiker sprechen. In den meisten Fällen schließen Wildkräuter-Vitalkost und eine schulmedizinische oder naturheilkundliche Therapie einander nicht aus. Trotzdem ist es ratsam, auf der sicheren Seite zu sein und mit Ihrem Therapeuten über dieses Thema zu sprechen. Das Trinken von Wildkräuter-Cocktails kann Ihren Arzt oder Heilpraktiker nicht ersetzen.

Je größer die Menge des Cocktails, desto stärker scheint die Wirkung auf die Physiologie zu sein. Diese Erfahrung konnte ich bei vielen zum Teil sehr kranken Patienten machen. Ab einem Liter Wildkräuter-Cocktail habe ich oft die besten Erfahrungen gemacht. Einige Patienten trinken sogar täglich zwei Liter! Die Trinkmenge wird am besten langsam gesteigert. Man beginnt mit einem Glas und erhöht täglich die Menge je nach Verträglichkeit, bis man die Menge von einem Liter erreicht hat. Wenn alles gut geht und der Entgiftungsprozess nicht zu heftig wird, ist es ohne weiteres möglich, diese Menge zu erreichen. Die Wildkräuter sind deswegen so verträglich, weil wir Menschen seit Millionen von Jahren in Symbiose mit Wildpflanzen gelebt haben. Ohne diese Pflanzen hätte es kein Leben auf der Erde gegeben. Selbst unsere gezüchteten Gemüsesorten sind nur Ableger der Wildkräuter.

Jeder Schluck des Cocktails sollte gründlich gekaut werden. Am besten streut man Obststücke, Samen oder Kokos-Chips bzw. -raspel über den Cocktail. Durch die festen Bestandteile wird man gezwungen, jeden Biss mehrmals zu kauen. Der Verdauungsprozess sollte immer im Mund beginnen.

Symptome, die durch die Wildkräuter-Cocktails gebessert wurden

Während der letzten zehn Jahre konnte ich oft eine Verbesserung der folgenden Symptome in meiner Praxis erleben:

- hoher Blutdruck
- Blutzuckerschwankungen
- hoher Cholesterinspiegel
- Herz-Kreislauf-Störungen
- Depressionen, Antriebslosigkeit
- Magen-Darm-Störungen
- Allergien, Kopfschmerzen
- Stuhlverstopfung
- Erkältungsneigung
- Haarausfall
- Übergewicht
- Migräne
- Rückenschmerzen
- Augenbeschwerden
- Gelenkschmerzen

Diese sind einige Krankheiten und Symptome, die durch die regelmäßige Einnahme des Cocktails günstig beeinflusst werden konnten. Hunderte von Patienten haben mir diese positiven Erfahrungen mitgeteilt.

Die überragenden Nährstoffe in den grünen Cocktails können schlummernde Kräfte freisetzen, die der Körper für Heilungsprozesse verwenden kann. Diese neu gewonnene Energie kann jede Therapie unterstützen. In unserer Ayurveda-Klinik setzen wir neben der Wildkräuter-Vitalkost auch homöopathische und ayurvedische Arzneimittel, Panchakarma-Entschlackungskuren und die amerikanische Chiropraktik ein.

Ein Industrie-Mixer eröffnet uns neue Möglichkeiten zur Verarbeitung von Wildkräutern

Wir mussten mehr als 2300 Jahre warten, bis wir die Weisheiten und Ansichten von Hippokrates in die Praxis umsetzen konnten. Ohne die Hilfe eines Industrie-Mixers wäre es schlicht und einfach nicht möglich. Wer möchte Wildkräuter pflücken und die Blätter wie ein Affe essen? Erst durch den Mixer verfügen wir über die Technologie, um die Kräuter schmackhaft zuzubereiten. Da wäre sogar Hippokrates neidisch. Mit einem Industrie-Mixer können sogar Gourmet-Rezepte mit Wildkräutern zubereitet werden.

Während der TV-Talkrunde „Nachtcafé" im SWF im Dezember 2009 probierten mehrere Gourmet-Experten einen Brennnessel-Cocktail. Von dem guten Geschmack des Cocktails waren alle Teilnehmer angenehm überrascht. Während der Sendung erzählte Ralf Brosius von der Heilung seines Lungenkrebses mithilfe der Wildkräuter-Cocktails.

Die Wildkräuter bilden ein wichtiges Ordnungsprinzip für unseren Körper. Stoffwechsel und Immunsystem können von ihrem überragenden Nährstoffgehalt profitieren. Die Wildkräuter sind in der Lage, Chaos und Unordnung auf der zellulären Ebene zu beseitigen. Die Kraft der Wildkräuter kann eine gesunde innere Ordnung wiederherstellen. Gerade die Deutschen lieben geordnete Verhältnisse, aber wer schaut nach der Ordnung auf der zellulären Ebene? Bei vielen Menschen tobt ein Krieg unter ihren Zellen. Damit wieder Frieden herrschen kann, brauchen wir den besänftigenden Einfluss der Wildkräuter. Das ist eine wichtige Voraussetzung dafür, einen ausgeglichenen Gesundheitszustand zu erfahren.

Von den Wildkräuter-Cocktails können auch Senioren profitieren!

Die Heimleiterin eines Pflegeheims in Portland/Oregon, USA, hat meine Wildkräuter-Vitalkost-Ernährungsweise bei ihren Heimbewohnern eingesetzt. Auf meine Empfehlung hin bekamen alle Heimbewohner täglich einen Cocktail. Die Erfahrungen waren verblüffend: Viele Pflegebedürftige konnten ihre Medikamenteneinnahme reduzieren und es ging ihnen körperlich und geistig insgesamt wesentlich besser. Die Blutzuckerwerte der Diabetiker wurden stabiler und selbst die Demenzkranken machten einen besseren Eindruck.

Die Angehörigen der Heimbewohner waren von dieser positiven Entwicklung begeistert. Nur der betreuende Arzt war weniger angetan. Er warf der Leiterin vor, heimlich Medizin zu praktizieren, und erstattete Anzeige gegen sie. Sie wurde vom Gericht schuldig gesprochen und musste eine Strafe von 5000 Dollar bezahlen. Trotzdem blieb sie ihren Prinzipien treu und mixt weiterhin grüne Wildkräuter-Cocktails für ihre Heimbewohner. Fazit: Ein täglicher Wildkräuter-Cocktail ist ein wirksames Mittel, um degenerativen Erkrankungen im Alter vorzubeugen und sie auch zu therapieren.

Durch einen täglichen Wildkräuter-Cocktail verfügte mein Vater, 83, über genug Kraft, um an einer 20-km-Wanderung mit einer Gruppe von jungen Menschen in den Cascade-Bergen von Oregon teilzunehmen. Inzwischen macht er selbst Wildkräuter-Wanderungen (er ist Botaniker). Er kann für sich selbst sorgen und findet auch Zeit, um seinen großen Garten zu bestellen. Jedes Jahr im Winter nimmt er an einer Ayurveda-Entschlackungskur in unserer Klinik teil. Durch Ayurveda und die Wildkräuter-Vitalkost bleibt sein Körper schmerzfrei und sein Geist positiv ausgerichtet.

Als Sohn ist das eine große Erleichterung: Ich muss meinen Vater weder zu Hause noch in einem Pflegeheim (monatliche Kosten in den USA: ca. 5000 bis 6000 Dollar; die Pleite ist programmiert!) pflegen lassen. Dieser Konflikt bleibt mir erspart.

Die Vorteile eines grünen Cocktails auf einen Blick

Die grünen Cocktails enthalten wesentlich mehr Nährstoffe als die meisten Bio-Produkte: Folsäure, Enzyme, Vitamin K, Magnesium, sekundäre Pflanzenstoffe, Chlorophyll, Bitterstoffe und Biophotonen kommen in den Wildkräutern in großen Mengen vor.

Die Cocktails fördern die mentale Klarheit und zentrieren den Geist. Stressresistenz und Gelassenheit werden gefördert. Selbst für Menschen mit einem schwachen Verdauungsfeuer (typisch bei Menschen, die unter Blähungen, Völlegefühl, Sodbrennen und Verstopfung leiden) sind die Cocktails sehr gut verträglich.

Ihr überragender Gehalt an Ballaststoffen kann den Darm säubern und für regelmäßige Stuhlentleerungen sorgen. Die Passagezeit im Darm wird dadurch erheblich verkürzt, das Abnehmen somit begünstigt.

Durch die Verwendung von frisch gepflückten Wildkräutern verfügen die Cocktails über viele sonnenbeschienene Biophotonen, die Bioelektrizität unserer Zellen. Biophotonen sind eine zusätzliche Energiequelle, die unser Körper anzapfen kann. Im Ayurveda wird diese Energiequelle „Prana", in der chinesischen Medizin „Chi" genannt.

Auch Kinder mögen den fruchtigen Geschmack der Cocktails, eine schmackhafte Alternative zu Spinat und Brokkoli. Selbst Säuglinge können Wildkräuter-Cocktails zu sich nehmen. Vor allem der Brennnessel-Cocktail scheint die ideale Nahrung für Säuglinge ab dem sechsten Monat zu sein. Die Cocktails ersetzen Babynahrung aus dem Supermarkt, die kaum Nährstoffe enthält. Ist minderwertige Nahrung der Grund dafür, warum so viele Kinder heute allergisch, hyperaktiv und anfällig für Infekte sind?

Grünes Blattgemüse enthält Chlorophyll, ein ausgezeichneter Blutreiniger und Sauerstoffträger. Chlorophyll hat eine ähnliche molekulare Struktur wie der Blutfarbstoff Hämoglobin. Durch die Wildkräuter wird das Blut gesäubert und die Bildung von neuen Blutzellen angeregt. Außerdem fördert das Chlorophyll den Aufbau der Darmflora.

Der hohe Gehalt an Antioxidantien verbessert die Sonnenverträglichkeit der Haut und kann Entzündungsherde bekämpfen. Die Wildkräuter-Cocktails besitzen einen Sonnenschutz-Faktor von 100!

Erhöhte Blutfettwerte wie die von Cholesterin und Triglyzeriden lassen sich durch die regelmäßige Einnahme oft senken. Auch der Blutdruck kann sich aufgrund der vielen Nährstoffe normalisieren. Die sekundären Pflanzenstoffe in dem Cocktail bewirken wahrscheinlich eine Entspannung der Gefäßwände. Zahlreiche Patienten konnten deswegen auf ihre Blutdruckmittel verzichten.

Die Verwendung von Wildkräutern wie Brennnesseln mit einem hohen Gehalt an Serotonin kann die psychische Stimmung heben, ein wichtiger therapeutischer Ansatz bei Depressionen und Stimmungsschwankungen. Die Sättigung nach einem Wildkräuter-Cocktail ist oft enorm, vorausgesetzt, die Trinkmenge ist ausreichend. Oft spürt man weniger Verlangen nach Süßigkeiten und Kohlenhydraten wie Brot und Nudeln, wenn man dem Cocktail zwei bis vier Esslöffel der Mikromineralien-Ur-Essenz hinzufügt. Auch das Verlangen nach Milchprodukten, Fleisch, Kaffee, Süßigkeiten und Schokolade verringert sich oft. Weil sie viel organisches Kalzium enthalten, können die grünen Wildkräuter-Cocktails Milch ersetzen.

Die Zubereitung eines grünen Cocktails dauert in der Regel weniger als fünf Minuten, vorausgesetzt, man hat genug Wildkräuter zur Hand. Weil die Wildkräuter nicht im Kochvorgang erhitzt werden, spart man nicht nur Zeit und Energie; auch die Enzyme und Nährstoffe bleiben verschont. Mixen statt kochen heißt die Devise der Vitalkost-Ernährungsweise!

Alle Primaten wie Gorillas und Affen fressen vorwiegend grüne Wildkräuter. Auch der Mensch gehört zur Familie der Primaten. Durch die Einnahme der grünen Cocktails nimmt der Mensch wieder Kontakt mit seiner Ur-Nahrungsquelle auf, den Wildkräutern. Diese Pflanzen haben die Menschheit seit Millionen von Jahren begleitet. Sie waren schon immer unsere wichtigste Nahrungsquelle.

Wird dem Cocktail die Mikromineralien-Ur-Essenz hinzugefügt (Dosierung: zwei bis vier Esslöffel), können mineralische Chelat-Komplexe entstehen, die für eine Verbesserung der Aufnahme der Nährstoffe und Mineralien im Darm sorgen. Die Mikromineralien sind organische Mineralien, die mineralische Defizite in unserer Nahrung ausgleichen können. Durch die organischen Mineralien lässt sich der Stoffwechsel beleben. Damit steht dem Körper und dem Geist mehr Energie zur Verfügung. Durch eine bessere mineralische Versorgung wird man weniger Gelüste nach Süßigkeiten verspüren.

Grüne Blätter enthalten Antioxidantien, die einen wichtigen Schutzschild gegen Krebs, Herz-Kreislauf-Erkrankungen, Alzheimer, Parkinson und Diabetes aufbauen. Antioxidantien können freie Radikale neutralisieren, bevor sie Unheil anrichten und bedrohliche Krankheiten auslösen.

Was macht man im Winter, wenn kaum Wildkräuter wachsen? Man verwendet Grünkohl als eine kraftvolle und nährstoffhaltige Pflanze, das beste Blattgemüse im Winter und eine Alternative, wenn es keine Wildkräuter gibt. Asiatisches Blattgemüse wie Pak Choi und andere Senfgemüse sind auch empfehlenswert. Auch Brombeerblätter kann man im Winter im Wald pflücken und für einen Cocktail verwenden. Die Blätter werden zusammen mit Früchten wie Datteln, Bananen und Orangen sowie Zitronensaft gemixt. Das Ergebnis ist ein Cocktail, der fruchtig schmeckt.

Empfehlenswert ist das Buch „Heilung aus der Ur-Natur" von Shalila Sharamon und Bodo J. Baginski (Windpferd Verlag). Es ist ein gutes Buch über die hervorragende Wirkung der Mikromineralien-Ur-Essenz, eines Konzentrats mit mehr als 80 organischen Spurenelementen.

Ein böser König wird durch die Wildkräuter geläutert

Selbst in der Bibel kann man über die heilkräftige Wirkung der Wildkräuter nachlesen. Im 4. Kapitel des Buchs Daniel wird über einen bösen König mit dem Namen Nebuchadnezzar berichtet, der sich dank frisch gepflückter Wildkräuter rehabilitieren konnte. Es ist die Geschichte eines Königs, der von seinen Untertanen gefürchtet und geächtet wurde. Irgendwann war das Maß voll und es kam zu einem Aufstand der Bevölkerung. Die aufgebrachten Menschen jagten ihn vom Thron und trieben ihn in die Wildnis, wo es nur Wildpflanzen und Gras zu essen gab.

Sieben lange Jahre musste er dort ausharren. In der Wildnis lebte er wie ein „Rind, das nur Gras (Wildkräuter) frisst". Für einen König alles andere als standesgemäß. Aber er hatte keine andere Wahl. In der wilden Natur ging es schließlich um das nackte Überleben.

Nach sieben Jahren (die Zeit, die der Körper braucht, um seine Zellen komplett zu erneuern) wurde er von seinen ehemaligen Untertanen besucht. Sie erkannten ihn nicht wieder. Das Leben mit den Wildkräutern hatte ihm offensichtlich gut getan, er war völlig geläutert. Seine Untertanen waren von seiner Verwandlung so angenehm überrascht, dass sie ihn gleich wieder mit nach Hause nahmen. Er durfte seinen Thron wieder besteigen und weiterregieren (Daniel 4, 29).

Offensichtlich wussten die Menschen früher von der heilenden und regenerativen Wirkung der Wildpflanzen. Bei einer Krankheit stand diese „Apotheke der Natur“ immer bereit zur Hilfe. Die Naturkräfte waren sogar in der Lage, die schlimmsten Übel aus dem Menschen zu vertreiben, wie uns diese Geschichte aus der Bibel lehrt.

Rezepte

Hinweis: Die Mengenangabe „1 Tasse“ bezieht sich auf die amerikanische Messtasse, die 250 ml fasst und in Spezialgeschäften erhältlich ist. Sie können aber auch eine Tasse zu Hause abmessen und die jeweiligen Mengen – ¼, ½, ⅔ etc. – mit einem Stift außen markieren.

Fruchtige Cocktails

1. Grundrezept Grüner Wildkräuter-Cocktail

Kaum ein anderes Rezept hat das Potenzial, den Stoffwechsel und das Immunsystem so stark zu aktivieren wie der grüne Wildkräuter-Cocktail. Diese Erfahrung konnten zahlreiche meiner Patienten und Seminarteilnehmer während der letzten Jahre machen. Ihre Erfahrungsberichte bestätigen die überragende Wirkung der Wildkräuter in einem schmackhaften Rezept, das schnell zubereitet ist.

Es gibt zahlreiche Variationen des Grundrezepts. Das Prinzip ist einfach: Grünes Blattgemüse oder Wildkräuter werden zusammen mit Früchten und Wasser gemixt. Die Früchte können den bitteren Geschmack der Wildkräuter neutralisieren. Wärmende Gewürze wie Ingwer, Zimt und Kardamom können hinzugefügt werden, um das Verdauungsfeuer noch zusätzlich anzuregen.

1. Die Grundzutaten werden bis zur Höhe von ⅔ des Mixerbehälters eingefüllt:

Wildkräuterblätter von Giersch, Löwenzahn, Brennnessel, weißer Gänsefuß (Melde), Spitzwegerich, Gundermann oder Kohldistel (vor allem die Brennnessel schmeckt köstlich und enthält als Königin der Wildkräuter die größte Heilkraft)

und/oder

grünes Blattgemüse wie Spinatblätter, Grünkohl, Petersilie, Rucola oder Mangold aus dem Bioladen

sowie

2 Esslöffel der Mikromineralien-Ur-Essenz (enthält ca. 80 organische Mineralien und Spurenelemente)

2. Geschmackszutaten je nach Vorliebe dazu:

1 Tasse gefrorene oder frische Himbeeren
2 bis 6 Datteln
Saft einer Zitrone
1 reife Banane

1 Orange
Etwas frischer Ingwer
1 Esslöffel Zimt
½ Teelöffel Kardamom

3. Fertigstellung:
Mit Wasser bis zur Hälfte des Mixerbehälters auffüllen und pürieren.

Tipp:

Wenn Sie gerne etwas Festes zu beißen haben wollen, streuen Sie noch gekeimte Sonnenblumenkerne darüber. Durch Kokos-Chips bzw. -raspel wird der Cocktail mit wertvollen Fettsäuren aufgewertet.

Zum Mixvorgang

Damit man die Pflanzenfasern glatt mixen kann, empfiehlt sich der Einsatz eines „Industriemixers" mit 28 000 Umdrehungen (siehe Bezugsquelle). Mit einem herkömmlichen Mixer fällt das Mixen oft schwerer. In einem Zeitraum von acht Jahren habe ich ca. zehn Mixer verschrotten müssen. Seit ich einen Industrie-Mixer einsetze, habe ich keine Probleme mehr. Weil ich den Mixer fast täglich benutze, hat sich die Investition gelohnt. Er hat bei mir den Kochherd fast komplett ersetzt.

Wir besitzen heute die Technologie, mit der wir die Wildkräuter schmackhaft und mundgerecht zubereiten können. Vor 50 Jahren war das nicht der Fall. Ein Industrie-Mixer mit 28 000 Umdrehungen kann diese Aufgabe leicht und mühelos bewältigen. Das Resultat ist ein Wildkräuter-Früchte-Cocktail ohne faserige Bestandteile, der hervorragend schmeckt. Dieser Fortschritt kommt uns jetzt zu einer Zeit zugute, in der unsere Gesundheit von minderwertiger und mineralarmer Nahrung bedroht wird.

Jeder Schluck des Cocktails sollte gründlich gekaut und eingespeichelt werden. Kokos-Chips bzw. -raspel oder Sonnenblumenkern-Sprossen können über den Cocktail gestreut werden. Damit erhalten die Zähne etwas Festes zu beißen. Kokos-Chips bzw. -raspel sind wegen ihres hohen Gehalts an gesunden Fettsäuren besonders wertvoll.

Der Cocktail schmeckt und duftet wie ein frischer Salat, die Bitterstoffe aus den Wildkräutern werden durch die Früchte neutralisiert. Er kann als Vorspeise oder sogar als Hauptgericht genossen werden. Viele essen den Cocktail zum Frühstück anstelle von Müsli und Joghurt.

Bemerkungen zur Mikromineralien-Ur-Essenz

Durch die Gabe der Mikromineralien-Ur-Essenz kann die Heilkraft des Cocktails zusätzlich gesteigert werden. Heute leidet fast jeder unter einem Mangel an organischen Mineralien und Spurenelementen. Ohne diese wichtigen Bausteine ist es fast unmöglich, einen Zustand von optimaler Gesundheit zu erreichen.

Schon Nobelpreisträger Prof. Linus Pauling war der Meinung, dass Mineralienmängel bei fast jeder Krankheit eine bedeutende Rolle spielen. Es ist schwer, die benötigten 80+ organischen Spurenelemente mit der Nahrung abzudecken, selbst wenn Sie Biokost essen. Das hat natürlich negative Folgen für unsere Gesundheit.

Die Mikromineralien können diese Lücke füllen. Die Autoren Bodo J. Baginski und Shalila Sharamon haben ein interessantes und spannendes Buch über die Wirkungsweise und Erfahrungen mit den Mikromineralien geschrieben („Heilung aus der Ur-Natur", Windpferd Verlag). Allgemein kann man sagen, dass diese organischen Spurenelemente in der Lage sind, den Stoffwechsel zu aktivieren und dadurch das Verlangen nach Süßigkeiten und Stimulanzien wie Alkohol, Kaffee und Zigaretten zu reduzieren. Durch die Mikromineralien erhält der Körper eine Reihe von seltenen organischen Spurenelementen, die in der Lage sind, Stoffwechselenzyme zu aktivieren. Dadurch kann auch das Immunsystem gestärkt werden.

Organische Spurenelemente werden gebraucht, um Enzyme und Vitamine zu aktivieren. Ohne das Vorhandensein von organischen Mineralien könnten viele Vitamine ihre Wirkung nicht entfalten. Nach dem Verzehr eines mineralisierten Cocktails wird der Blutzucker für viele Stunden stabil bleiben, eine wichtige Voraussetzung, um Stresshormone zu reduzieren und auch abnehmen zu können. Weniger Stresshormone wie Insulin, Cortisol und Adrenalin bedeutet weniger Heißhunger und Gereiztheit und mehr innere Freude, Gelassenheit und Zufriedenheit.

2. Grüner Wildkräuter-Kakao-Cocktail

Geben Sie Ihrem Körper mehr Schwung mit der stimulierenden Wirkung der rohen Kakaobohnen. Wirkt besser als Kaffee!

Es werden dem Wildkräuter-Cocktail-Grundrezept folgende Zutaten hinzugefügt:

5 bis 6 rohe Kakaobohnen (siehe Bezugsquelle)
2 Esslöffel regulärer oder fermentierter Bienenpollen (siehe Bezugsquelle)

Alle Zutaten werden püriert und morgens anstelle des Kaffees langsam verzehrt. Das gibt Ihrem Körper mehr Schwung und Sie kommen besser „in die Gänge“ als mit Kaffee.

Wissenswertes über den Kakao-Cocktail

Die rohen, nicht gerösteten Kakaobohnen können „Glücksmoleküle“ freisetzen, weswegen ja auch Schokolade heute so populär ist. Diese Moleküle, auch Phenylethylamine genannt, können die Endorphin-Freisetzung im Gehirn anregen. Endorphine sorgen für gute Laune und werden auch beim Jogging und Sonnenbaden vermehrt gebildet. Weil die rohen Kakaobohnen unbehandelt sind, wirken sie intensiver und länger als die gerösteten Kakaobohnen.

Der fermentierte Bienenpollen ist das Geheimrezept der langlebigen Menschen aus dem Kaukasus-Gebirge in Russland. Viele Menschen in dieser Gegend werden über 100 Jahre alt, manche schaffen es sogar bis zu einem Alter von 120 Jahren. Es ist den Wissenschaftlern aufgefallen, dass fast alle älteren und robusten Hundertjährigen Imker waren! Ihr Geheimnis: Sie essen fermentierten Bienenpollen, den sie aus den Bienenwaben mühsam herauskratzen.

Dieser fermentierte Pollen wirkt intensiver als der reguläre Bienenpollen aus dem Reformhaus. Durch die Fermentierung werden die Nährstoffe innerhalb der Wabe aktiviert und können, weil sie vorverdaut sind, im Darmtrakt besser assimiliert werden.

Einziger Nachteil: Der fermentierte Bienenpollen ist sehr schwer zu bekommen (siehe Bezugsquelle); für den Imker ist es viel Arbeit, den Pollen aus den Waben herauszukratzen. Falls nicht erhältlich, kann man den regulären Bienenpollen verwenden.

Eine Symbiose aus Wildkräuter-Cocktails, Mikromineralien-Ur-Essenz und Bienenpollen ist mein Geheimrezept, um den Stoffwechsel aus seinem Dornröschenschlaf zu wecken. Wenn der Körper diese Nährstoffe regelmäßig erhält, können ungeahnte Energien entstehen.

3. Brennnessel-Dattel-Cocktail

Dieser Cocktail verzaubert das Gemüt. Er kann fast jede depressive Stimmung in Heiterkeit umwandeln. Das Geheimnis ist die Kombination aus Brennnesseln und Datteln. Die Brennnessel enthält Serotonin, eine Verbindung, die die Stimmung heben kann, und Datteln verfügen über nervenstärkende B-Vitamine und energiereiche Fruktose.

Zutaten:

Mixerbehälter zu ⅔ mit Brennnesselblättern füllen
Mixerbehälter zur Hälfte mit Wasser auffüllen
1 Esslöffel Zimt
½ Tasse Sonnenblumen-Sprossen (1 Tag einweichen, für 1 weiteren Tag spülen)
6 Datteln
1 Banane

Alle Zutaten pürieren und mit Himbeeren und mit Bio-Kokosmus (siehe Bezugsquelle) oder geschlagener Sahne essen. Auch gefrorene Himbeeren können verwendet werden.

4. Giersch-Vitamin-Cocktail

In fünf Minuten können Sie ein erfrischendes Getränk zaubern, welches Ihren Durst löschen und viel Energie und Kraft freisetzen kann. Gerade im Sommer wirkt dieses Getränk sehr erfrischend und stärkend. Beim Schwitzen gehen viele Mineralien über den Schweiß verloren. Dieser Cocktail kann den Mineralverlust ersetzen.

Nach einem solchen Cocktail fühle ich mich energiegeladen. Ich brauche dann keine Süßigkeiten. Wenn Sie immer wieder nach Süßigkeiten, Chips, Kuchen und Schokolade lechzen, ist es wahrscheinlich, dass Ihr Körper organische Spurenelemente braucht.

Zutaten:

2 Handvoll Giersch (Wildkraut – wächst in fast jedem Garten)
500 ml Wasser
Saft von 2 Zitronen bzw. Orangen
2 Esslöffel Mikromineralien, enthalten ca. 80 organische Mineralien und Spurenelemente

Giersch mit Wasser in einem Standmixer pürieren und durch ein Sieb geben. Zitronensaft und Mikromineralien dazugeben.

Das Trinken dieses Cocktails wird den Mineralienhaushalt und Blutzucker stabilisieren und man wird nicht mehr an Süßigkeiten oder Eis denken müssen! Alle Nährstoffspeicher werden durch dieses Getränk schnell gefüllt. Sportler schwärmen von der stärkenden Wirkung, ein Hobby-Rennradfahrer erzählte mir, dass er am Morgen nach einem anstrengenden Rennen überhaupt nicht kaputt war. Ein ideales Stärkungsmittel für alle Sportler! Giersch findet man in jedem Garten.

5. Grüner Orangen-Cocktail

Zutaten:

Saft zweier Orangen
1 Tasse Wasser
1 Bund Petersilie
2 Handvoll Spinatblätter oder Giersch („Unkraut“ aus dem Garten!)
1 Teelöffel Zimt
1 Esslöffel Bienenpollen
1 Tasse gefrorene (aufgetaute) Himbeeren
2 Esslöffel Mikromineralien-Ur-Essenz

Alle Zutaten, bis auf die Himbeeren, pürieren. Zum Schluss die Himbeeren hinzugeben und langsam essen.

Ernährungsprinzip:

Chlorophyll im grünen Blattgemüse ist die primäre Nahrung aller Primaten wie Affen und auch Menschen. Primaten wie die Affen verdanken ihre Robustheit dem Chlorophyll, das sie täglich durch den Verzehr von frischen grünen Blättern einnehmen.

Dieser Cocktail verbindet die angenehme Frische der Orangen mit den grünen Blättern von Petersilie, Spinat, Giersch oder anderen Wildkräutern. Durch die Gabe der Mikromineralien-Ur-Essenz entstehen Eiweiß-Mineral-Chelat-Verbindungen, die die Assimilation von organischen Mineralien steigern.

Der Körper erhält somit viele Nährstoffe und nur wenig Kalorien – das ideale Rezept, um abzunehmen. Gelüste werden reduziert und man wird länger und gesünder leben. Nehmen wir zu viel kalorienreiche Nahrung aus Stärke und Zucker zu uns, verkürzen wir unnötig unser Leben.

6. Zitrus-Zest

Dieses Rezept verdanke ich Ralf Brosius, einem Patienten von mir, der sich von seinem Krebsleiden (metastasierender Lungenkrebs) mithilfe einer ayurvedischen Reinigungskur (Panchakarma) und der Wildkräuter-Vitalkost befreien konnte.

Zutaten:

½ Grapefruit
Saft zweier Orangen
½ Zitrone mit Schale
1 Teelöffel Stevia-Konzentrat (Süßungsmittel)

Die Zutaten werden in einem leistungsstarken Mixer cremig püriert.

Ernährungsprinzip:

Die Zitrusschalen enthalten Bioflavonoide, Pflanzenstoffe, die unser Bindegewebe und vor allem die Venen stärken können. Das Fehlen dieser Pflanzenstoffe begünstigt die Ausbreitung von kleinen Besenreisern auf der Haut. Kombiniert mit einem grünen Wildkräuter-Cocktail, der organischen Mikromineralien-Ur-Essenz und einer Gelatine-Götterspeise konnte die Zitrus-Zubereitung meinen Patienten mit Bindegewebsschwäche helfen.

7. Grüner Melonen-Cocktail

Zutaten:

4 Tassen Honigmelone, gewürfelt
2 Handvoll Wildkräuter wie Giersch, Löwenzahn oder Brennnessel
1 kleine Handvoll Minzeblätter
1 Tasse Wasser
Saft einer halben Zitrone

Alle Zutaten pürieren und genießen!

Die rettende Abkühlung an einem heißen Tag. Kühlt viel besser als Eis und verschlackt auch nicht! Laut Ayurveda wirkt die Verbindung von süß und bitter innerlich sehr kühlend.

8. Grüner Sharon-Cocktail

Zutaten:

2 reife Sharon-Früchte
3 Selleriestangen
1 Bund Petersilie

Alle Zutaten ohne Wasserzugabe pürieren, da die Sharon-Früchte sehr saftig sind.

9. Spinat-Cocktail

Popeye, eine Comicfigur von Walt Disney, musste immer viel Spinat essen, um Kraft und Ausdauer zu bekommen. Als Kind konnte ich den gekochten Spinat nicht leiden. Leider wusste meine Mutter damals nicht, wie man einen schmackhaften grünen Cocktail mixt! Sonst hätte ich für Spinat vielleicht mehr Begeisterung gezeigt.

Zutaten:

½ Mixerbehälter voll mit Spinatblättern
3 Bio-Äpfel
½ Bio-Zitrone mit der Schale
1 Tasse gefrorene Himbeeren
2 Tassen Wasser
1 kleines Stück Ingwer, ½ daumengroß

Alle Zutaten pürieren und genießen!

10. Salat-Cocktail

Auch Salat kann in einen Cocktail verwandelt werden. Die beste Sorte ist der Romana-Salat.

Zutaten:

½ Kopf Romana-Salat
1 Tasse gefrorene Himbeeren
2 Bananen
2 Tassen Wasser
½ Tasse eingeweichte Sonnenblumenkerne
1 Teelöffel Anis oder Zimt

Alle Zutaten pürieren und genießen!

11. Herzstärkender Weißdornbeeren-Cocktail

Jeder sechste Erwachsene leidet unter einem ausgeleierten Herzen, bei dem die Herzkammern erweitert sind. Das konnten Kardiologen in einer neuen Studie feststellen. Eine Ernährung aus Brot, Nudeln, Kartoffeln, Müsli, Milchprodukten und Fertiggerichten wird dem Herzen nicht die sekundären Pflanzenstoffe liefern können, auf die es angewiesen ist.

Hoher Blutdruck, Herzschwäche, Gefäßablagerungen, Herzinfarkt und Schlaganfall sind zu wahren Volkskrankheiten geworden. Nur eine überragende Ernährungsweise kann diese Krankheiten verhindern!

Gegen Herzkrankheiten liefert uns die Natur die Weißdornbeeren. Diese roten Beeren wachsen in ganz Europa: Sowohl auf Mallorca wie auch in Deutschland sind sie ab September erntereif. Man kann sie auch bestellen. Die stärkehaltigen Beeren sind zwar ohne Geschmack, genießen aber einen großen Ruf als herzstärkendes Mittel. Deswegen wollen wir aus dem Weißdorn einen herzstärkenden und schmackhaften Cocktail mixen!

Zutaten:

½ Tasse Weißdornbeeren (siehe Bezugsquelle)
1 Tasse Esskastanien-Pulver (siehe Bezugsquelle)
2 Esslöffel Kakaopulver
2 Tassen Reis- oder Mandelmilch
4 Datteln

Erst die Beeren mit der Reismilch und den Datteln mixen, danach die anderen Zutaten hinzufügen.

Ernährungsprinzip:

Ablagerungen an den Gefäßen können durch das Weglassen von Gluten und das Trinken von grünen Wildkräuter-Cocktails beseitigt werden. Die Herzmuskulatur lässt sich durch Weißdornbeeren stärken. Brennnessel-Cocktails reinigen das Blut. Die Mikrozirkulation kann durch die grünen Wildkräuter-Cocktails und die Mikromineralien-Ur-Essenz verbessert werden. Mithilfe von Co-Enzym Q10 und des Vitamin-E-Komplex (Tocotrienole) kann die Herzmuskulatur mehr Sauerstoff aufnehmen, eine Voraussetzung, damit sie leistungsfähiger wird.

Durch diese einfachen Maßnahmen lässt sich das Herz-Kreislauf-System wieder auf Vordermann bringen und die Gefahr von Schlaganfall und Herzinfarkt reduzieren. Viele meiner Patienten und sogar mein 83-jähriger Vater konnten so ihre Herzgesundheit wiedererlangen.

12. Grüner Winter-Cocktail

Das beste Blattgemüse im Winter ist bei Weitem der Grünkohl. Die Blätter enthalten unglaublich viele Nährstoffe. Sie werden nur selten gegessen, obwohl sie sehr nahrhaft sind. Als Cocktail kann ich sie wärmstens empfehlen!

Zutaten:

5 Grünkohlblätter
1 Birne
1 Tasse gefrorene Himbeeren
1 Stück frischer Ingwer, ½ daumengroß
2 Tassen Wasser
2 Esslöffel eingeweichter Leinsamen

Pürieren und genießen!

Ernährungsprinzip:

Von allen angebauten Gemüsesorten enthält Grünkohl die meisten Nährstoffe.

13. Winter-Brombeerblätter-Cocktail

Auch im Winter kann man heilkräftige grüne Wildkräuterblätter ernten. Die Brombeerblätter bleiben sogar bei eiskaltem Wetter grün und saftig und enthalten Chlorophyll und Biophotonen. Man muss sie nur im Wald pflücken.

Zutaten:

2 Tassen frische Brombeerblätter
1 rote Bete
½ Liter Selleriestangensaft
1 Teelöffel Zimt
Saft einer Zitrone
1 Banane

Alle Zutaten werden püriert, der Selleriestangensaft wird vorher ausgepresst. Alternativ kann man die Selleriestangen auch pürieren und dazugeben.

Ernährungsprinzip:

Durch die Brombeerblätter wird der Körper mit pflanzlichem Eiweiß und sekundären Pflanzenstoffen, Biophotonen, Enzymen und Chlorophyll versorgt, sogar mitten im Winter. Brombeersträucher sind die einzigen grünen Pflanzen, die man selbst bei hoher Schneedecke noch finden kann. Die Selleriestange liefert organisches Natrium, ein wichtiger Ausgleich zum hohen Kaliumgehalt der Banane. Auch im Winter wollen wir auf diese wertvollen Nährstoffe nicht verzichten.

14. Rote-Rüben-Cocktail

Mit ein paar roten Bete und einer Handvoll wilder Kräuter oder Petersilie erhält man einen Cocktail, der die Blutbildung fördert. Durch die roten Rüben bekommt die Speise eine süße Note.

Zutaten:

1 rote Bete
2 Handvoll klein geschnittene Wildkräuter, Petersilie oder Rucola
Saft einer Zitrone
1 Tasse frische oder aufgetaute Himbeeren
½ Tasse geröstete Sonnenblumenkerne zum Garnieren
½ Tasse Kokosmilch

Alle Zutaten, bis auf die Sonnenblumenkerne, in einem Standmixer oder einer Küchenmaschine pürieren. Mit den Kernen garnieren.

Ernährungsprinzip:

Rote Bete enthalten sehr wertvolle sekundäre Pflanzenstoffe und fördern die Blutbildung. Die Kombination mit den Wildkräutern und den Himbeeren macht dieses Rezept besonders heilkräftig. Es enthält viele Antioxidantien, die vor Krebs schützen sollen. Auch Himbeeren sollen eine krebsschützende Wirkung entfalten. Kokosfett enthält wertvolle Fettsäuren, die für den Aufbau der Zellmembranen von Bedeutung sind und die Nährstoffaufnahme im Darm fördern. Dieses Rezept ist ein großer Kraftspender und gutes Stärkungsmittel.

15. Natürliche-Haarfarbe-Cocktail

Viele Menschen machen sich Kummer wegen ihrer Haare. Vor allem graue Haare machen vielen zu schaffen. Gute Erfahrungen habe ich mit diesem Cocktail gemacht.

Den Standmixer mit Brennnesselblättern ⅔ voll machen.

Folgende Zutaten kommen hinzu:

3 Esslöffel Melasse (Zuckerrübensaft)
2 Esslöffel Mandelmus
2 Tassen Wasser
2 Esslöffel Mikromineralien-Ur-Essenz
2 Esslöffel Lezithin-Granulat vom Reformhaus
1 Esslöffel Gelatine
1 Eigelb (nach Geschmack)

Alle Zutaten pürieren.

Ernährungsprinzip:

Können graue Haare ihre natürliche Haarfarbe wieder zurückgewinnen? In der Literatur gibt es viele Erfahrungsberichte von Menschen, die auf die Wirkung von Melasse-Zuckerrübensaft schwören. Einige konnten ihre grauen Haare wieder vertreiben.

Melasse enthält besonders viel Magnesium, Kupfer und den Vitamin-B-Komplex. Auch das Fell von Tieren kann durch die Gabe von Melasse profitieren.

Wegen ihrer heilkräftigen Wirkung auf die Haare sind Brennnesseln berühmt. Sie enthalten viel Zink, ein Mineral, welches neben Kupfer in Verbindung mit einer gesunden Haarfarbe gebracht wird.

Das Mandelmus enthält eine Reihe von wichtigen Fettsäuren (Omega 3), Lezithin und Vitamin E, die für den Aufbau der Haare auch wichtig sind. Mandeln enthalten viel Kalzium. Gelatine liefert Chondroitin- und Glucosaminsulfat, wichtige Bausteine für die Haare. Ein rohes Eigelb wurde früher von den Großmüttern empfohlen. Die 70+ organischen Mineralien und Spurenelemente neutralisieren Säuren, die zum Haarausfall führen können, und sorgen für den Aufbau von gesundem Haar.

Herzhafte Cocktails

1. Prinzip der herzhaften Grüne-Gemüse-Cocktails

Bei den deftigen Cocktails wird Gemüse statt Obst mit den Wildkräutern und Blattgemüsen gemixt. Für Menschen, die abnehmen wollen, sind diese Cocktails sehr empfehlenswert. Sie wirken äußerst sättigend und führen zu keinen Blutzuckerschwankungen.

Jedes Rezept enthält die fünf Geschmacksrichtungen süß, salzig, sauer, scharf und bitter. Wenn diese alle in einem Rezept vorkommen, ist die Sättigung besonders vollständig. Kommen nur süß oder salzig in einem Rezept vor, können später Gelüste entstehen.

Damit alle Geschmacksrichtungen vorkommen, werden folgende Zutaten gemixt:

Sauer: Saft einer halben Zitrone, ¼ Tasse Sauerkraut oder 1 bis 2 Esslöffel Apfelessig

Salzig: Eine Selleriestange enthält viel organisches Natrium.

Bitter: Grünes Blattgemüse wie Grünkohl, Spinat, Petersilie, Mangold oder Wildkräuter wie Giersch, Brennnesseln, Löwenzahn, Melde etc.

Scharf: Gewürze wie Ingwer, Koriander, Paprika, Zwiebel, Pfeffer, Kreuzkümmel oder Wildkräuter wie Bärlauch, Knoblauchsrauke

Süß: Karotten, Kokosnuss, Feigen, Datteln, Bananen und Beeren geben einen süßen Geschmack.

Damit enthält der Cocktail alle fünf Geschmacksrichtungen. Um für eine cremige Konsistenz und gesunde Fettsäuren zu sorgen, kann man eine halbe Avocado hinzugeben. Als Bindemittel kann man eingeweichten Leinsamen hinzufügen. Er enthält Omega-3-Fettsäuren.

Um eine warme Suppe zu erhalten, kann man warmes Wasser (60 °C) verwenden. Kochendes Wasser ist nicht empfehlenswert, da die Enzyme sonst verloren gehen würden.

Nach dem Mixen kann man die Suppe mit gerösteten Sonnenblumenkernen garnieren. Guten Appetit!

2. Grünkohl-Tomaten-Cocktail

Im Winter, wenn es nur wenige Wildkräuter gibt, sollte man öfter auf Grünkohl zurückgreifen.

Zutaten:

6 Blätter Grünkohl ohne Stiel
Saft einer halben Zitrone
½ Bund Petersilie
½ Zwiebel
1 Knoblauchzehe
4 eingeweichte, getrocknete Tomaten
2 Esslöffel eingeweichter Leinsamen
1 Teelöffel Vata-Gewürz Churna (siehe Bezugsquelle)
2 Tassen warmes Wasser

Alle Zutaten pürieren und genießen!

3. Roter Grünkohl-Cocktail

Dieses Rezept ist eine tolle Mischung aus Grün in Form von Grünkohlblättern und Rot in Form von Rote-Bete-Saft. Rote Bete sollen in der Lage sein, eine starke Entgiftung der Leber zu bewirken. Sie geben sogenannte „Methylgruppen" ab, die die Leber für ihre Entgiftungsarbeit braucht. Die Methylgruppen können Toxine unschädlich machen. Deswegen hat Dr. Gerson Rote-Bete-Saft bei der Behandlung von Krebs empfohlen.

Zutaten:

½ Liter Rote-Bete-Saft, frisch und langsam gepresst
4 Tomaten
4 getrocknete Tomaten
2 Esslöffel Italienische-Kräuter-Mix (Bioladen)
1 Teelöffel Curry
½ Teelöffel Pfeffer
4 Esslöffel Balsamico-Essig
3 Tassen Grünkohl (ohne Stiel) oder Wildkräuterblätter
2 Esslöffel Tamari-Sojasauce

Alle Zutaten mixen und genießen!

Ernährungsprinzip:

Die Cocktails müssen nicht immer grün sein, eine Abwechslung mit der Farbe Rot tut zwischendurch vor allem den Augen gut. Weil wir auf süße Früchte verzichten, wird auch der Insulinspiegel heruntergefahren. Deswegen ist der rote Cocktail gerade für Krebspatienten, die mit süßen Früchten eher zurückhaltend umgehen sollten, empfehlenswert.

Von allen Blattgemüsesorten enthält der Grünkohl die meisten Nährstoffe. Diese Pflanze ist winterhart und meistens durch Nitrat weniger belastet als der Bio-Spinat. Sie ist meine grüne Pflanze der Wahl vor allem im Winter, wenn es nur wenige Wildkräuter gibt.

Unbedingt empfehlenswert, vor allem für Krebspatienten, ist der Einsatz eines langsamen Entsafters, der mit einer Geschwindigkeit von weniger als 70 Umdrehungen/Min. entsaftet. Hier empfiehlt sich der Hurom-Entsafter (ca. 300,00 €) oder der Greenstar (ca. 600,00 €). Eine unerlässliche Investition für Krebspatienten, weil die Enzyme mit den schnell drehenden Entsaftern zerstört werden.

4. Grünes Thai Delight

Korianderkraut, auch Cilantro genannt, ist ein wunderbares, aber in Deutschland wenig bekanntes Gewürzkraut. Die Türken lieben dieses Gewürz. Auch in der thailändischen und mexikanischen Küche spielt es eine große Rolle. Erhältlich im Asienmarkt und beim Türken.

Zutaten:

2 Handvoll Spinat
½ Bund Korianderkraut
1 Knoblauchzehe
Saft einer halben Zitrone
½ Avocado
1 Esslöffel eingeweichter Leinsamen
6 Cocktail-Tomaten
½ rote Paprika
1 Stück Ingwer, ½ daumengroß
1 Teelöffel Genmai Su oder Apfelessig
1 Teelöffel Tamari-Sojasauce
2 Tassen heißes Wasser (um die 60 °C)

Alle Zutaten mixen.

5. Asiatischer Gemüse-Cocktail

Dieser Cocktail enthält kein süßes Obst und ist deswegen für all diejenigen zu empfehlen, die abnehmen oder ihren Blutzucker stabilisieren wollen. Die japanischen Würzsaucen Mirin, Genmai Su und Ume Su haben mir eine neue kulinarische Welt eröffnet! Auch als Salatsaucen schmecken sie ausgezeichnet. Im Bioladen und Asienladen sind sie erhältlich.

Zutaten:

2 Handvoll Wildkräuter wie Giersch, Spitzwegerich, Löwenzahn, Melde oder Blattgemüse wie Grünkohl oder Spinat
2 Stangen Sellerie
½ Bund Petersilie
½ reife Avocado, damit die Suppe eine cremige Konsistenz bekommt
3 Tomaten
½ rote Paprika

2 Esslöffel eingeweichter Leinsamen
2 Tassen heißes Wasser (um die 60 °C)
Saft einer halben Zitrone
½ Teelöffel geröstetes Sesamöl
1 Teelöffel Mirin
1 Teelöffel Genmai Su
1 Teelöffel Ume Su
1 Esslöffel Tamari-Sojasauce
1 Teelöffel Vata-Gewürz Churna (siehe Bezugsquelle)

Alle Zutaten pürieren und genießen! Man kann geröstete Sonnenblumenkerne über den Cocktail streuen. Alle Zutaten zusammen bewirken eine tolle Sättigung! Sie werden danach kaum Verlangen nach tierischem Eiweiß verspüren.

6. Mexikanischer Cocktail

Zutaten:

6 Grünkohl-Blätter oder zwei Handvoll Wildkräuter
3 cm lange Jalapeños (scharf!)
½ Zwiebel
1 Knoblauchzehe
½ reife Avocado
4 Tomaten
½ rote Paprika
Saft einer ½ Zitrone
1 Esslöffel eingeweichter Leinsamen
2 Tassen warmes Wasser
½ Teelöffel Paprika
1 Teelöffel Sojasauce

Alle Zutaten pürieren und genießen!

Salate

1. Beluga-Sprossen-Salat

Die kleinen schwarzen Beluga-Linsen lassen sich wunderbar zum Keimen bringen. Geschmacklich sind sie feiner als die braunen Linsen. Wenn man sie mit Wildkräutern kombiniert, entsteht ein erstklassiger Salat auf Gourmet-Niveau.

Zutaten:

1 Tasse Beluga-Linsen-Sprossen (ca. 2 Tage)
4 Tassen Feldsalat, Rucola oder Spinatblätter oder Wildkräuter wie Giersch, Löwenzahn oder Vogelmiere
8 Cocktail-Tomaten, klein geschnitten
½ Avocado, klein geschnitten
3 Esslöffel Apfelessig
1 Teelöffel geröstetes Sesamöl (Asienladen, Bioladen)
1 Esslöffel Tamari-Sojasauce
½ Teelöffel Paprika
1 Esslöffel süßer indischer Curry
½ Teelöffel Koriander
½ Teelöffel Pfeffer

Alle Zutaten mischen und genießen!

Ernährungsprinzip:

Linsensprossen sind ein wunderbarer Eiweiß- und Enzymspender, die Wildkräuter liefern viele Bitterstoffe, Chlorophyll und Biophotonen. Linsen sind auch ein wichtiger Spender von Zink. Sie sind das Grundnahrungsmittel der Inder, die weitgehend auf tierisches Eiweiß verzichten!

2. Heilkräftiger Power-Salat

Verbinden Sie den hohen Nährstoffgehalt von Sprossen, Wildkräutern und Meeresalgen in diesem heilkräftigen Salat!

Zutaten:

1 Tasse Mungbohnen-Sprossen
1 Tasse eingeweichte Hijiki- oder Wakame-Algen (ca. 15 Min. einweichen)
2 Tassen geschnittene Wildkräuter wie Knoblauchsrauke oder Löwenzahn
2 Tassen Cocktail-Tomaten, geviertelt
1 Gurke, klein geschnitten

Salatsauce:

4 Esslöffel japanische Miso-Paste aus fermentierten Sojabohnen
4 Esslöffel Senf
4 Esslöffel Apfelessig
2 Esslöffel Kürbiskern- oder geröstetes Sesamöl
1 Teelöffel Pfeffer
2 Esslöffel Tamari-Sojasauce

Die Algen vorher im Wasser einweichen; Dauer etwa 15 Minuten. Die Salatsauce mixen und mit den anderen Zutaten mischen.

Ernährungsprinzip:

Durch seinen hohen Eiweißgehalt hat der Power-Salat ein enormes Sättigungspotenzial. Die Mungbohnen-Sprossen (ca. 20 Prozent), Hijiki-Algen (ca. 10 Prozent), Miso-Paste (ca. 25 Prozent) und Wildkräuter (ca. 8 Prozent) enthalten viel hochwertiges pflanzliches und sättigendes Eiweiß. Dieser Salat macht jeden Schweinebraten überflüssig! Mittags ergibt er fast eine komplette Mahlzeit mit dem Vorteil, dass man hinterher nicht einschlafen wird.

3. Tahin-Wildkräuter-Salat

Das ist einer meiner Lieblingssalate – sättigend, schmackhaft, eiweißreich und eine hervorragende Nährstoffquelle. Die Zubereitung ist einfach.

Zutaten:

2 Tassen klein geschnittene Wildkräuter wie Löwenzahn, Spitzwegerich, Giersch, Vogelmiere etc.
½ Gurke, klein geschnitten
3 Tomaten, klein geschnitten
4 Esslöffel Tahin-Sesammus aus dem Bioladen
2 Esslöffel Senf
4 Esslöffel Nährhefeflocken (Bioladen, z. B. Naturata)
½ Teelöffel Paprika-Pulver
3 Esslöffel Apfelessig
2 Esslöffel japanische Mirin-Würzsauce (nach Geschmack, Asienladen, Bioladen)
2 Esslöffel Tamari-Sojasauce

Alle Zutaten mischen und genießen!

Ernährungsprinzip:

Die Wildkräuter enthalten große Mengen an Biophotonen, Bitterstoffen und Chlorophyll.
Tahin-Sesammus ist eine exzellente Quelle für Zink, Kalzium und wertvolle Fettsäuren.
Nährhefeflocken enthalten ca. 50 Prozent Eiweiß und organisches Chrom, ein wichtiges Mineral, um den Blutzucker zu stabilisieren.

4. Eiweiß-Salat

Dieser Salat enthält reichlich Eiweiß. Der Grund sind die Kichererbsen und Mungbohnen-Sprossen.

Zutaten:

½ Tasse gekochte Kichererbsen oder Bohnen
½ Tasse frische Mungbohnen-Sprossen

1 Tasse Salatblätter (z. B. Feldsalat)
2 Tomaten, klein geschnitten
1 Esslöffel Balsamico-Essig
½ Avocado, zerdrückt
1 Esslöffel Curry-Pulver
2 Esslöffel Senf

Alle Zutaten werden gemischt. Das Resultat ist ein sättigender Salat.

5. Enzym-Salat

Es gibt Hefeflocken, die auf Melasse angebaut werden. Sie sind in Bioladen (z.B. von Naturata) und Reformhaus erhältlich und haben einen angenehmen, nussartigen Geschmack. Sie sind mit Bierhefe nicht zu verwechseln.

Hefeflocken enthalten 50 Prozent Eiweiß und einen blutzuckerstabilisierenden Faktor (sog. Glukose-Toleranz-Faktor, GTF), ein Segen für Diabetiker und Menschen, die abnehmen wollen. Durch den GTF verringert sich der Heißhunger auf Süßigkeiten und man wird weniger Blutzuckerschwankungen erleben.

Zutaten:

2 Handvoll Giersch oder Löwenzahn (Wildgrün), klein geschnitten
3 Esslöffel Hefeflocken
2 Esslöffel Senf
2 Esslöffel Balsamico-Essig
1 Esslöffel Olivenöl
½ Avocado, klein geschnitten
½ Tasse Mungbohnen, gekeimt
6 Cocktail-Tomaten

Alle Zutaten mischen und genießen!

Ernährungsprinzip:

Ich bin überzeugt, dass Hefeflocken unser Leben verlängern können. Wenn Sie 100 Jahre alt werden wollen, sollten Sie sie regelmäßig essen. Sie sind ein wahres Lebenselixier. Mein Kater wurde früher ganz wild auf Hefeflocken, wenn er sie nur gerochen hat. Einmal hat er ein ganzes Paket davon aufgefressen! Er war ein schlauer Kater.

6. Korianderkraut-Salat

Korianderkraut wird in Asien, Mexiko und in der Türkei in großem Stil verwendet. Es gibt kein leckereres Küchenkraut.

Zutaten:

1 reife Avocado
5 Tomaten
½ Tasse getrocknete Tomaten
1 Bund Korianderkraut (türkischer Gemüseladen)
4 Esslöffel Tamari-Sojasauce
1 Teelöffel Pfeffer

Alle Zutaten mischen und mit einer Tasse Mungbohnen- oder Beluga-Linsen (sehr lecker) servieren. Dieser Salat war immer ein Hit bei meinen Seminaren!

Ernährungsprinzip:

Korianderkraut soll in der Lage sein, Schwermetalle aufzunehmen und sie aus dem Körper zu leiten.

7. Waldorf-Sprossen-Salat

Dieser Salat versorgt den Körper mit wichtigen Bitterstoffen, unerlässlich für die Funktion von Leber und Gallenwegen. Trotz der vielen Zutaten braucht man nur ca. 5 Minuten Vorbereitungszeit, bis er tafelfertig ist.

Zutaten:

2 Chicoree, klein geschnitten
⅓ Tasse Rosinen
8 Cocktail-Tomaten
2 Tassen klein geschnittene Wildkräuter wie Löwenzahn
½ Tasse Quinoa-Sprossen (über Nacht einweichen)
⅓ Tasse eingeweichter Leinsamen
⅓ Tasse gehackte Walnüsse
1 Esslöffel Curry
1 Teelöffel Koriander-Pulver
2 Esslöffel Senf

1 Esslöffel Balsamico-Essig
1 Esslöffel Zitronensaft

Die klein geschnittenen Tomaten, Chicoree, Wildkräuter und Rosinen in eine Salatschüssel geben. Alle anderen Zutaten in einem Minimixer zusammen mit ½ Tasse Wasser pürieren. Danach über den Salat gießen. Den Salat mit den gehackten Walnüssen garnieren.

Ernährungsprinzip:

Quinoa-Sprossen enthalten vollständiges Eiweiß und viele Enzyme und bilden mit den Gewürzen und dem Senf eine tolle Salatsauce.

8. Salat Mount Olymp

Meine Frau teilte mir bei einem Abendessen mit, dass dies mein bester Salat aller Zeiten sei und ich die Zutaten schnell notieren solle.

Das Besondere an diesem Salat ist das gänzliche Fehlen von Öl oder Fett. Kein Olivenöl, keine Mayo, Avocado oder Samen werden dem Salat hinzugefügt. Hätte ich fünf Esslöffel Olivenöl hinzugegeben, wären das 500 zusätzliche Kalorien – für den Stoffwechsel und die Blutzirkulation ein schwerer Brocken. Obwohl kein Fett dabei ist, schmeckt dieser Gourmet-Salat fantastisch. Das liegt vor allem an der tollen Salatsauce mit den getrockneten Tomaten und Sellerie-Stauden sowie den Bitterstoffen aus den Wildkräutern.

Weniger Fett zu konsumieren täte den meisten Menschen gut, nicht allein wegen des Gewichts. Durch eine fettfreie Mahlzeit fühlt man sich leichter und beschwingter. Der Körper wird auch beweglicher. Damit plädiere ich nicht generell für eine fettfreie Nahrung, da gerade die gesättigten Fettsäuren aus dem rohen Eigelb, Rohmilch-Butter und Kokosnuss wichtige Schmiermittel für den Darm bilden (siehe Fett-Cocktail-Rezept S. 216), die auch die Assimilation der organischen Mineralien im Darm deutlich verbessern. Aber eine fettfreie Mahlzeit zwischendurch tut gut und schafft ein Gefühl von Leichtigkeit. Dieses Gefühl wird durch die Wildkräuter verstärkt.

Die meisten Menschen wären gut beraten, ihren Fettkonsum zu reduzieren. Schließlich hängen viele degenerative Krankheiten wie Krebs und Herz-

Kreislauf-Erkrankungen mit einem zu hohen Fettkonsum zusammen. Diese Tatsache wurde von der Wissenschaft inzwischen eindeutig belegt. Viele Menschen konsumieren über 50 Prozent ihrer Kalorien in Form von Fett. Das ist definitiv zu viel. Affen in der Wildnis hingegen nehmen nur ca. 10 Prozent ihrer Kalorien in Form von Fettsäuren zu sich.

Zutaten:

In einer Schüssel werden folgende Zutaten vermischt:

½ Gurke
4 mittelgroße Tomaten
½ Tasse Mungbohnen-Sprossen (2 Tage einweichen und spülen)
2 Tassen klein geschnittener Rucola, Löwenzahn oder andere Wildkräuterblätter
⅔ Tasse Champignons oder Shiitake-Pilze, klein geschnitten
½ Tüte Kelp-Meeresalgen-Nudeln (nach Geschmack, siehe Bezugsquelle)
1 Tasse gekochte weiße Jumbobohnen (nach Geschmack)

In einem Mixer werden folgende Zutaten für die Sauce püriert:

4 Tomaten
4 Stangen Stauden-Sellerie
½ Paprika
½ Tasse getrocknete Tomaten
2 Esslöffel italienische oder Pizza-Gewürze
1 Esslöffel Pfeffer
2 Esslöffel Vata Churna oder Curry-Pulver
4 Esslöffel Senf
⅓ Tasse Balsamico-Essig
¼ Tasse Tamari-Sojasauce

Die Sauce mit den anderen Zutaten gut vermischen und 10 Minuten ziehen lassen, damit die Kelp-Nudeln weich werden.

Ernährungsprinzip:

Alle sechs Geschmacksrichtungen kommen in diesem Salat vor – das ist der Grund, warum er eine komplette Mahlzeit bildet. Heute verfügen die meisten Fertigessen und Fastfood-Gerichte über nur zwei oder drei Geschmacksrichtungen, sodass man nicht richtig satt wird. Das Fehlen wichtiger organischer Spurenelemente verstärkt noch zusätzlich dieses Gefühl. Daher empfehle ich die tägliche Einnahme von zwei Esslöffeln der organischen Mikromineralien. Durch die Einnahme dieser organischen Mineralien erlebt man eine tiefere Sättigung und wird weniger Verlangen nach Schokolade, Zucker, Teigwaren, Wurst, Chips und sogar Zigaretten oder Alkohol verspüren.

Durch die Mungbohnen-Sprossen, die gekochten Jumbobohnen, die Kelp-Nudeln, die Pilze und Wildkräuter enthält der Salat viel hochwertiges pflanzliches Eiweiß. Neben wichtigen Bitterstoffen liefern die Sellerie-Stauden reichlich organisches Natrium, ein wichtiger Nährstoff für die Funktion des Nervensystems. Im Gegensatz dazu enthält Kochsalz anorganisches Natrium, das der Körper nicht optimal verwerten kann und zum größten Teil wieder ausscheidet.

Zum Abendessen habe ich diesen Salat plus zwei Grapefruits gegessen. Ich fühlte mich danach leicht und beschwingt. Hätte ich etwas Deftiges, Fetthaltiges gegessen, hätte ich ein Gefühl von Trägheit und Schwere verspürt. Am nächsten Tag hätte ich Schwierigkeiten gehabt, aus dem Bett zu kommen, und wäre beim morgendlichen Jogging nicht so flott auf den Füßen gewesen. Somit können wir unsere psychische Verfassung oft mit einfachen Mitteln beeinflussen. Die Wildkräuter-Vitalkost-Ernährung, richtig angewandt, kann uns sogar Schwermut und Antriebslosigkeit ersparen.

Suppen

1. Quinoa-Quark-Hummus-Suppe

Als Fastfood-Koch bin ich immer auf der Suche nach Wegen, wie ich meine Arbeitsabläufe optimieren kann. So bin ich auf dieses Rezept gestoßen. Die Teilnehmer meines Seminars waren begeistert.

Nachdem ich mein Quinoa-Quark-Hummus-Rezept vor meinen Seminarteilnehmern demonstriert hatte (siehe Rezept S. 114), musste ich den Mixerbehälter für das nächste Rezept säubern. Da fiel mir ein, dass ich einfach heißes Wasser (ca. 60 °C) mit etwas Miso-Paste und ein paar Brennnesselblättern einfüllen, sie mixen und als Suppe servieren könnte. Die so entstandene Suppe war cremig und äußerst schmackhaft und der Mixerbehälter war auch blitzblank. Die perfekte Fastfood-Suppe!

Diese Rezeptur halte ich für meine schmackhafteste und heilkräftigste Suppen-Kreation. Weil sie innerlich wärmt und auch bekömmlich ist, wäre sie für alle stressgeplagten Vata-Typen perfekt.

Zutaten:

½ Tasse Quinoa-Quark-Hummus (siehe Rezept S. 114)
4 Esslöffel Miso-Paste
1 Teelöffel Pfeffer
1 Handvoll Brennnesselblätter
2 Tassen kochendes und 2 Tassen kaltes Wasser

Alle Zutaten mixen und genießen!

Ernährungsprinzip:

Es gibt keinen besseren Eiweißspender als das bekömmliche Quinoa-Quark-Hummus. Die Tatsache, dass eine Krebspatientin ohne Magen innerhalb von nur zwei Monaten 6 kg zunehmen konnte, spricht Bände. Miso-Paste ist ein gesundes Würzmittel. Ich bevorzuge die Paste einer Firma aus Österreich, die sie zwei Jahre lang in Holzgefäßen fermentiert. Diese Firma arbeitet sehr gewissenhaft. Die Paste ist überragend und sogar vielen japanischen Produkten überlegen, umso mehr in Zeiten atomarer Belastung (www.sojvita.at). Kaum eine andere Wildpflanze wie die Brennnessel ist so eiweißhaltig und heilkräftig.

Man erhält eine Suppe, bei der das Eiweiß komplett vorverdaut ist. Bekömmlichkeit pur, danach wird man keine Blähungen haben! Diese Suppe erfüllt nicht nur alle Gourmet-Ansprüche, sie ist auch optimal, um einen Mixerbehälter sauber zu bekommen, ohne dass wertvolle Zutaten verloren gehen.

2. Wildkräuter-Miso-Suppe

Diese wunderbare Suppe wird mit einer vergorenen, enzymhaltigen japanischen Sojapaste hergestellt. Mit der Miso-Paste (Naturkost- oder Asienladen) lässt sich in ca. zwei Minuten eine Suppenbrühe herstellen. Die Brühe kann man mit frischen Wildkräutern wie Brennnesseln veredeln. Ein unübertroffenes Nährstoffelixier! Diese Suppe bereiten wir oft für unsere Ayurveda-Patienten zu.

4 Tassen Wildkräuterblätter wie Bärlauch, Giersch, Gundermann, Brennnessel, Sauerampfer, Spitzwegerich, Taubnessel, Knoblauchsrauke etc. werden in einem Standmixer mit 2 Tassen warmem Wasser (60 °C) püriert.

Folgende Zutaten werden der pürierten Mischung hinzugefügt:

2 Esslöffel Miso-Paste (Bioladen)
2 Esslöffel eingeweichter Leinsamen
1 Esslöffel Senf
1 Esslöffel Kürbiskernöl
¼ Teelöffel Meersalz
½ Avocado
½ Esslöffel Curry-Pulver
¼ Teelöffel Paprika oder Cayennepfeffer

Alle Zutaten in einem Mixer pürieren, bis die Suppe entsteht.

Ernährungsprinzip:

Wildkräuter und Miso sind beide exzellente Quellen von vegetarischem Eiweiß. Die Wildkräuter tragen eine Fülle von Enzymen, sekundären Pflanzenstoffen und Biophotonen bei. Die wärmenden Gewürze unterstützen den Verdauungsprozess. Durch ihre Fülle an Nährstoffen wirkt die Suppe sehr sättigend.

3. Spinat-Suppe

Zutaten:

5 Tomaten
1 Handvoll Korianderkraut (beim Türken oder Asienladen erhältlich) oder Petersilie
2 Selleriestangen
1 Frühlingszwiebel
3 Datteln
2 Handvoll Spinatblätter
2 Esslöffel Aprikosen-Würzsauce Ume Su (Bioladen, japanisch) oder Apfelessig
½ Teelöffel Cayenne-Pfeffer
1 Esslöffel Curry-Pulver
2 Tassen heißes Wasser
2 Esslöffel vegetarisches Suppenpulver

Alle Zutaten pürieren. Mit Mungbohnen-Sprossen garnieren und warm essen.

Ernährungsprinzip:

Diese Suppe enthält die Geschmacksrichtungen süß, salzig, sauer, scharf, bitter und herb. Damit sind alle sechs Geschmacksrichtungen abgedeckt, eine wichtige Voraussetzung dafür, dass wir ins Gleichgewicht kommen und Gelüste nach Süßigkeiten und Brot überwinden können.

4. Rahmspinat-Brennnessel-Suppe

Diese warme Suppe wirkt bei Menschen mit einer Vata-Störung fast wie Medizin. Sie ist ein echter „Vata"-Killer. Vata ist der ayurvedische Ausdruck für einen Zustand von innerer Unruhe, die nach einem stressigen Arbeitstag, einer längeren Autofahrt oder einer schlafarmen Nacht entstehen kann. Die Nerven liegen blank, man fühlt sich gereizt und braucht Ruhe. Kopfschmerzen oder Magen-Darm-Störungen können aus einer Vata-Störung entstehen. Man fühlt sich kaputt und ausgelaugt.

Bei Vata-Störungen empfiehlt der Ayurveda eine warme, gut gewürzte Suppe. Meine Frau hat dieses schnell zubereitete Gericht kreiert, um ihre eigene Vata-Problematik in den Griff zu bekommen. Ihre Begeisterung für die

Suppe hat mich dann auch angesteckt. Ich probierte sie und stellte fest, dass sie vor allem abends unheimlich guttut. Deswegen möchte ich diese Empfehlung an meine Leser weitergeben.

Nach dem Verzehr der Suppe entsteht ein angenehmes, warmes Bauchgefühl, für Vata-Typen ein sehr gutes Gefühl. Das ist eine warme Suppe, die therapeutisch wirken kann!

Zutaten:

200 g Bio-Rahmspinat, tiefgefroren (Firma Ökoland, Bioladen), oder frische Spinatblätter
½ Teelöffel Asafoetida (Asienladen)
1 Teelöffel Vata-Churna-Gewürzmischung (siehe Bezugsquelle)
½ Teelöffel Pfeffer
1 Esslöffel vegetarisches Suppenpulver (abschmecken)
2 Tassen Wasser
1 Tasse Brennnesselblätter oder andere Wildkräuter

Alle Zutaten kurz aufkochen und dann von der Hitze nehmen. Bitte höchstens eine Minute lang kochen. Gesamte Dauer der Zubereitung: ca. 8 Min. Guten Appetit!

Ernährungsprinzip:

Tiefgefrorener Spinat ist durchaus nährstoffhaltig und kann, wenn erwärmt, jeden unruhigen Magen-Darm-Trakt beruhigen, vor allem bei Menschen, die unter einer Vata-Störung leiden. Durch den Gefrierprozess gehen nur ca. 10 Prozent der Nährstoffe verloren.

Die warme Suppe besänftigt das Gefühl einer inneren Unruhe. Ein Mix aus Stärke und Eiweiß wie ein Käsebrot oder Hamburger führt eher zu einer inneren Verschlackung. Außerdem macht glutenhaltige Stärke einen dumpfen Kopf. Bei Käse, Wurst und Brot vermisst man Nährstoffe wie Chlorophyll, organische Spurenelemente, Biophotonen und sekundäre Pflanzenstoffe, die für ein rundes Bauchgefühl wichtig sind. Von diesen Nährstoffen hängt auch unsere Gesundheit ab.

Anfangs war ich wegen der Qualität von gefrorenem Spinat ziemlich skeptisch, aber meine Versuche mit der Suppe konnten mich überzeugen. Ich war überrascht, wie ausgleichend sie auf eine Vata-Störung wirken kann. Auf den Magen-Darm-Trakt wirkt der warme Spinat entspannend. Die Gewürze verstärken den Effekt. Diese Vata ausgleichende Suppe ist für gestresste Berufstätige optimal! Wenn Sie von einer langen Autofahrt nach Hause kommen, kann diese Suppe sehr guttun.

Die Gewürze Asafoetida und Vata Churna sind bei einer Vata-Störung indiziert und können die therapeutische Wirkung der Suppe verstärken. Es lohnt sich, die Gewürze zu besorgen (siehe Bezugsquelle).

Durch die Gabe von frischen Brennnesselblättern erhält die Suppe überragende sekundäre Pflanzenstoffe, die auch bei einer Vata-Störung hilfreich sind. Die Brennnessel gibt Kraft und führt zu mehr innerer Gelassenheit.

Ein weiterer großer Vorteil für Menschen, die abnehmen wollen: 200 g Rahmspinat enthalten nur 110 Kalorien. Die Sättigung, die die Suppe spendet, ist beachtlich. Ein paar Leinsamen-Cracker und ein Wildkräuter-Salat dazu und man hat ein abgerundetes Abendessen. Die perfekte, warme Fastfood-Mahlzeit.

5. Grüne „Fastfood"-Suppe

Dieses Rezept schmeckt fast genauso gut wie eine Spargelcreme-Suppe. Es ist total einfach: Wildkräuter werden zusammen mit warmem Wasser (ca. 60 °C), Tamari-Sojasauce und Bio-Butter, Ghee oder Kokosöl gemixt. Meine Frau hat dieses Rezept in unserem Urlaub auf Mallorca kreiert. Einfacher und schneller geht es nicht! Fast so schnell wie eine Suppe aus der Dose, aber eine sättigende Gourmetsuppe der Extraklasse.

Am besten schmeckt sie mit den wilden Gänsefußblättern, die man nicht nur auf Mallorca, sondern auch in Deutschland ernten kann. Brennnesselblätter, Franzosenkraut, Giersch oder Vogelmiere kann man auch verwenden.

Zutaten:

2 Handvoll Wildkräuterblätter
2 Tassen heißes Wasser (60 °C)
2 Esslöffel vegetarisches Suppenpulver

2 Esslöffel Bio-Butter, Ghee oder Kokosöl (Bioladen oder siehe Bezugsquelle)
1 Esslöffel Tamari-Sojasauce

Alle Zutaten pürieren und genießen! Zubereitungszeit: ca. 2 Minuten, schneller kann man eine Suppe wirklich nicht kochen!

Ernährungsprinzip:

Das Mixen der Blätter ersetzt den Kochvorgang, dadurch können die Nährstoffe in die Flüssigkeit geschwemmt und vom Darm leichter aufgenommen werden. Butter, Ghee und (kalt gepresstes) Kokosöl steigern die Assimilation der Mineralien und geben der Suppe einen angenehm sahnigen Geschmack. Der Körper profitiert von den gesättigten Fettsäuren dieser Fette, da sie die allgemeine Nährstoffaufnahme optimieren.

6. Brennnessel-Algen-Suppe

Diese enzym- und nährstoffhaltige Suppe ist ein toller Muntermacher. Das Geheimnis sind die Algen- und Brennnesselblätter.

4 Tassen Wasser mit 2 Esslöffeln vegetarischem Suppenpulver erst kochen, dann für ca. 5 Minuten abkühlen lassen.

Zutaten:

2 Tassen Brennnessel- oder Gierschblätter, klein geschnitten
1 Karotte
½ Zucchini
½ reife Avocado
½ Tasse über Nacht gekeimte Quinoa-Samen
½ Tasse eingeweichte Wakame-Algenblätter
½ Teelöffel Koriander-Pulver
1 Knoblauchzehe
½ Teelöffel Pfeffer
½ Teelöffel Kreuzkümmel
1 Esslöffel Senf
1 Esslöffel Essig

Die abgekühlte Suppenbrühe mit allen Zutaten bis auf die Wakame-Algenblätter in einem Standmixer pürieren. Zum Schluss mit den Wakame-Algenblättern garnieren und warm servieren.

Ernährungsprinzip:

Algenblätter enthalten organisches Jod, eine Wohltat für unsere unterversorgte Schilddrüse. Anorganisches Jodsalz sollte man meiden wie die Pest. Nur organische Mineralien sind für den Körper nützlich!

7. Kalzium-Mineral-Suppe

Diese Suppe ist ein wahres Kalzium-Elixier. Die Zutaten Sesamsamen, Brokkoli, Wakame-Meeresalgen sowie Brennnesselblätter sind alle exzellente organische Kalziumspender. Damit können Sie sich problemlos von Milch verabschieden.

Zutaten:

4 Tassen Wasser mit 2 Esslöffeln Suppenbrühe kochen und 5 Min. abkühlen lassen. Oder Hühnerbrühe verwenden.

Zur abgekühlten Brühe werden die folgenden Zutaten hinzugefügt und in einem Standmixer püriert:

1 Tasse Brokkoli-Röschen
½ Tasse eingeweichte Sesamsamen (über Nacht einweichen, aber nicht sprießen lassen!)
1 Tasse klein gehackte Giersch- oder Brennnesselblätter
2 Esslöffel Miso-Paste
1 Esslöffel Senf
1 Esslöffel Curry
½ Teelöffel Pfeffer

Zum Schluss eingeweichte Wakame-Algenblätter hinzufügen.

Ernährungsprinzip:

Diese Suppe ist ideal, um die Knochendichte wieder aufzubauen. Jeder Mensch ab 50 Jahren sollte für eine positive Kalziumbilanz sorgen.

8. Japanische Wildkräuter-Suppe

Zutaten:

2 Handvoll Brennnesselblätter
1 Tasse warmes Wasser (um die 60 °C)
1 Esslöffel japanische Miso-Paste (Bioladen)
½ Zucchini
1 Stück Ingwer (daumengroß)
1 Teelöffel Tamari-Sojasauce
1 Esslöffel Genmai Su (Reiswein-Essig, Bioladen)
1 Teelöffel Mirin (japanisch, Bioladen)
1 Teelöffel Ume Su (japanisch, Bioladen)
1 Blatt Wakame-Meeresalgen (sollte vorher für ca. 5 Min. in warmem Wasser eingeweicht werden)

Alle Zutaten pürieren.

Ernährungsprinzip:

Diese Suppe enthält eine fermentierte, probiotische Miso-Paste, die angeblich japanische Mönche in Nagasaki vor den Folgen der verheerenden Atomstrahlung geschützt hat. Die Gewürzsaucen Mirin, Ume Su und Genmai Su sind sauer vergoren, d.h. sie wirken probiotisch, ähnlich wie das Miso. Davon kann Ihre Darmflora sehr profitieren!

Die Wakame-Meeresalgen und die Brennnesseln sind sehr reich an organischem Kalzium und Magnesium in einem idealen Verhältnis von 2:1.

9. Wildkräuter-Borschtsch – die Anti-Krebs-Suppe

Borschtsch auf die Schnelle: das Entsaften von roter Bete und Karotten schafft die Basis für diese heilkräftige Suppe. Durch die Gabe von Giersch, einem meiner sieben wichtigsten Wildkräuter (Brennnessel, Löwenzahn, Giersch, Spitzwegerich, Gänseblümchen, Ackerschachtelhalm, Nelkenwurz), gewinnt die Suppe eine interessante herbe Note. Gibt man etwas Kombucha-Tee dazu, tritt auch eine saure Nuance hinzu. Der Ayurveda versucht immer, alle sechs Geschmacksrichtungen abzudecken, um die innere Balance zu fördern.

Zutaten:

2 Tassen Rote-Bete-Saft, frisch gepresst
2 Tassen Karottensaft, frisch gepresst
1 Tasse Orangensaft
1 Esslöffel Tamari-Sojasauce
¼ Tasse Kombucha-Tee (Alternative: 2 Esslöffel Balsamico-Essig)
1 Tasse Giersch-Blätter
1 Avocado
¼ Teelöffel Cayenne-Pfeffer oder Paprika-Pulver

Alle Zutaten werden in einem Mixer püriert.

Als Dekoration kann man die folgenden Zutaten über die Suppe streuen:

½ geriebene Karotte
1 kleine Handvoll Mungbohnen-Sprossen
¼ geriebene rote Bete
einige klein gehackte Gierschblätter

Ernährungsprinzip:

Der Saft aus der roten Bete und den Karotten war eine der wichtigsten Therapien, die Dr. Max Gerson gegen den Krebs eingesetzt hat. Seine Patienten mussten diesen Saft literweise trinken. Er wollte dadurch die Körpersäfte reinigen, eine wichtige Voraussetzung, um den Kampf gegen Krebs zu gewinnen.

Durch die Gabe von frisch gepflücktem Giersch, der in fast jedem Garten zu finden ist, und eine kleine Menge Kombucha-Tee erhält diese Suppe zusätzliche Heilkraft. Giersch wirkt allgemein entzündungshemmend und wurde von Pfarrer Kneipp vor allem bei Polyarthritis eingesetzt. Er hat den Vorteil, dass er nicht so bitter wie Löwenzahn ist. Durch seinen hohen Nährstoffgehalt kommt Giersch gleich nach der Brennnessel, der Königin der Wildkräuter.

Kombucha-Tee gilt in Asien als ein wirksames Anti-Krebs-Mittel. Der Tee kann zu Hause zubereitet werden (siehe Rezept auf S. 183 und Bezugsquelle für den Pilz).

10. Probiotische Enzym-Suppe

Diese therapeutische Suppe liefert eine Fülle von Enzymen, Probiotika, Biophotonen und vorverdautem Eiweiß. Eine gigantische Zusammenstellung gesunder Nährstoffe, die nichts zu wünschen übrig lässt.

Herstellung der probiotischen Samenmischung:

Eine fermentierte Mischung aus gekeimtem Buchweizen und Leinsamen wird in einem Standmixer gemixt.

Zur Herstellung der Sprossen werden die Samen über Nacht eingeweicht und am nächsten Tag gespült. Am 2. Tag sind die Keime dann fertig.

Die Keime werden mit etwas Wasser in einem Standmixer püriert und für mindestens 8 Stunden an einen warmen Ort in der Küche gestellt. Die fertige probiotische Mixtur schmeckt etwas säuerlich (vom Fermentierungsvorgang) und hebt sich von einer wässrigen Schicht (Samen-Molke) ab (siehe auch das Rezept für Quinoa-Quark S. 112).

Die probiotische Samen-Mixtur (ca. ⅔ Tasse) in einem Standmixer mit den folgenden Zutaten mixen:

2 Esslöffel Miso-Suppenkonzentrat (Bioladen, Asienshop)
1 Teelöffel geröstetes Sesamöl
1 Esslöffel Ume Su
½ Teelöffel Pfeffer
1 daumengroßes Stück Ingwer
1 Esslöffel Zitronensaft
½ Teelöffel Majoran
½ Teelöffel Kreuzkümmel
2 Tassen gehackte Brennnesselblätter oder grünes Blattgemüse wie Grünkohl oder Petersilie
1 Esslöffel Senf
½ Teelöffel Paprika
3 Tomaten
6 getrocknete Tomaten
1 Esslöffel Ghee-Butter oder Kokosöl
1½ Tassen heißes Wasser

Alle Zutaten pürieren und zusammen mit gedörrten oder „gerösteten" Sonnenblumenkernen (siehe Rezept S. 150) genießen. Die Suppe ist ein Geschmacks- und Sättigungserlebnis der Superlative.

Ernährungsprinzip:

Miso wird hauptsächlich aus fermentierten Sojabohnen hergestellt. Die Mixtur aus gekeimtem Leinsamen und Buchweizen wird leicht fermentiert. Damit erhält der Körper eine wichtige probiotische Zusammensetzung, die positiv auf die Darmflora wirken kann.

Miso, Leinsamen und Buchweizen sind auch exzellente Eiweißspender. Durch die Fermentierung wird dieses Eiweiß in die einzelnen Aminosäuren zerlegt, die für den Darm leicht zu assimilieren sind. Somit ist das Eiweiß von höherer Qualität als Fleisch.

Durch den Keimvorgang nimmt der Vitaminanteil um bis zu 300 Prozent zu. Auch der Enzymgehalt explodiert, vorausgesetzt, die Suppe wird nicht gekocht. Die frischen Brennnesseln schenken viele wichtige Bitter- und Nährstoffe. Die Zugabe von Kreuzkümmel wirkt gegen die Entstehung von Blähungen und kurbelt noch zusätzlich das Verdauungsfeuer an. Das ist ein altes, bewährtes ayurvedisches Rezept gegen Darmverschlackung.

11. Sahnige Avocado-Suppe

Eine erfrischende warme Suppe, schnell gemacht – besser als Fastfood.

Zutaten:

½ Avocado
20 Cashewkerne
½ rote oder gelbe Paprika
4 getrocknete Tomaten
2 Tassen warmes Wasser
2 Esslöffel geschälte Hanfsamen
1 Tasse frischer Rucola, Giersch, wilder Spinat oder Brennnesselblätter, gehackt
¼ Tasse Hijiki-Meeresalgen
½ Teelöffel Oregano

½ Teelöffel Basilikum
¼ Teelöffel Pfeffer

Alle Zutaten werden in einem Mixer püriert. Die Suppe kann man mit gerösteten Sonnenblumenkernen garnieren.

Cashewkerne sind am besten, wenn sie Rohkostqualität haben. Die Firmen Keimling und Orkos sind beide gute Lieferanten. Im Bioladen sind die Cashewkerne normalerweise erhitzt. Dadurch gehen wertvolle Fettsäuren verloren.

Ernährungsprinzip:

Diese Suppe liefert wertvolle Fettsäuren in Rohkost-Qualität. Vor allem die Hanfsamen und Meeresalgen sind exzellente Spender von Omega-3-Fettsäuren. Durch die grünen Blätter, Hanfsamen und Meeresalgen erhalten Sie noch zusätzlich hochwertiges pflanzliches Eiweiß, welches gut sättigt.
Die Wildkräuter liefern viele wertvolle Nährstoffe, vor allem Bitterstoffe. Eine sättigende, kalorienarme Suppe, die den Blutzucker stabilisiert und keine Insulinausschüttung auslösen wird!

12. Lebendige Minestrone

Zutaten:

½ Gurke oder Zucchini
1 Apfel
Saft einer halben Zitrone
1 Bund Petersilie oder Korianderkraut
4 Tassen klein gehackter Grünkohl oder Giersch
1 Avocado
2 Schalotten
1 Knoblauchzehe
2 Tassen heißes Wasser (60 °C)
½ Tasse rote Paprika
1 Teelöffel Curry
2 Esslöffel Miso-Paste
1 Teelöffel vegetarisches Suppenpulver

Alle Zutaten pürieren, mit Sonnenblumenkernen garnieren.

13. Würzige Süßkartoffel-Suppe

Diese köstliche Suppe kann man innerhalb von Minuten zubereiten und nach Belieben würzen. Sie macht satt, enthält viele wichtige Nährstoffe und kann eine Vata-Störung ausgleichen. Die Suppe ist eine gute Alternative zu Kartoffeln, die nur wenige Nährstoffe enthalten. Ich esse sie gerne, vor allem wenn ich gestresst oder unruhig nach Hause komme und etwas Warmes brauche.

Zutaten:

1 Tasse in Würfel geschnittene Süßkartoffeln
¼ Tasse eingeweichte Kürbiskerne
¼ Tasse gekeimte Sonnenblumenkerne
2 Tassen Brennnesselblätter oder Petersilie
1 Esslöffel Zimt
½ Teelöffel Kardamom
½ Teelöffel Ingwer-Pulver oder 1 daumengroßes Stück Ingwer
½ Teelöffel Nelkenpulver
¼ Teelöffel Muskatpulver
1 Esslöffel biologisches vegetarisches Suppenbrühe-Pulver
(z. B. von Rapunzel)
Saft einer halben Zitrone
1 Esslöffel Honig
1 Tasse heißes Wasser (60 °C)
1 Esslöffel Ghee-Butter oder Kokosöl

Alle Zutaten in einem Standmixer pürieren, bis die Suppe eine cremige Konsistenz hat. Mit gehackter Petersilie oder dem Wildkraut Giersch garnieren.

Ernährungsprinzip:

Die Suppe liefert viel Beta-Karotin aus den Süßkartoffeln, Zink aus den Kürbiskernen und Vitamin E aus den gekeimten Sonnenblumenkernen. Vitamin C wird von den Sprossen, der Zitrone und der nicht gekochten Süßkartoffel geliefert. Der Mixvorgang zermahlt die Zellwände der Süßkartoffel, ähnlich wie beim Kochen. Dadurch können die Nährstoffe leichter assimiliert werden.

14. Brennende Kichererbsen-Suppe

Diese Suppe schmeckt nicht nur köstlich, sie enthält auch eine Reihe von interessanten Nährstoffen.

Zutaten:

1 Tasse gekeimte Kircherbsen (über Nacht in Wasser einweichen, am nächsten Tag spülen, am 2. Tag beginnen die Erbsen zu keimen)
1 Tasse gehackte Brennnesseln, Giersch- oder Beinwellblätter oder Selleriestangen
½ rote Zwiebel, gehackt
1 Esslöffel Senf
2 Esslöffel Balsamico-Essig
1 Esslöffel Miso-Paste
2 Esslöffel Suppenpulver
½ Teelöffel Pfeffer
1 Teelöffel Curry
½ Teelöffel Koriander

Die Kichererbsen-Sprossen zusammen mit den anderen Zutaten bis auf die Kräuterblätter und Miso-Paste für ca. 20 Minuten kochen. Wenn die Kichererbsen weich sind, werden die Wildkräuter mit der Miso-Paste hinzugefügt und in einem Mixer püriert.

15. Wärmende Grüne Suppe

Eine angenehme warme Suppe für kalte Wintertage. Wenn eisiger Wind pfeift, tut eine warme Suppe immer gut.

Die japanischen Gewürzsaucen Ume Su, Mirin und Tamari geben der Suppe eine wunderbare Geschmacksnote. Sehr empfehlenswert ist auch die probiotische fermentierte Miso-Paste. Sie wirkt wie Medizin auf die von Schlechtkost angeschlagene Darmflora.

Zutaten:

2 Handvoll Spinat
½ Bund Petersilie oder Korianderkraut (Cilantro, Asienladen)
Saft einer halben Zitrone
½ rote Paprika

1 Teelöffel Vata Churna oder Curry-Pulver
1 kleine Avocado
2 Tassen heißes Wasser (ca. 60 °C)
1 Esslöffel Miso-Paste
1 Teelöffel Tamari-Sojasauce
1 Teelöffel Mirin
1 Teelöffel Ume Su
1 Stück Ingwerwurzel, ½ daumengroß

Alle Zutaten pürieren und eventuell mit gerösteten Sonnenblumenkernen garnieren.

16. Hitzige Topinambur-Suppe

Wenn man die Knollen von Topinambur (Jerusalem-Artischocke) im Frühjahr pflanzt, kann man erleben, wie im Spätsommer wunderschöne Sonnenblumen entstehen, die sich 2,5 Meter hoch in den Himmel recken. Ich nenne Topinambur meine „essbare Landschaft." Es braucht keine Pflege, man muss es nicht einmal gießen! Diese robuste Pflanze kann potenzielle Schädlinge problemlos abwehren.

Nach dem ersten Frost im Herbst können die Knollen den ganzen Winter über bis zum Frühling geerntet werden. Warum im Bioladen einen Kilopreis von 4,00 € für die Knollen zahlen, wenn man sie umsonst ernten kann?

Topinambur enthält sehr viele Nährstoffe und wird als Balsam für eine überstrapazierte Bauchspeicheldrüse gepriesen.

Zutaten:

8 Topinambur-Knollen
6 Tassen Wasser
2 Esslöffel vegetarisches Suppenpulver
30 Min. bei niedriger Temperatur kochen, bis die Knollen weich sind. Dann werden die Knollen mit der Brühe püriert.

In einem Mixer werden die folgenden Zutaten gemixt:

1 Karotte
4 Esslöffel Bio-Butter, Ghee oder Kokosöl (Bioladen oder siehe Bezugsquelle)

1 Teelöffel Curry-Pulver
½ Teelöffel Kreuzkümmel-Pulver
½ Teelöffel Cayenne-Pfeffer
½ Teelöffel Paprika-Pulver
½ Teelöffel Ingwer-Pulver
1 Esslöffel Sojasauce
1 Tasse Wasser

Alle Zutaten werden in einer Schüssel kombiniert und mit Petersilie garniert.

Als Rohkostsuppe:

Die Knollen werden in dünne Scheiben geschnitten und über Nacht in einem Dörrgerät getrocknet. Die Chips werden dann mit heißem, aber nicht kochendem Wasser und einem vegetarischen Brühwürfel püriert. Damit bleiben alle Enzyme in den Knollen erhalten.

Ernährungsprinzip:

Topinambur enthält Inulin, ein Kohlenhydrat, welches insulinneutral verstoffwechselt wird. Daher hält es den Blutzucker stabil im Gegensatz zu Kartoffeln, die den Blutzuckerspiegel eher belasten und unstabil machen. Topinambur liefert nur wenige Kalorien, wirkt aber sehr sättigend. 500 Gramm enthalten nur 200 Kalorien, Kartoffeln enthalten fast das Dreifache. Weniger Insulinausschüttung bedeutet, dass weniger Fett gespeichert wird. Die perfekte und schmackhafte Nahrung, um abzunehmen – auch für Diabetiker sehr gut geeignet.

17. Rutwigas Goldene Gemüsesuppe

Zutaten:

1 Tasse geschälter Kürbis, klein geschnitten
1 Tasse gelbe Möhren, klein geschnitten
1 Tasse Apfel, klein geschnitten

Zu dem Gemüse in einem Standmixer so viel heißes Wasser (60 °C) geben, bis es knapp bedeckt ist. Hinzu kommen der Saft einer halben Zitrone, 20 g Bio-Butter, Ghee oder Kokosöl und 1 Esslöffel vegetarisches Suppenpulver.

Alle Zutaten werden so lange gemixt, bis eine feine Konsistenz erreicht ist. Mit Kräutern bestreuen und warm servieren. Die ideale Suppe an einem kalten Winterabend.

Ernährungsprinzip:

Obwohl die Suppe warm ist, behält sie ihre Rohkostqualität. Weil sie nicht gekocht wird, gehen wichtige Nährstoffe wie Vitamine, Biophotonen und Enzyme nicht verloren. Trotzdem schmeckt sie wie eine gekochte Suppe. Die ideale Lösung, wenn man etwas Warmes im Winter braucht.

Durch warme Rohkostsuppen kommen wir unserem Ziel näher, mindestens 80 Prozent unserer Nahrung als Rohkost zu essen. Unsere Zellen werden es uns danken.

18. Sellerie-Winter-Suppe

Für Sepp Ott, den Münchner Kräuterführer, sind Herbst und Winter die „Wurzelzeit". Jetzt sollte man auf Topinambur, Pastinake, Sellerie oder Schwarzwurzel zurückgreifen.

Diese Suppe wärmt und kräftigt den gesamten Organismus. Durch die Verbindung von Selleriewurzel und Wildkräutern bekommt der Körper eine geballte Ladung Kraft.

Zutaten:

¼ Sellerieknolle
2 Handvoll Wildkräuter oder Petersilie, Rucola oder grünes Blattgemüse wie Grünkohl
3 gehäufte Esslöffel Miso-Paste
1 Esslöffel Mikromineralien
1 Tasse heißes Wasser (60 °C)
1 Teelöffel Mirin (japanische Würzsauce)
1 Teelöffel Ume Su (japanische Würzsauce)
½ Teelöffel Sesamöl
1 Esslöffel Tamari-Sojasauce
1 Teelöffel Senf

½ daumengroßes Stück Ingwer
½ Zucchini

Alle Zutaten pürieren und warm servieren. Nach Geschmack mit einer klein geschnittenen Selleriestange garnieren.

Ernährungsprinzip:

Sellerie ist ein exzellenter Spender von organischem Salz (Natrium). Tafelsalz enthält anorganisches Natrium, welches den Körper belastet und ausgeschieden werden muss.
Organisches Natrium wirkt auf das Nervensystem entspannend und ausgleichend. Ein Gefühl von innerer Gelassenheit breitet sich aus, wenn der Körper mit organischem Natrium optimal versorgt wird.
Das ist der Grund, warum ich fast täglich eine Portion Sellerie zu mir nehme. Damit kann ich auf Tafelsalz verzichten.

19. Winter-Wurzel-Suppe

Herbst und Winter sind Wurzelzeit. Das folgende Rezept ist meine Lieblingssuppe während der kalten Jahreszeit. Ich grabe meine Topinambur-Knollen sogar im tiefsten Winter aus der Erde und verwende sie für dieses leckere Gericht. Die Suppe spendet viel Kraft und Energie.

Zutaten:

2 Topinambur-Knollen
2 Sellerie-Stangen oder ¼ Sellerie-Knolle
½ Zucchini
½ reife Avocado
½ Zwiebel
½ Zitrone, entsaftet
½ Esslöffel Curry-Pulver
¼ Teelöffel Cayenne-Pfeffer
½ Teelöffel Kreuzkümmel-Pulver
⅓ Tasse Pinienkerne oder eingeweichte Sonnenblumenkerne
1 Esslöffel Ghee-Butter oder Kokosöl
1 Tasse heißes Wasser (60 °C)
1 Karotte, geraspelt

Alle Zutaten, bis auf die Karotte, zusammen mit warmem Wasser pürieren. Zum Schluss mit den Karottenraspeln garnieren.

Ernährungsprinzip:

Topinambur enthält als Kohlenhydrat viel Inulin, welches vom Körper insulinneutral verstoffwechselt wird. Inulin ist deshalb für Diabetiker und Menschen, die abnehmen wollen, sehr empfehlenswert.

Topinambur ist eine Pflanze, die ich als „essbare Landschaft" bezeichnen würde. Die Knollen kann man pflanzen und bis zur Erntezeit vergessen! Sie müssen weder gejätet noch gegossen werden. Sie wachsen wildwüchsig von allein und bilden wunderschöne Sonnenblumen ab Spätsommer. Mit Topinambur im Garten würde man niemals verhungern.

Selleriestangen enthalten viel organisches Natrium (Salz). Das ist wichtig, um die Bioelektrizität für die Nervenzellen bereitzustellen. Ohne organisches Natrium würden unsere Nerven zum Stillstand kommen.

Sushi

1. Wildkräuter-Sushi

Dieses Rezept begeistert meine Seminarteilnehmer immer wieder. Zu Hause ist es bei mir zu einer Art Grundnahrungsmittel geworden. Meine Frau und ich essen es fast täglich. Mit diesem Rezept wird man weder Käse- oder Wurstbrot noch Döner vermissen. Die Wildkräuter-Sushi enthalten alle sechs Geschmacksrichtungen, laut Ayurveda eine wichtige Voraussetzung dafür, ein Gefühl von Sättigung zu bekommen.

Man kauft Nori-Algenblätter im Bio- oder Asienladen. Um die Blätter zu befeuchten, braucht man entweder einen Pinsel oder eine Spritzflasche (Gartenbedarf). Die Flasche wird mit Tamari-Sojasauce aufgefüllt. Mit dem Pinsel oder der Flasche wird ein Streifen (ca. 5 cm) am Rand des Nori-Blatts befeuchtet, damit die Enden des Blatts beim Aufrollen aneinander kleben bleiben.

Löwenzahn oder andere Wildkräuter wie die Kohldistel oder die Melde werden auf dem Nori-Blatt ausgebreitet. Über die Wildkräuter verteilt man dann eine dünne Schicht Cashew-Käse.

Zutaten für den Cashew-Käse:

1 Tasse Cashewkerne wird mit 1 Esslöffel Zitronensaft, ½ Tasse Wasser und ½ Teelöffel Salz püriert. Den Käse kann man 12 Stunden stehen lassen, damit er zu fermentieren beginnt. Damit erhält er eine angenehme säuerliche Geschmacksnote.

Eine dünne Schicht aus diesem Streichkäse wird auf die Wildkräuter aufgetragen, ca. 1 cm dick und 5 cm breit.

Auf dieser Käseschicht kann man geraspelten Chinakohl oder Weißkohl und, falls vorhanden, Sprossen verteilen.

Avocado und eine Essiggurke werden in lange Streifen geschnitten und auf die Wildkräuterschicht gelegt.

Als Gewürz kann man entweder etwas Wasabi-Paste (Bio- oder Asienladen) oder Senf auftragen. Wasabi ist das klassische Gewürz für Sushi-Gerichte. Er wird nur ganz dünn aufgetragen, weil er sehr scharf ist.

Jetzt wird das Sushi aufgerollt. Die Enden der Nori-Blätter werden vorher mit der Spritzflasche befeuchtet, damit sie beim Aufrollen besser aneinander kleben bleiben.

Sollte die Technik des Aufrollens nicht klar sein, ist es empfehlenswert, ein Sushi-Restaurant aufzusuchen und zuzuschauen, wie die Sushi-Rollen zubereitet werden.

Natürlich könnte man auch Reis anstelle oder zusammen mit den Wildkräutern verwenden.

Das Sushi wird in kleine Stücke geschnitten und kann zusammen mit eingelegtem Ingwer serviert werden.

Dieses Rezept ist der absolute Hit auf meinen Seminaren und auch zu Hause, wenn ich Freunde einlade! Damit kann der Verzehr von Wildkräutern schmackhaft gemacht werden.

Ernährungsprinzip:

Die Nori-Algenblätter enthalten hochwertiges Eiweiß und Omega-3-Fettsäuren. Sie ersetzen Fischöl. Die Wildkräuter verfügen über eine Fülle an Bitter- und sekundären Pflanzenstoffen, die Sprossen enthalten reichlich Enzyme, die Wasabi-Paste wirkt reinigend auf die Schleimhäute, die Algen liefern auch Kalzium und Ballaststoffe. Milchsauer (nicht nur in Essig) eingelegte Essiggurken wirken probiotisch auf die Darmflora.

Die Sushi enthalten alle sechs Geschmacksrichtungen: süß (Cashewkern-Käse), salzig (Tamari-Sojasauce), sauer (Essiggurke), scharf (Wasabi), bitter (Wildkräuter/Löwenzahn) und herb (Nori-Blätter). Dadurch sättigen sie enorm. Nach einer solchen Mahlzeit wird man kaum zu Schokolade oder Süßigkeiten greifen müssen! Man fühlt sich optimal ernährt und ohne weitere Gelüste.

2. Sonnenblumen-Sprossen-Sushi

Diese vegetarischen Sushi-Rollen ersetzen den Duftreis durch die Sprossen aus den Sonnenblumenkernen.

Zutaten:

2 Tassen Sellerieknollen
2 Tassen gekeimte Sonnenblumenkerne
2 Esslöffel Nährhefeflocken (Bioladen)
1 Teelöffel Paprika
1 Teelöffel Curry

Alle Zutaten werden mit dem Fleischwolf oder im Mixer püriert.

Die pürierte Masse wird auf den Sushi-Nori-Algenblättern ausgebreitet und dann aufgerollt. Ich fülle eine Spritzflasche mit Tamari-Sojasauce und bespritze das Ende des Noriblatts damit, damit die Rolle zusammenklebt. Das Nori-Blatt muss befeuchtet werden, bevor man die Rolle aufrollt.

Bevor ich die Sushi-Rollen aufrolle, lege ich immer längs geschnittene Karotten- oder Avocadostreifen hinein. Sie ersetzen den Fisch.

Ernährungsprinzip:

Die Sprossen enthalten gigantische Mengen an Enzymen und auch viel Vitamin E, eines der besten Antioxidantien, die es gibt. Hefeflocken sind exzellente Spender von B-Vitaminen und wirken stabilisierend auf den Blutzucker.

3. Quinoa-Gold-Sushi

Dieses Sushi-Gericht schmeckt toll und enthält viele Enzyme und vorverdautes Eiweiß. Danach werden Sie kein Verlangen nach tierischem Eiweiß verspüren, weil Ihr Bedarf für den Tag mit diesem Gericht abgedeckt ist.

Zutaten:

½ Tasse Quinoa-Quark (siehe Grundrezept S. 112)
½ Tasse eingeweichte Sonnenblumenkerne
½ Tasse gekeimtes Einkorn-Getreide
1 Esslöffel Sojasauce
1 Esslöffel Curry-Pulver
2 Esslöffel Hefeflocken
1 Esslöffel Senf
½ Tasse klein geraspelte Sellerieknolle oder Pastinake

Die Zutaten vermischen und auf den Nori-Algenblättern verteilen. Als Alternative zu den Sonnenblumenkernen können Sie auch eingeweichten Leinsamen verwenden. Die Samen werden eingeweicht, um die vorhandene Phytinsäure abzubauen. Phytinsäure hemmt nämlich die Aufnahme von Mineralien im Darm und kann auch zu Entzündungen führen.

Verwenden Sie bitte Bio-Nährhefeflocken aus dem Bioladen. Diese Flocken wachsen auf Melasse und schmecken nicht bitter wie Bierhefeflocken. Sie haben einen angenehmen nussartigen Geschmack und werden deswegen auch als Gewürz eingesetzt.

Ernährungsprinzip:

Dieses Rezept ist deshalb so bekömmlich, weil der Quinoa-Quark vorher fermentiert wurde und das Eiweiß deshalb vorverdaut ist! Der Verdauungstrakt muss weniger Verdauungsarbeit leisten, um die Nährstoffe aufzunehmen und zu verstoffwechseln.

4. Rohkost-Sellerie-Sushi

Ich liebe dieses Rezept. Die Sushi machen innerlich glücklich und zufrieden. Sie sind die Konkurrenz zur asiatischen Variante mit rohem Fisch und Reis.

Zutaten:

¼ Sellerie-Knolle
1 Tasse gekeimtes Einkorn-Getreide oder Buchweizen (ca. 2 Tage mit Wasser einweichen und zwischendurch spülen)

1 Tasse eingeweichte oder gekeimte Sonnenblumenkerne
1 Avocado
2 Esslöffel geröstetes Sesamöl
4 Esslöffel Nährhefeflocken
1 Esslöffel Senf
1 Esslöffel Curry-Pulver
¼ Teelöffel Muskatpulver
1 Esslöffel Tamari-Sojasauce
Saft einer ½ Zitrone
Nori-Blätter (Asienladen) zum Aufrollen der Sushi

Sellerie, Getreide und Sonnenblumenkerne mit dem Mixer oder Fleischwolf zerkleinern.

Die anderen Zutaten in einem Standmixer cremig pürieren, bis eine Art Mayonnaise entsteht.

Die Mayonnaise dann mit den anderen Zutaten mischen und mit Nori-Blättern aufrollen. Empfehlenswert ist die Verwendung von japanischen Nori-Blättern, da die Japaner hohe Ansprüche an Qualität stellen.

Ernährungsprinzip:

Die Algenblätter enthalten viel organisches Jod, welches in der heutigen Nahrung Mangelware ist. Deswegen gibt es so viele Menschen mit Schilddrüsenproblemen.

Sellerie ist ein wunderbarer Spender von organischem Natrium, einem wichtigen Mineral für unsere Nervenleitungen.

Die Hefeflocken sind ein hervorragender Spender von B-Vitaminen und Chrom. Das Spurenelement Chrom wirkt stabilisierend auf den Blutzucker und vorbeugend gegen Gelüste und Heißhunger.

Gekeimtes Einkorn-Getreide enthält nur wenig Gluten und wirkt sehr sättigend. Von allen Getreidearten weist es die meisten Nährstoffe auf. Wenn es gekeimt wird, steigt seine Bekömmlichkeit.

Nudeln und Saucen

1. Zucchini-Spaghetti mit Frischkost-Tomatensauce

Pasta schmecken ohne Sauce nach nichts. Warum diese langweiligen glutenhaltigen Nudeln essen, wenn es schmackhaftere Nudeln gibt?

Selbst Pasta-Anhänger werden von diesem Rohkostgericht begeistert sein.

Zucchini-Rohkost-Spaghetti:

Die deutsche Firma Lurch stellt ein Standgerät her, mit dem man „Nudeln“ aus Zucchini herstellen kann (ca. 50,00 €). Es gibt auch einen Hand-Spiralschneider (Waschbär-Versand, ca. 20,00 €).

Die fertigen Zucchini-Nudeln werden zusammen mit der Tomatensauce serviert, eine tolle Alternative zu glutenhaltigen Pasta!

Als Alternative kann man die Kelp-Meeresalgen-Nudeln (siehe Bezugsquelle) verwenden. Die Sauce wird über die Algen-Nudeln verteilt, die anschließend 2 Stunden in einem Dörrgerät bei 40 °C erwärmt werden.

Zutaten:

4 Tassen gewürfelte Tomaten
1 Tasse getrocknete Tomaten
½ Avocado
2 Datteln
1 Knoblauchzehe
2 Esslöffel Balsamico-Essig oder ¼ Tasse Kombucha-Tee
1 Handvoll frisches Korianderkraut (Asienladen oder türkischer Gemüseladen) oder frischer Giersch (Wildkraut)

Im Standmixer werden die Zutaten püriert und als Sauce für die Zucchini-Rohkost-Spaghetti verwendet! Diese Sauce schmeckt göttlich und muss nicht erhitzt werden.

Ernährungsprinzip:

Warum normale Tomatensauce ohne Enzyme verwenden? Eine Mischung aus frischen und getrockneten Tomaten lässt eine enzymhaltige Sauce entstehen, die sogar besser als eine konventionelle Sauce schmeckt. Enzymhaltige Nahrung hält uns jung und frisch.

2. Kelp-Meeresalgen-Nudeln

Kelp-Nudeln sind eine Erfindung der amerikanischen Rohkost-Szene. Sie sind der perfekte Ersatz für echte, glutenhaltige Nudeln (siehe Bezugsquelle).

Es hat sich herumgesprochen, dass glutenhaltige Nudeln das Zunehmen begünstigen können. Das Klebereiweiß Gluten kann die Darmwände verkleben und die Passagezeit im Darm deutlich verlangsamen. Es entsteht viel Stärke-Kleister.

Vor 20 Jahren wog ich 20 kg mehr als heute. Damals hatte ich eine Vorliebe für Pizza, Pasta, Brot und andere Teigwaren. Diese glutenhaltigen Nahrungsmittel meide ich jetzt wie die Pest. Das erfreuliche Ergebnis ist weniger Gewicht. Heute wiege ich so viel wie damals mit 20.

Die Nudeln habe ich aber ziemlich vermisst. Da war meine Freude groß, als ich die Kelp-Nudeln auf einer Reise nach Südkalifornien entdeckt habe. Diese Nudeln werden aus Kelp-Meeresalgen in Rohkost-Qualität hergestellt. Sie sind nährstoffhaltig, enthalten kaum Kalorien und haben auch den gleichen Biss wie echte Nudeln.

Man braucht sie nur mit einer leckeren Sauce zu mischen und für 2 Stunden in ein Dörrgerät zu schieben, um sie bei 40 °C zu „backen". Ein leckeres, enzymhaltiges Nudelgericht wird entstehen, welches jeden Pasta-Esser begeistern wird.

3. Kelp-Nudeln mit Kräutersauce

Zutaten:

1 Packung Kelp-Nudeln in warmem Wasser für ca. 10 Minuten einweichen

Die folgende Sauce wird dann gemixt:

Zutaten:

2 Esslöffel Kürbiskernöl
2 Esslöffel Tamari-Sojasauce
¼ Tasse Nährhefeflocken (Bioladen)
¾ Tasse Cashewkerne
2 Esslöffel Zitronensaft
¾ Tasse Wasser
½ Teelöffel Pfeffer
1 Tasse frisches Korianderkraut, Rucola oder Petersilie

Die Sauce mixen und über die Nudeln streuen. Danach werden die Nudeln für 2 Stunden in einem Dörrgerät bei 40 °C „gebacken".

4. Kelp-Nudeln mit Gemüsesauce

Zutaten:

1 Packung Kelp-Nudeln wird kurz in warmem Wasser geschwenkt. In einem Sieb abtropfen lassen. Die Nudeln werden mit zwei Tassen klein geschnittenen Brokkoli-Röschen vermischt.

Sauce:

½ Tasse Cashewkerne
2 Esslöffel Nährhefeflocken
Saft ½ Zitrone
½ Esslöffel Ingwer
1 Esslöffel Kürbiskernöl aus der Steiermark
1 Esslöffel Tamari-Sojasauce
½ Esslöffel Curry-Pulver
½ Teelöffel Pfeffer
3 Tomaten

½ Tasse getrocknete Tomaten
3 Esslöffel Balsamico-Essig
1 Esslöffel Senf
2 Knoblauchzehen
1 rote Paprika
1 Selleriestange

Tomaten, Paprika und Selleriestange werden im Mixer zuerst glatt püriert. Danach fügt man die anderen Bestandteile hinzu und setzt den Mixvorgang fort.

Die Kelp-Nudeln und die Brokkoli-Röschen werden mit der Sauce vermischt und bei 40 °C für 2 Stunden im Dörrgerät „gebacken". Oder man vermischt die Sauce ohne Brokkoli mit den Nudeln und lässt das Ganze für 15 Minuten ziehen, ohne es zu backen.

Ernährungsprinzip:

Kelp-Nudeln enthalten ca. 9 Prozent vollständiges Eiweiß sowie organisches Jod, ein wichtiges Mineral für unsere strapazierte Schilddrüse. Sie enthalten kaum Kohlenhydrate und eignen sich deshalb für Menschen, die abnehmen wollen. Auch für Diabetiker sind die Nudeln hervorragend.
Brokkoli ist ein exzellenter Spender von organischem Magnesium und Kalzium und soll vor Krebs schützen.
Nährhefeflocken weisen ca. 50 Prozent Eiweiß und viele B-Vitamine auf. Sie enthalten auch organisches Chrom, ein Mineral, welches den Blutzucker stabilisiert, und viel Zink, das in über 200 Stoffwechselenzymen vorkommt.
Ein sättigendes, nährstoffhaltiges Gericht, welches alle sechs Geschmacksrichtungen abdeckt.

5. Kelp-Nudeln mit Tahin-Wildkräuter-Sauce

Dieses Gericht ist sehr schmackhaft und voller Nährstoffe. Die Kilos werden mit diesem fantastischen Rezept purzeln. Damit können Sie sich von allen Reduktionsdiäten verabschieden.

Die Nudeln werden aus Meeresalgen in Rohkost-Qualität hergestellt. Sie sind der große Renner in der amerikanischen Rohkost-Szene. Ich habe sie in dem Rohkost-Restaurant „Raw Planet" in Santa Monica, Kalifornien, kennengelernt. Dort sind die Nudeln ein Lieblingsgericht von Starkoch Juliano. Seit meinem Besuch dort esse ich die Nudeln fast täglich.

Die Kelp-Nudeln wirken vor allem bei Vata-Typen hervorragend, gerade in Verbindung mit meiner Tahin-Wildkräuter-Sauce.

Bei diesem Rezept könnte man meinen, herkömmliche Nudeln zu essen, so ähnlich ist das „Mundgefühl" bei den Kelp-Nudeln.

Zutaten:

1 Tüte Kelp-Nudeln
1 Tasse Mungbohnen-Sprossen
½ Avocado, klein geschnitten

Sauce:

¼ Tasse Tahin-Sesammus (Bioladen)
¼ Tasse Balsamico-Essig
4 Esslöffel Tamari-Sojasauce
Saft einer ½ Zitrone
2 Tomaten
10 getrocknete Tomatenscheiben
1 Esslöffel Curry-Pulver
1 Teelöffel Pizza- oder italienische Gewürze
1 Teelöffel Pfeffer
1 Tasse Blätter von der wilden Melde, Brennnessel oder Rucola

Die Zutaten der Sauce pürieren und mit den Nudeln, Sprossen und Avocado mischen. 15 Minuten ziehen lassen.

Ernährungsprinzip:

Auf Mallorca war dieses Nudelgericht mein tägliches Mittagessen. Im Garten unserer Ferienwohnung wuchs die wilde Melde – perfekt! Die Mungbohnen-Sprossen waren in zwei Tagen fertig. Dann konnte es losgehen.

Das Gericht vereint die heilkräftigen Vorteile von Meeresalgen, Sprossen und Wildkräutern. Durch den hohen Eiweißgehalt wirkt dieses Nudelgericht sehr sättigend, obwohl die Kelp-Nudeln pro 100 g laut Hersteller nur 28 Kalorien enthalten!

Die Bekanntschaft mit der wilden Melde zu machen lohnt sich; es gibt kaum eine besser und milder schmeckende Wildpflanze, weil sie kaum Bitterstoffe enthält. Sie schmeckt sogar besser als Rucola oder Spinat. Russische Bauern haben bei Ernteausfall, was fast jedes Jahr vorgekommen ist, von der wilden Melde gelebt. Auf Mallorca wächst die Pflanze überall, sogar im Hochsommer, wenn die anderen Kräuter schon vertrocknet sind.

Das perfekte Gericht für alle Menschen, denen es schwer fällt, auf ihre glutenhaltigen Nudeln zu verzichten.

6. Kelp-Nudel-Zucchini-Lasagne

Diese Lasagne war der Hit bei meinem Future-Food-Seminar. Die Zucchini werden erst mariniert und dann mit den Kelp-Algen-Nudeln und einer Tomaten-Wildkräuter-Sauce bedeckt.

Zutaten Marinade:

1 Zucchini
5 Esslöffel Balsamico-Essig
3 Esslöffel Tamari-Sojasauce
1 Esslöffel italienischer Kräuter-Mix
1 Teelöffel Pfeffer

Zutaten Tomatensauce:

Zubereitete Marinade (siehe oben)
4 frische Tomaten
4 getrocknete Tomaten
1 Frühlingszwiebel
1 Knoblauchzehe
½ Avocado
1 Esslöffel italienischer Kräuter-Mix
4 Esslöffel Balsamico-Essig
2 Esslöffel Olivenöl
1 Handvoll Giersch- oder Brennnesselblätter

Zucchini in kleine Scheiben schneiden und auf dem Boden einer Kasserole verteilen. Eine Marinade aus Balsamico-Essig, Tamari-Sojasauce, italienischem Kräuter-Mix und Pfeffer wird über die Zucchini verteilt. Sie sollten mindestens 1 Std. einweichen. Wahlweise könnte man auch ¼ Tasse Kombucha-Tee aus eigener Herstellung hinzufügen (siehe Rezept auf S. 183 und Bezugsquelle für den Pilz).

Wenn die Marinierung abgeschlossen ist, wird die Sauce in den Mixer gegossen, um die Tomatensauce herzustellen. Hinzu kommen frische und getrocknete Tomaten, Frühlingszwiebel, Knoblauchzehe, Avocado, italienischer Kräuter-Mix, Balsamico-Essig, Olivenöl sowie Giersch- oder Brennnesselblätter. Alle Zutaten werden gemixt.

Über die Zucchini-Scheiben wird eine Tüte Kelp-Nudeln (siehe Bezugsquelle) verteilt. Die Sauce darübergeben. Falls man Mungbohnen-Sprossen zur Hand hat, kann man sie über die Sauce streuen.

Ernährungsprinzip:

Dieses Rezept enthält sowohl Wildkräuter, die auf dem Land, als auch Meeresalgen, die auf dem Meeresboden wachsen. Eine starke Mischung! Von dieser Nährstofffülle werden Ihr Immunsystem und Ihr Stoffwechsel profitieren. Diese Nährstoffe wird man im Supermarkt kaum finden.

Die Kelp-Nudeln entstehen aus Nori, Meeresalgen, die zu einer Länge von 10 m oder mehr wachsen können. Sie enthalten fast 10 Prozent vollständiges Eiweiß und wertvolle Polysaccharide, die für das Immunsystem sehr wertvoll sind. Ferner schaffen sie mit ihren Ballaststoffen ein optimales Darmmilieu. Die Nudeln enthalten pro 100 g weniger als 20 Kalorien, hervorragend für alle, die abnehmen wollen.

Meeresalgen können auf die Schilddrüse hervorragend wirken, hier habe ich selbst bei Patienten mit Schilddrüsenproblemen gute Erfahrungen gemacht. Weil das Jod organisch gebunden ist, wirkt es nicht so aggressiv wie Jodsalz, welches anorganisches Jod enthält.

Diese Lasagne enthält wenige Kalorien, aber sehr wertvolle Nährstoffe. Mit ein paar Leinsamen-Sprossen-Crackern wird sie zu einem idealen Mittagessen.

7. Spritzige Tomatensauce

Keine andere Tomatensauce schmeckt mir so gut. Das Geheimnis ist die Verwendung des Korianderkrauts.

Zutaten:

6 Tomaten
½ Tasse eingeweichte getrocknete Tomaten
1 Bund Korianderkraut
1 Teelöffel Currypulver
1 Teelöffel Paprikapulver
½ Avocado
2 Datteln
2 Handvoll Brennnesseln oder Spinat
2 Esslöffel Balsamico-Essig
½ Tasse eingeweichter oder gekeimter Leinsamen

Alle Zutaten werden püriert und zu den Zucchini-„Nudeln“ serviert. Die Nudeln werden mithilfe eines Spiralschneiders hergestellt, welcher die Zucchini in feine Fäden verwandelt (siehe Bezugsquellen). Die Zucchini sehen fast wie echte Nudeln aus! Auch für die Kelp-Nudeln kann man diese Sauce verwenden.

8. Wilde Tomatensauce

Diese Tomatensauce ist in wenigen Minuten fertig. Folgende Zutaten werden püriert:

1 Handvoll Wildkräuter (Giersch, Brennnesseln, Löwenzahn, Spitzwegerich)
4 eingeweichte, getrocknete Tomaten
4 frische Tomaten
1 Esslöffel Pizza-Gewürze wie Oregano und Basilikum
1 Teelöffel Paprika
1 Esslöffel Balsamico-Essig
1 getrocknete Feige

Alle Zutaten werden püriert. Am liebsten schütte ich die Sauce über die Zucchini-„Nudeln“.

Porridges

1. Maroni-Porridge

Beginnen Sie den Tag ohne Gluten, welches in Brot, Müsli und sogar Haferflocken reichlich vorkommt. Warum die Darmschleimhäute mit Gluten verkleben, wenn es etwas Leckeres wie die Esskastanien gibt? Anstelle von Müsli ist dieser Porridge sehr bekömmlich und wirkt auch basisch. Er enthält kein Gluten-Klebereiweiß und keine Phytinsäure, die in fast allen Getreidesorten zu finden ist. Der Porridge ist sehr nahrhaft und wird vom Darm besser assimiliert als Stärke aus Getreide. Die Sättigung hält wesentlich länger an – auch für Diabetiker ein tolles Gericht. Er kann auch als Nachtisch zubereitet werden, z. B. mit Himbeeren.

Vor allem die Wirkung der Esskastanien auf die Seele ist mir aufgefallen. Sie kann Trauer, Angst, Kummer und Verzweiflung auflösen. Sie gibt auch mentale Schubkraft und macht neugierig auf das Leben. Verbindet man die Esskastanien mit Brennnesseln, potenziert sich die Wirkung. Die Brennnesseln verleihen noch zusätzliche Standhaftigkeit und Lebensmut, selbst in schwierigen Situationen. Das wäre mein Rezept für Menschen, die unter seelischem Kummer und Sorgen leiden.

Frau Schaller von der Firma Naturgaben ist es zu verdanken, dass es heute ein Rohkost-Wildwuchs-Edelkastanienpulver auf dem Markt gibt. Aus diesem Pulver kann man eine Milch mixen oder einen Porridge aufkochen. Das Ganze wird dann mit etwas Mandelmus und Zimt veredelt.

Ein warmer Maroni-Porridge ist das Rezept für Menschen, die unter einer Vata-Störung mit innerer Unruhe, Schlafstörungen, Stimmungsschwankungen, Kopfschmerzen, Stress, Burn-out etc. leiden. Vor allem für Menschen, die unbedingt etwas Warmes im Bauch brauchen und die mit Rohkost nicht klarkommen, ist der Porridge eine große Hilfe. Weil man ihn nur kurz aufkocht (sobald sich die ersten Blasen bilden, wird er vom Herd genommen), kann kein Stärke-Kleister entstehen. Insofern erhält man quasi ein warmes Rohkost-Gericht, welches eine Fülle von Nährstoffen liefert, die durch Kochen nicht zerstört wurden.

Mein persönliches Frühstück sieht oft wie folgt aus: morgens eine grüne Limonade aus Ackerschachtelhalm, Zitronensaft und Stevia-Süßblattkonzentrat, gefolgt von Beeren gemischt mit einem Esskastanien-Porridge und Mandelmus. Dazu eine Handvoll Wildkräuter wie der Gundermann. Damit komme ich bis abends ohne Zwischenmahlzeit oder Mittagessen aus. Der Energiegewinn nach einer solchen Mahlzeit ist enorm.

Zutaten:

30 g Kastanien-Pulver
200 ml Reis- oder Mandelmilch (Drogeriemarkt oder Reformhaus)
1 Teelöffel Zimt
2 Esslöffel Mandelmus
einige Rosinen oder Kokos-Chips bzw. -raspel

Die beste (Rohkost-)Qualität beim Kastanien-Pulver erhält man von der Firma Naturgaben von wild wachsenden Kastanien aus den südlichen Alpen.

Kurz aufkochen, bis der Brei die ersten Blasen bildet, dann vom Feuer nehmen (Dauer ca. 3 Minuten). Nicht zu lange kochen, sonst kann Stärke-Kleister entstehen! Dazu Zimt, Mandelmus und Rosinen oder Kokos-Chips bzw. -raspel geben.

Wildkräuter-Variante:

2 Tassen Brennnesseln oder Melde können klein geschnitten und mitgekocht werden. Der weiße Gänsefuß hat einen sehr angenehmen, nussartigen Geschmack und schmeckt nicht bitter. Oder man gibt Brennnesselblätter dazu. Die Blätter können vorher auch zusammen mit der Reis- oder Mandelmilch püriert und kurz mitgekocht werden.

Ernährungsprinzip:

Kastanien oder Maroni enthalten eine Fülle an wichtigen Nährstoffen, ähnlich wie Nüsse. Der große Unterschied zu Mandeln, Haselnüssen und Co.: Statt bei 50 bis 70 Prozent liegt ihr Fettanteil nur bei ca. 3 bis 4 Prozent! Dadurch erhält man ein schmackhaftes Gericht mit nur wenigen Kalorien und trotzdem einer enormen Sättigung.

Kastanien beeinflussen auch den Blutzuckerspiegel kaum, sogar Diabetiker können sie essen.

Als Brei für Säuglinge ist der Maroni-Porridge besonders wertvoll, viel besser als die Einheitsbreie der Industrie.

2. Chia-Porridge

Die Chia-Samen stammen von einer Pflanze, die in der Wüste wächst. Wenn sie eingeweicht werden, bildet sich eine schleimige Masse ähnlich wie bei Leinsamen. Die Einweichzeit beträgt nur ca. 15 Minuten, nach 3 Tagen fangen die Samen an zu sprießen.

Zutaten:

30 g Chia-Samen (siehe Bezugsquelle)
½ Tasse Reis- oder Mandelmilch
¼ Teelöffel Vanille
1 Esslöffel Honig

Alle Zutaten mixen und genießen!

Ernährungsprinzip:

Chia-Samen bilden eine ähnliche Schleimmasse wie Leinsamen. Sie sättigen für viele Stunden. Sie wirken auf den Magen sehr beruhigend und sind besonders vorteilhaft für Menschen mit einer Vata-Störung (innere Unruhe).

Um die Chia-Samen noch heilkräftiger zu machen, kann man sie vorher zum Sprießen bringen.

3. Buchweizen-Sprossen-Porridge

Müsli aus Haferflocken ist nicht besonders heilkräftig. Es enthält viel Phytinsäure, die die Assimilation von Mineralien im Darm verhindern kann. Außerdem enthalten Haferflocken auch Gluten-Klebereiweiß. Fazit: lieber auf Haferflocken verzichten. Stattdessen können wir Buchweizen-Sprossen einsetzen, die sogar enzymhaltig sind.

Durch das Sprießen von Buchweizen wird die Phytinsäure abgebaut, der Darm erhält dadurch mehr Mineralien.

Zutaten:

1 Tasse Buchweizen-Sprossen (nach dem Sprießvorgang kann man die Sprossen im Dörrgerät trocknen, um sie länger aufzuheben)
1 Tasse Reis- oder Mandelmilch (alternativ: Milch aus Erdmandeln, siehe Rezept S. 184)
4 Esslöffel Mandelmus
1 Esslöffel Zimt
¼ Tasse Rosinen

Die Sprossen werden zusammen mit der Milch, dem Mandelmus und Zimt im Mixer püriert und mit Rosinen bestreut.

Ernährungsprinzip:

Warum den Darm mit Gluten und Phytinsäure belasten, wenn es eine leckere Alternative gibt, die viele Nährstoffe und Enzyme enthält? In Russland ist Buchweizen ein Grundnahrungsmittel.

4. Quinoa-Sonnenblumen-Porridge

Zutaten:

½ Tasse Quinoa-Quark (siehe Rezept S. 112)
¼ Tasse gekeimte Sonnenblumenkerne (24 Stunden)
½ Tasse Kokos-Chips bzw. -raspel
1 Teelöffel Zimt
1 Tasse Reismilch
8 Datteln oder getrocknete Mangos

Im Standmixer alle Zutaten pürieren und nach Geschmack mit einer kleinen Menge Bio-Kokosmus (siehe Bezugsquelle) oder geschlagener Sahne und Beeren essen. Der Porridge kann leicht angewärmt gegessen werden.

Ernährungsprinzip:

Die Sprossen enthalten viele wichtige Enzyme und Biophotonen. Der Porridge ist ein guter Eiweiß-Spender.

5. Baumfrüchte-Porridge

Warum etwas Minderwertiges wie Haferbrei oder Weizengrieß essen, wenn es Hochwertigeres gibt? Beide glutenhaltigen Getreidesorten weisen einen hohen glykämischen Index auf. Dieser Index sagt etwas über die zu erwartende Sättigung aus. Bei einem hohen Wert, wie bei Haferbrei, wird die Sättigung nicht lange erhalten bleiben. Sehr bald melden sich die ersten Hungergefühle. Deshalb brauchen wir eine bessere Alternative zu den Flocken, die eigentlich Pferdenahrung sind.

Meinen Frühstücks-Porridge ernte ich jeden Sommer von den Johannisbrot-Bäumen auf Mallorca. Die Schoten werden in der Bibel als die Leibspeise von Johannes dem Täufer genannt. Sie enthalten sehr viele Nährstoffe und sind ein guter Ersatz für Kakao.

Zu den Karob-Schoten gebe ich Kastanien-Pulver und Kokos-Chips bzw. -raspel hinzu. Das Ganze wird mit Mandel- oder Erdmandel-Milch (siehe Rezepte S. 180/181) für zwei Minuten kurz aufgekocht oder nur gemixt als Rohkost-Gericht.

Die Schoten enthalten steinharte Kerne, die beim Mixen nicht immer zerkleinert werden. Die Kerne kann man vorher entfernen, aber das kostet Zeit, die ich morgens nicht habe. Deswegen spucke ich die Kerne lieber beim Essen aus.

Zutaten:

4 Karob-Schoten
½ Tasse Esskastanien-Pulver
½ Tasse Kokos-Chips bzw. -raspel
½ Teelöffel Vanille-Pulver
1½ Tassen Mandel- oder Erdmandelmilch
3 Esslöffel Mandelmus in Rohkost-Qualität, zum Schluss hinzufügen

Die Zutaten erst in einem Mixer pürieren, dann für 2 Minuten kurz aufkochen und vom Herd nehmen, sobald sich die ersten Blasen bilden. Zusammen mit etwas Mandelmus essen.

Variante mit Schokolade:

Man kann mit 4 Esslöffeln Kakaopulver oder 8 rohen Kakaobohnen einen Pudding mit Schokoladengeschmack zubereiten.

Ernährungsprinzip:

Johannisbrot-Schoten sind ein absolutes Super-Food. Sie enthalten eine Fülle an sehr nahrhaften Kohlenhydraten, reichlich Magnesium, B-Vitamine, Kalzium, Zink, sekundäre Pflanzenstoffe, Biophotonen und auch vollwertiges Eiweiß. Esskastanien aus Norditalien sind ähnlich nahrhaft und können Getreide wie Weizen ersetzen. Kokosnüsse sind eine weitere Sonnenfrucht mit vielen heilkräftigen Fettsäuren.

Alle Baumfrüchte schenken dem Porridge viel Sonnenenergie und Beschwingtheit, was man von glutenhaltigem Weizen und Hafer nicht erwarten kann. Getreide beschwert eher das Lebensgefühl. Das Gluten im Getreide kann die Darmwände verkleben und einen deswegen verdrießlich stimmen.

Der Mensch ist von seinem Wesen her eigentlich ein Früchte-Esser. Erst vor ca. 6000 Jahren haben wir begonnen, Getreide zu züchten und als Brot einzusetzen. Seitdem geht es mit unserer kollektiven Gesundheit stetig bergab.

Der Mensch ist eben kein Getreide-Esser, selbst wenn Brot, Pizza, Cracker und Kuchen uns hervorragend schmecken. Das ist leider die unbequeme Wahrheit. Beachten wir dieses Naturgesetz, können wir einen Zustand von optimaler Gesundheit erreichen.

6. Ogi-Hirse-Porridge

Ogi kommt aus Afrika. Hirse wird erst fermentiert, um das Getreide bekömmlicher zu machen, ein Segen für diejenigen, die mit Magen-Darm-Problemen zu tun haben.

Ogi gibt viel Kraft und Ausdauer, gerade für Sportler. Es ist sehr nahrhaft und bekömmlich, auch wenn es etwas säuerlich schmeckt.

Alle Getreidesorten enthalten Phytinsäure. Diese Säure ist eine Art „Fressgift", welches Insekten abwehren soll. Gleichzeitig kann Phytinsäure wichtige Mineralien wie Zink, Kupfer, Selen, Eisen etc. im Darm binden und ihre Aufnahme behindern. Die Folgen sind Mineralienmängel, die bei Vegetariern weit verbreitet sind.

Um Phytinsäure in der Hirse zu neutralisieren, bringen die Afrikaner das Getreide erst zum Fermentieren. Die Hirse wird über Nacht in Wasser eingeweicht, am nächsten Tag gespült und dann anschließend in einem Standmixer püriert. Dann wird sie an einen warmen Ort in der Küche gestellt, damit das Getreide gären kann. Nach 2 Tagen ist seine Fermentation abgeschlossen.

Jetzt wird die Hirse nur kurz in der Pfanne mit Reismilch erwärmt. Fünf Minuten reichen. Das Ergebnis ist ein warmer, etwas säuerlich schmeckender Hirsebrei. Ich gebe etwas Bio-Butter (alternativ: Ghee oder Kokosöl), Tahin, Mandelmilch und Kastanien-Pulver hinzu, um den Porridge abzurunden. Das Ergebnis ist ein kraftspendender Getreidebrei.

Zutaten:

1 Tasse Goldhirse
2 Tassen Wasser

Die Hirse über Nacht einweichen. Am nächsten Tag spülen und anschließend pürieren. Den Behälter an einen warmen Ort stellen.

Nach ca. 12 Stunden ist die Fermentierung abgeschlossen. Die fermentierte Hirse kann man im Kühlschrank aufbewahren.

Ernährungsprinzip:

Hirse ist deshalb so wertvoll, weil sie im Magen-Darm-Trakt basisch verstoffwechselt wird. Bei anderen Getreidesorten entstehen während des Verdauungsprozesses Säuren. Durch die Fermentierung wird das Eiweiß vorverdaut und kann vom Darm leichter aufgenommen werden.

Hirse enthält viel Kieselsäure, ein Mineral, welches für die Quervernetzung von Fasern des Bindegewebes wichtig ist. Wenn Kieselsäure fehlt, kann das Bindegewebe Risse bekommen.

Durch die Fermentierung steigt die Vitamin-B2-Konzentration um bis zu 240 Prozent, die Eiweißverfügbarkeit steigt um ca. 140 Prozent *. Wenn Sie Ogi-Hirse essen, bekommt Ihr Körper viel hochwertiges und vorverdautes Eiweiß. Viele Generationen von Afrikanern konnten durch die Einnahme von Ogi-Hirse auf tierisches Eiweiß verzichten.

* *Quelle: Society of Chemical Industry, 2002*

7. Einkorn-Porridge

Dieser Porridge wirkt sehr sättigend und kräftigend zugleich. Durch die Verwendung von Einkorn- und Sonnenblumenkern-Sprossen ist er sehr enzymhaltig. Einkorn hat einen nussartigen Geschmack und ist das älteste Kulturgetreide der Welt.

Zubereitung:

Jeweils 1 Tasse Einkorn-Getreide und Sonnenblumenkerne zum Sprießen bringen, Dauer: 2 Tage.

Die Sprossen werden in einem Standmixer mit Reis- oder Mandelmilch, mit einem Teelöffel Zimt und einer Banane püriert.

Rosinen oder anderes Trockenobst darüberstreuen.

Der Porridge kann auch leicht erwärmt werden, aber bitte nicht über 40 °C, weil sonst die wertvollen Enzyme verloren gehen würden!

Ernährungsprinzip:

Einkorn ist eine uralte Getreidesorte. Sie ist nicht überzüchtet wie andere Getreidesorten. Somit ist der Nährstoffgehalt viel höher als der von Weizen, Roggen oder Dinkel. Außerdem ist Einkorn den anderen Getreidesorten geschmacklich überlegen.

Gekeimte Sonnenblumenkerne enthalten viel Vitamin E und Zink, ein wichtiges Spurenelement für die Herz-Kreislauf-Funktion.

Der Porridge liefert ca. 18 Prozent hochwertiges pflanzliches Eiweiß.

Pfannkuchen und Toppings

1. Brennnessel-Pfannkuchen

Diese wunderbaren Pfannkuchen machen nicht nur satt, sie schmecken auch ausgezeichnet und sind eine gute Alternative zu stärkehaltigen Kohlenhydraten wie Brot und Nudeln. Durch die Brennnesseln schmecken sie besonders lecker.

Diese Pfannkuchen sind ein exzellenter Brotersatz und enthalten kein Gluten.

Zutaten:

Ein Mixerbehälter wird halb voll mit Brennnesselblättern gefüllt
⅔ Tasse gekeimter Buchweizen (2 Tage) oder Quinoa-Quark
1 Tasse Reismilch
¼ Tasse eingeweichter Leinsamen (als Ei-Ersatz)
½ Teelöffel Meersalz

Alle Zutaten werden in einem Mixer püriert und in einer Pfanne bei niedriger Temperatur gebraten.

Zusammen mit einer Tasse Himbeeren, etwas Zimt und Honig essen. Mein Rohes-Apfelmus-Rezept (siehe Rezept S. 108) passt auch gut dazu.

Ernährungsprinzip:

Die Brennnessel ist ein hervorragender Nährstoff- und Kraftspender. Als Pfannkuchen schmeckt die Königin der Wildkräuter überragend. Warum Brot essen, wenn man innerhalb weniger Minuten diese leckeren Pfannkuchen zubereiten kann?

2. Tempeh-Pfannkuchen

Diese wunderbaren Pfannkuchen enthalten viel pflanzliches Eiweiß, schmecken ausgezeichnet und sind sehr kalorienarm – exzellent für Kalorienbewusste, die abnehmen wollen.

Zutaten:

50 g Bio-Tempeh (fermentierter Tofu, Bioladen)
2 Eiweiß vom Bio-Ei
6 gehäufte Esslöffel eingeweichter oder gekeimter Buchweizen
½ Tasse Reismilch
½ Teelöffel Meersalz

Mixerbehälter zu ¼ mit Brennnesseln oder anderen Wildkräutern füllen.

Alle Zutaten pürieren, entweder in einer Pfanne leicht braten oder im Dörrgerät bei 40 °C über Nacht trocknen lassen.

Topping:

1 Tasse aufgetaute oder frische Himbeeren mit 1 Teelöffel Stevia-Konzentrat und ½ Teelöffel Vanille-Pulver mixen.

Ernährungsprinzip:

Tempeh ist ein fermentiertes Sojabohnen-Produkt. Grundsätzlich sollte man nur fermentierte Sojaprodukte wie Miso, Tempeh oder Tamari-Sojasauce essen. Der Fermentierungsprozess ist wichtig, um sog. „Anti-Enzyme" wie Phytinsäure in den Sojabohnen abzubauen. Diese „Anti-Enzyme" können die Assimilation von Nährstoffen wie Mineralien im Darm blockieren. Deswegen sollte man Sojaprodukte wie Sojamilch oder Tofu nicht verzehren. In Asien werden vor allem fermentierte Sojaprodukte verwendet.

Tempeh und Buchweizen sind beide gute Eiweißspender und führen zu einer exzellenten Sättigung. Um die Enzyme zu schonen, können die Pfannkuchen im Dörrgerät auch getrocknet werden.

3. Quinoa-Pfannkuchen

Der Drang nach Brot kann sogar manchen überzeugten Rohköstler verrückt machen, vor allem bei der Umstellung von Kochkost auf eine Vitalkost-Ernährungsweise.

Besonders in Stress-Situationen kann der Körper nach Brot und gekochten Getreidegerichten lechzen. Brot hat aber den Nachteil, dass es Gluten-Klebereiweiß enthält. Das kann die Dünndarmschleimhäute zukleistern. Jeder kennt das schwere Bauchgefühl nach einem Käse- oder Wurstbrot.

Mein Vorschlag: In einer solchen Situation lieber diese leckeren Quinoa-Pfannkuchen essen anstelle von Brot! Dieses Gericht kann man schnell zubereiten, wenn man Quinoa-Sprossen oder Quinoa-Quark verwendet (siehe Rezept S. 112). Quinoa sprießt bereits nach einem Tag, wenn man die Samen mit Wasser einweicht. Dann dürfte es kein Problem sein, den Teig für die Pfannkuchen schnell herzustellen.

Zutaten:

1 Tasse Quinoa-Sprossen oder Quinoa-Quark
½ Teelöffel Ayurveda-Steinsalz oder Meersalz
½ Tasse Reismilch oder Kokosmilch
1 Eiweiß (Bio-Ei) oder 4 Esslöffel eingeweichter Leinsamen
1 Teelöffel Zimt
2 Handvoll Wildkräuter wie Brennnesseln

In einem Mixer alle Zutaten pürieren. In einer mit Ghee (geklärte Ayurveda-Butter) geölten Pfanne bei möglichst niedriger Temperatur braten. Wenn Sie mehr Zeit haben, ist es auch möglich, die Pfannkuchen in einem Dörrgerät zu trocknen (ca. 8 bis 10 Stunden), damit bleiben auch die wertvollen Enzyme erhalten.

Ernährungsprinzip:

Wenn Sie nach Brot lechzen, holen Sie ruhig die Bratpfanne heraus! Diese Pfannkuchen sind die bessere Alternative zum Gluten im normalen Brot. Schließlich wollen wir unsere Darmzotten nicht mit Gluten zukleistern.

4. Chia-Quinoa-Brennnessel-Pfannkuchen

Chia-Samen stammen ursprünglich aus Mexiko und dienten dort den Langstreckenläufern als eine verlässliche Energiequelle. Sie enthalten wertvolle Nährstoffe und ungesättigte Fettsäuren in einem optimalen Verhältnis von Omega 3 zu 6. Die Samen quellen stark auf und bilden Schleimstoffe, die die Verwendung von Eiern bei diesem Rezept überflüssig machen. Diese Schleimstoffe sind deshalb so wertvoll, weil sie in der Lage sind, eine Vata-Störung auszugleichen. Die meisten Menschen sind aufgrund von Stress, Schlafentzug, Autofahren, mangelnden Nährstoffen und der Einnahme von Medikamenten, Hormonen, Toxinen, Fertigessen und Fastfood Vata-gestört. Diese Störung versuchen wir in unserer Klinik immer zuerst zu korrigieren.

Quinoa wurde als das Gold der Inkas beschrieben. Sein tolles Eiweißprofil kann dem Körper alle benötigten Aminosäuren liefern. Bei Weizen und Mais fehlen ein paar essenzielle Aminosäuren, weshalb die Mexikaner ihre Tortillas zusammen mit Bohnen essen. Erst dann kommen sie in den Genuss eines Gerichts, welches alle essenziellen Aminosäuren enthält.

Die Quinoa-Samen besitzen den Vorteil, dass sie über Nacht zum Keimen kommen und auch kein Gluten enthalten. Im Darmtrakt provozieren sie so gut wie keine allergischen Reaktionen.

Brennnessel ist die Königin der Wildkräuter und für Pfannkuchen geradezu optimal, weil sie keinen bitteren Nachgeschmack hat.

Fügt man alle Zutaten hinzu, erhält man eine tolle Grundlage für heilkräftige und nährstoffreiche Pfannkuchen, die glutenhaltiges Brot überflüssig machen. Durch die Verwendung der Quinoa-Samen braucht man keine Eier.

Zutaten:

1 Tasse Quinoa-Sprossen (die Keime werden am nächsten Tag sichtbar)
2 Tassen Brennnesselblätter; Pflanzen mit Samen oder Blüten können auch verwendet werden
4 Esslöffel Chia-Samen
2 Tassen Reismilch

Um die richtige Konsistenz zu erreichen, kann man entweder mehr Chia-Samen oder Reismilch hinzufügen.

Alle Zutaten mixen, auf einem geölten Blech verteilen und bei 160 °C für 30 Min. backen.

Zutaten Belag:

4 Äpfel
½ Tasse Rosinen
Saft einer ½ Zitrone
1 Tasse gefrorene Himbeeren
5 Esslöffel Agavendicksaft

Alle Zutaten werden mit einer Küchenmaschine kleingehackt, aber nicht püriert, und als Topping verwendet.

Deftige Pfannkuchen:

Anstelle von Reismilch werden Wasser und die folgenden Gewürze eingesetzt:

2 Esslöffel italienische Gewürze (ein Mix aus Thymian, Basilikum, Oregano etc.)
1 Esslöffel vegetarisches Suppenbrühe-Pulver
1 Teelöffel Asafoetida (Asienladen)
½ Teelöffel Paprika-Pulver
1 Esslöffel Vata Churna (ayurvedische Gewürzmischung der Firma MTC) oder Curry-Pulver

Alle Zutaten mixen und bei 160 °C für 30 Min. backen.

Ernährungsprinzip:

Diesen Pfannkuchen kann man ohne Belag aufheben und auch als Brotersatz verwenden. Je weniger Gluten man isst, desto besser wird der Darm funktionieren. Die Passagezeit wird ohne Gluten-Kleister erheblich schneller. Bei der Reinigung der Darmwände wirken die Brennnesseln wie ein Besen.

Quinoa, Chia-Samen und auch Brennnesseln besitzen alle ein vollständiges Eiweiß-Profil. Dies kann man von Brot und Nudeln nicht behaupten; bei ihnen fehlen einzelne Aminosäuren. Deswegen wird Brot in der Regel mit Käse oder Wurst gegessen, ohne einen entsprechenden Belag wird man nicht satt.

Die Brennnessel verleiht dem Menschen Kraft und Stärke. Ihr enormer Gehalt an Serotonin, einem natürlichen Neurotransmitter, steigert unser Glückspotenzial und macht uns zu fröhlichen Menschen, egal wie viele seelische Wunden noch in uns stecken.

Tipp:

Man kann einen Vorrat an diesen Pfannkuchen herstellen und anstelle von Brot einsetzen.

5. Esskastanien-Pfannkuchen

Für all diejenigen, die von Brot und Nudeln wegkommen wollen, ist dieses Rezept eine tolle Alternative. Es enthält kein Gluten-Klebereiweiß, aber trotzdem den vollen Genuss. Früher lebten und leben teilweise immer noch Menschen in Norditalien von den schmackhaften und fettarmen Nüssen. Sie werden sogar als Mehlersatz verwendet.

Zutaten:

2 Tassen Blätter von der Wildpflanze Melde oder Brennnessel. Ab August kann man auch die Samen beider Pflanzen verwenden.
⅔ Tasse Esskastanien-Pulver (siehe Bezugsquelle)
⅔ Tasse Reis-, Mandel- oder Erdmandel-Milch (siehe Rezepte S. 180/181)
½ Teelöffel gutes Salz
1 Eiweiß oder 4 Esslöffel Leinsamen (als Bindemittel)

Alle Zutaten mixen und bei niedriger Temperatur in der Pfanne braten oder im Ofen backen. Durch das Backen wird weniger Stärkekleister als beim Braten entstehen. Die Pfannkuchen können mit einem Topping gegessen werden.

Ernährungsprinzip:

Durch das fehlende Gluten wird der Darm nicht verklebt, nach dem Essen wird ein wunderbares, leichtes Gefühl im Bauch entstehen. Die Esskastanien enthalten sehr viele wertvolle Nährstoffe, aber kaum Fett. Sie haben weniger Kalorien und schmecken auch besser als Weizenmehl.

Die Wildpflanzen Melde und Brennnessel eignen sich geschmacklich am besten für die Pfannkuchen. Ihre Blätter und Samen enthalten nur wenige Bitterstoffe. Die Samen der wilden Melde wurden deswegen von den russischen Bauern auch zum Brotbacken verwendet.

Das strikte Meiden von Gluten ist eine der besten Strategien, um sein Idealgewicht zu erreichen. Warum sich mit Kalorienzählen und Reduktionsdiäten quälen, wenn das Abnehmen viel leichter gelingen kann?

6. Eicheln-Pfannkuchen

Diese Pfannkuchen sind schmackhaft und nährstoffhaltig. Mein Vater liebt Pfannkuchen und war von diesem Rezept begeistert.

Zutaten:

½ Tasse entbitterte Eicheln★ (Wildsammlung)
½ Tasse getrocknete Buchweizen-Sprossen
1 Teelöffel Backpulver
1 Teelöffel Zimt
1 Prise Salz
3 Esslöffel Leinsamenmehl★★
½ Tasse Wasser (oder mehr, um die richtige Konsistenz zu erreichen)

★ *siehe Zubereitung der Eicheln unten*

★★*Leinsamen kann als Ei-Ersatz eingesetzt werden. 3 Esslöffel Leinsamen im Mixer zu einem feinen Pulver vermahlen, ½ Tasse Wasser hinzufügen und so lange mixen, bis die Mischung zähflüssig und schaumig ist.*

Alle Zutaten pürieren. Die Mischung in eine mit Ghee eingefettete Pfanne geben und bei niedriger Hitze garen lassen. Mit Apfelmus und Zimt servieren!

Nach zwei Tagen Einweichen sprießen die Buchweizen-Samen. In meinen Buchweizen-Rezepten setze ich oft getrocknete Sprossen ein. Dazu werden die Keimlinge entweder in der Sonne oder im Dörrgerät getrocknet. Bleiben sie zu lange feucht, schimmeln sie relativ leicht.

Eicheln: Kraft-Nüsse aus der Natur

Eicheln waren ein wichtiges Grundnahrungsmittel der nordamerikanischen Indianer. Auch im Mittelalter haben die Menschen sie verwendet. Der Besuch eines Seminars über Indianer-Nahrung in Oregon, USA, hat mich von der Bedeutung dieser Nüsse überzeugt.

Die Eiche ist ein Baum mit sehr tiefen Wurzeln, die in der Lage sind, Mineralien aus tieferen Schichten der Erde emporzuziehen. Dieser stolze Baum verfügt über Kräfte, von denen jeder Mensch profitieren kann.

Wir brauchen im Herbst nur die Eicheln zu sammeln und anschließend die Nüsse zu entbittern. Die Eicheln werden in einen Stoffbeutel gegeben. Man nimmt dann einen Hammer und schlägt damit so lange auf die Nüsse, bis die harten Schalen aufgeknackt sind. Danach kann man die Schalen entfernen.

Die geschälten Früchte werden für ca. 5 Tage in eine Schüssel oder einen Eimer Wasser gelegt. Durch das Wasserbad werden die Bitterstoffe entfernt.

Eicheln besitzen adstringierende Stoffe, die fast wie Medizin wirken. Sie üben einen positiven Einfluss auf die Bauchspeicheldrüse aus und können den Blutzuckerspiegel stabilisieren.

7. Rohes Apfelmus

Es geht kaum einfacher und schmackhafter als mit diesem schnellen Rezept. Bio-Äpfel, Datteln und Zimt werden kurz gemixt. Das Ergebnis ist ein Apfelmus, dessen Inhaltsstoffe nicht durch Kochen zerstört wurden.

Zutaten:

5 Bio-Äpfel
10 Datteln
1 Teelöffel Zimt

Alle Zutaten werden in einem Mixer gemixt. Am besten zu meinem Brennnessel-Pfannkuchen-Rezept (S. 101) essen.

Ernährungsprinzip:

Äpfel enthalten Pektin, eine Substanz, die Cholesterin und Gallensäuren im Darm binden kann. Hinzu kommen Enzyme und Vitamine.

8. Apfel-Cashewkern-Topping

Dieses leckere Topping kann man schnell mixen und über Pfannkuchen gießen.

Zutaten:

4 Bio-Äpfel
¼ Tasse eingeweichter Leinsamen
¼ Tasse Cashewkerne (macht die Zubereitung besonders sahnig)
4 Datteln
1 Teelöffel Zimt
1 Teelöffel Kardamom
1 Teelöffel Anis
½ Tasse Reis- oder Mandelmilch (nach Geschmack auch etwas mehr)

In einem Standmixer alle Zutaten pürieren und über die Pfannkuchen verteilen.

9. Topi-Apfelmus

Siehe Desserts und Puddings S. 153

10. Apfel-Blaubeer-Topping

Zutaten:

2 Bio-Äpfel
½ Tasse Blaubeeren
½ Tasse Wasser
4 Datteln
1 Esslöffel Honig
1 Teelöffel Zimt

Alle Zutaten mixen und zusammen mit den Pfannkuchen essen.

Müslis

1. Quinoaquark-Müsli

Zutaten: 1 Tasse Quinoa-Quark
½ Tüte Studentenfutter (100 g)
3 Esslöffel Tahin-Sesammus (Bioladen)
Saft einer ½ Zitrone
½ Orange
2 Datteln oder Feigen
½ Teelöffel Vanille, gemahlen (Bioladen)

Alle Zutaten in einem Mixer pürieren. Dieses Gericht schmeckt besser als reguläres Müsli und enthält auch mehr Nährstoffe.

2. Sprossen-Müsli

Warum teures Müsli kaufen, wenn man es billiger und besser zu Hause herstellen kann? Durch die Sprossen enthält dieses Rohkost-Müsli viel heilkräftige Energie.

Zutaten:

Die folgenden Samen werden zum Sprießen gebracht:
1 Tasse Buchweizen
½ Tasse Sonnenblumenkerne

Der Buchweizen wird über Nacht eingeweicht und am nächsten Tag gespült. Am zweiten Tag sind die Sprossen fertig und werden getrocknet, entweder auf der Heizung, in der Sonne oder im Dörrgerät. Folgende Zutaten hinzugeben:
½ Tasse Kokos-Chips bzw. -raspel
½ Tasse Rosinen
½ Tasse Goji-Beeren (nach Geschmack, Firma Orkos)
1 Esslöffel Zimt
½ Tasse getrocknete Feigen oder Aprikosen, klein geschnitten

Mit Reis- oder Mandelmilch servieren.

Ernährungsprinzip:

Durch den Sprießvorgang explodiert der Vitamingehalt, die Verträglichkeit der Samen wird dadurch verbessert. Dieses Müsli enthält kein Gluten. Es sättigt viel besser als normale Müslis.

3. Grünes Frühstücksmüsli

Dieses Frühstücksmüsli schmeckt mir ausgezeichnet und ist ein toller Energiespender. Die grünen Wildkräuter geben für den ganzen Tag reichlich Kraft.

Zutaten:

2 Handvoll Brennnessel, weißer Gänsefuß, Vogelmiere, Franzosenkraut etc.
2 gehäufte Esslöffel eingeweichter Leinsamen
2 Tassen Wasser

Alle Zutaten pürieren und mit Kokos-Chips bzw. -raspel, Sonnenblumenkernen und Obst garnieren.

Dieses Frühstücks-Müsli ist in ca. 2 Minuten fertig und wird die Zellen Ihres Körpers in einen energiegeladenen Zustand versetzen!

Quark, Hummus und Käse

1. Grundrezept Quinoa-Quark

Wissenswertes:

Eine der besten vegetarischen Eiweißquellen überhaupt ist der Quinoa-Quark, ein von mir entwickeltes enzymhaltiges und probiotisches Rezept. Quinoa ist das „Gold der Inkas“. Es enthält vollständiges Eiweiß im Gegensatz zu Getreidesorten wie Roggen, Dinkel und Weizen, die nicht über die Aminosäure Lysin verfügen. Damit sind diese Getreidesorten nicht so hochwertig wie das Quinoa.

Die Quinoa-Samen werden veredelt, indem sie erst zum Sprießen gebracht werden. Anschließend werden sie probiotisch bzw. sauer vergoren weiterverarbeitet.

Durch das Sprießen und die anschließende Fermentation weist der Quinoa-Quark viele Vitamine und andere vorverdaute, heilkräftige Nährstoffe auf; der Sprieß- und Fermentierungsvorgang lässt den Nährstoffgehalt förmlich „explodieren“.

Besonders Menschen mit einem schwachen Verdauungsfeuer können von den vorverdauten Nährstoffen und Enzymen profitieren, weil die Laktobakterien bereits einen Hauptteil der Verdauungsarbeit verrichtet haben.

Mit dem Grundnahrungsmittel Quinoa-Quark kann man den Verzehr von tierischem Eiweiß aus Fleisch und Käse deutlich reduzieren. Tierisches Eiweiß kann problematisch werden, weil es die Bildung von Eiweißspeicher-Krankheiten und Arterienverkalkung fördern kann. Ihr Körper wird sich leichter tun mit hochwertigem pflanzlichem Eiweiß, vor allem wenn es vorher probiotisch verarbeitet wurde wie beim Quinoa-Quark. Durch die Verdauung werden kaum Schlackenstoffe entstehen.

Vorgehensweise:

Schritt 1: Vorbereitung

Die Quinoa-Samen werden über Nacht in Wasser im Verhältnis 1:3 eingeweicht.

Die Samen sprießen bereits nach ca. 24 Stunden.

Schritt 2: Zubereitung

Die Quinoa-Sprossen werden mit etwas Wasser im Mixer püriert und über Nacht (8 bis 12 Stunden) ohne Deckel an einen zimmerwarmen, zugfreien Ort gestellt. Die Laktobazillen aus der Luft können dadurch die pürierten Sprossen besiedeln und zur Gärung bringen.

Anmerkung

In der „Fliegenzeit" ist es sinnvoll, die Quinoa-Masse entweder mit einer Fliegenhaube oder einem Haarsieb abzudecken, damit keine Fliegen hineingelangen können. Notfalls geht auch ein Stück Gaze oder ein Stück feiner Damenstrumpf, befestigt mit einem Gummiband.

Nach Abschluss der Fermentation entsteht der Quinoa-Quark. Der „Quark" wird sich von einer wässrigen „Molkeschicht" absetzen. Das ist ein Zeichen, dass er reif ist. Diese Molke kann verwendet oder abgegossen werden, je nachdem welche Konsistenz für den Quark erwünscht ist. Der „Quark" ist ein probiotisches und von den Laktobazillen vorverdautes Nahrungsmittel, das man in verschiedenen Rezepturen weiterverarbeiten kann (siehe Quinoaquark-Müsli S. 110, orientalisches Quinoa-Hummus S. 114, Quinoaquark-Milch S. 183).

2. Cashew-Käse

Laut Ayurveda kann Käse aus Kuhmilch den Körper stark verschlacken.

Das kann sogar bis zum Asthma bronchiale führen. Mein Vater konnte seine asthmatischen Symptome durch das Weglassen von Milchprodukten überwinden.

Als Alternative kann man Cashew-Käse machen, er schmeckt sogar besser als Streichkäse und man ist am nächsten Tag nicht total verschleimt!

Zutaten:

2 Tassen Cashewkerne
1 Teelöffel Meersalz
2 Esslöffel Zitronensaft
2 Tassen Wasser

Die Zutaten werden im Mixer püriert. Anschließend lässt man den Behälter an einem warmen Platz stehen, damit der Käse leicht fermentieren kann. Er bekommt dadurch einen leicht säuerlichen Geschmack. Danach im Kühlschrank aufbewahren. Schmeckt toll als Dip für Gurkenscheiben und Cracker.

3. Orientalisches Quinoa-Hummus

Was haben Israelis, Türken und Araber gemeinsam? Sie essen Hummus, hergestellt aus gekochten Kichererbsen und Tahin, einer Paste aus Sesamsamen. Hummus ist der Eiweißspender des Orients schlechthin.

Mein Rohkost-Hummus-Rezept kann geschmacklich mit dem klassischen Gericht aus dem Nahen Osten durchaus mithalten. Im Nährstoffgehalt ist mein Rezept durch die vielen hochwertigen Nährstoffe überlegen: Biophotonen, Vitamine und Enzyme entstehen durch die Fermentation massenweise und gehen nicht durch Kochen verloren. Das fertige Gericht schmeckt als Vorspeise, Dip oder als Beilage zu einem Hauptgericht wunderbar.

Zutaten:

2 Tassen Quinoa-Quark
½ Tasse geröstetes Tahin-Sesammus (Bioladen)
½ Zitrone, ausgepresst
1 Teelöffel Kreuzkümmel, gemahlen
¼ Teelöffel Pfeffer
1 Knoblauchzehe
2 Esslöffel Olivenöl
2 Esslöffel Tamari-Sojasauce (Bioladen)

Alle Zutaten werden im Mixer püriert. Dieses Gericht kann auch als Brotaufstrich verwendet werden. Die Sättigung nach dem Verzehr ist enorm, der Blutzuckerspiegel bleibt für lange Zeit stabil. Ganz besonders empfiehlt sich das Quinoa-Hummus für alle, die ihren Verzehr von Käse reduzieren wollen.

4. Sprossen-Hummus

Das klassische Hummus wird im Nahen Osten aus gekochten Kichererbsen hergestellt. In diesem Rezept lässt man die Kichererbsen zuerst keimen und mixt sie dann mit den anderen Zutaten. Der Vorteil: Es entstehen große Mengen an Enzymen und Vitaminen, die beim Kochen sonst verloren gehen würden.

1 Tasse Kichererbsen sprießen lassen, Dauer ca. 2 Tage.

Die Sprossen mit Wasser pürieren und über Nacht an einem warmen Platz in der Küche stehen lassen. Die Masse wird dann anfangen zu gären. Nach 12 Stunden ist der Fermentierungsprozess beendet.

Fermentierter Kichererbsenbrei setzt sich von einer „Molkeschicht" ab, die man dann abgießen kann. Folgende Zutaten werden in einem Standmixer püriert:

Zutaten:

1½ Tassen fermentierter Kichererbsenbrei
½ Tasse Tahin-Sesammus
2 Esslöffel Kürbiskernöl aus der Steiermark
1 Teelöffel Kreuzkümmel
1 Knoblauchzehe
1 Esslöffel Senf
½ Teelöffel Pfeffer
1 Esslöffel Tamari-Sojasauce
½ Tasse Wasser
Saft einer halben Zitrone

Alle Zutaten werden in einem Standmixer püriert. Im Kühlschrank aufheben und genießen.

Ernährungsprinzip:

Kichererbsen sind ein exzellentes, eiweißhaltiges Grundnahrungsmittel. Durch den Keim- und Fermentierungsvorgang bilden sich viele Enzyme und Vitamine.

Kichererbsen enthalten Anti-Enzyme und sog. Fressgifte (um sie vor Insekten zu schützen), die auf die Darmwände ungünstig wirken und Allergien auslösen können. Durch den Keim- und Fermentationsvorgang werden diese toxischen Substanzen abgebaut. Deswegen brauchen wir die Kichererbsen nicht zu kochen.

Tahin-Sesammus enthält Mineralien wie Kalzium, Magnesium und Zink sowie Omega-3-Fettsäuren. Kürbiskernöl ist ein sehr hochwertiges und schmackhaftes Pflanzenöl. Dieses Öl ist das Geheimnis des Rezepts. Kürbiskerne enthalten viel Zink, ein wichtiges Mineral für den gesamten Stoffwechsel. Ein gesundes und nährendes Rezept, eine gute Alternative zum alltäglichen Käse- oder Wurstbrot.

5. Topinambur-Hummus

Topinambur enthält nur wenige Kalorien und eignet sich wunderbar für alle Reduktionsdiäten. Mit Tahin bekommen die Knollen eine wunderbare Geschmacksnote.

Zutaten:

1 Tasse Topinambur-Knollen, klein geschnitten
¼ Tasse Tahin (Bioladen)
3 Knoblauchzehen
Saft einer halben Zitrone
½ Teelöffel Paprika
½ Teelöffel Salz
1 Tasse heißes Wasser (60 °C)

Alle Zutaten werden püriert.

Ernährungsprinzip:

Tahin aus Sesam enthält viel Zink, ein wichtiges blutzuckerstabilisierendes Spurenelement. Zink ist ein wichtiger Bestandteil von mindestens 300 verschiedenen Enzymen. Topinambur enthält Inulin, ein Kohlenhydrat, welches keine Insulinausschüttung hervorrufen wird. Ein wunderbares Gericht für alle Diabetiker, damit der Blutzucker stabil bleibt.

Auch Menschen, die abnehmen wollen, empfehle ich dieses Gericht. Immer wenn der Insulinspiegel durch den Konsum von stärkehaltigen Kohlenhydraten zu stark steigt, kann die Bildung von Fettgewebe provoziert werden. Reduzieren Sie Ihren Insulinspiegel und Sie werden endlich leicht abnehmen können.

6. Erbsen-Sprossen-Hummus

Dieses Hummus liefert viel sättigendes Eiweiß. Die Erbsen-Sprossen, Miso-Paste und Brennnesseln sind exzellente pflanzliche Eiweißspender. Allerdings muss man etwas Geduld aufbringen, bis die Erbsen sprießen. Es kann 5 Tage dauern, bis die ersten Keime zu erkennen sind. Wenn man Kichererbsen verwendet, werden die ersten Sprossen bereits nach zwei Tagen sichtbar.

Zutaten:

1 Tasse gekeimte Erbsen oder Kichererbsen
1 Tasse Wasser
2 Tassen Brennnesselblätter
1 Esslöffel Senf
1 Esslöffel Mirin (japanisch)
½ Teelöffel geröstetes Sesamöl
½ Tasse Tahin
2 Esslöffel Miso-Paste
½ Teelöffel Kreuzkümmel
1 Esslöffel Tamari-Sojasauce
¼ Tasse eingeweichte oder „geröstete" (eingeweichte und gedörrte) Kürbiskerne oder Sonnenblumenkernsprossen
1 Knoblauchzehe

Die Erbsensprossen werden früh am Morgen mit Wasser püriert und an einem warmen Ort in der Küche platziert. Damit beginnt ein Fermentierungsvorgang, der nach ca. 8 bis 10 Stunden, pünktlich zum Abendessen, abgeschlossen ist. Nach Abschluss der Fermentierung werden alle Zutaten püriert. Mit eingeweichten oder „gerösteten" Kürbiskernen oder Sonnenblumenkernsprossen garnieren. Das Hummus schmeckt nicht nur hervorragend, es macht auch wunderbar satt!

Ernährungsprinzip:

Durch qualitativ hochwertiges, veganes Eiweiß kann man auf ein Wurstbrot locker verzichten. Durch die Fermentierung der gekeimten Erbsen wird das Eiweiß vorverdaut und kann deswegen vom Darm leichter assimiliert werden. Miso-Paste ist auch fermentiert und genauso eiweißhaltig wie die Erbsen (ca. 20 Prozent). Brennnesselblätter und Tahin enthalten viel organisches Kalzium, man kann deswegen auf Käse und Quark verzichten. Die eingeweichten und gedörrten Kürbiskerne sind eine überragende Quelle für Zink. Wenn man den Verzehr von Milchprodukten und Fleisch reduziert, sinkt auch die Gefahr von Herz-Kreislauf- und Krebserkrankungen, wie die China Study von Professor Campbell an der Cornell University, New York, zeigen konnte.

Brei, Paté und herzhafte Cremes

1. Topinambur-„Kartoffelbrei"

Was schmeckt besser als Kartoffelbrei? Meine Seminarteilnehmer waren der Meinung, dass dieses Topinambur-Gericht kaum zu toppen ist.

Selbst die Kartoffel-Anhänger waren begeistert!

Zutaten:

500 g Topinambur-Knollen (bitte vorher mit einer Bürste säubern)
500 ml Reismilch
50 g Bio-Butter, Ghee oder Kokosöl (Bioladen oder siehe Bezugsquelle)
1 Teelöffel Pfeffer
½ Teelöffel Muskatnuss
4 Esslöffel Tamari-Sojasauce

Die Topinambur-Knollen werden für ca. 20 Min. in einem Topf gedämpft. Danach werden sie mit den anderen Zutaten in einem Mixer gemixt. Das Ergebnis ist eine vorzügliche Speise, die besser als regulärer Kartoffelbrei schmeckt.

Ernährungsprinzip:

Schon der französische Adel war der Meinung, dass Topinambur besser als Kartoffeln schmeckt. Für ihn galten Kartoffeln als Futter fürs Volk, nicht gut genug für die gehobene Gesellschaft. Topinambur war eine der Leibspeisen der Adligen.

Topinambur enthält pro 100 g nur 30 Kalorien im Gegensatz zu Kartoffeln, die 90 Kalorien aufweisen. Es liefert viel Inulin, ein Kohlenhydrat, welches vom Darm nicht aufgenommen wird und deswegen den Blutzuckerspiegel kaum beeinflusst. Der Blutzucker bleibt stabil, sogar bei Diabetikern. Deswegen ist Topinambur eines der besten Nahrungsmittel für Diabetiker. Die Knollen empfehlen sich auch für diejenigen, die abnehmen wollen.

Glutenhaltige Kohlenhydrate wie Brot, Müsli, Pasta, Kuchen etc. setzen viel Insulin frei. Dadurch können Blutzuckerschwankungen auftreten und die Fettspeicher aufgefüllt werden. Man kann diese stärkehaltigen Kohlenhydrate durch die Sprossen-Cracker und Topinambur optimal ersetzen.

2. Quinoa-Sonnenblumenkern-Paté

Eine weitere Möglichkeit, aus dem Quinoa-Quark (Herstellung siehe Grundrezept S. 112) ein wunderbares und nahrhaftes Gericht zu zaubern.

Zutaten:

½ Tasse eingeweichte oder gekeimte Sonnenblumenkerne
½ Tasse Quinoa-Quark
¼ Fenchel
1 kleine Zwiebel
2 Tomaten
½ Tasse eingeweichte, getrocknete Tomaten
1 Karotte
1 Esslöffel Zitronensaft
3 Esslöffel Wakame-Algen (Bioladen), klein geschnitten und eingeweicht
1 Esslöffel Balsamico-Essig
1 Esslöffel Senf
1 Esslöffel Olivenöl

Die Sonnenblumenkerne über Nacht einweichen oder sprießen lassen.

Fenchel, Tomate, Karotte und Zwiebel klein würfeln. Zusammen mit den Sonnenblumenkernen in einem Standmixer pürieren.

Zitronensaft und Wakame-Algenflocken der Mischung hinzufügen. Auf Salatblätter oder Wildkräuter einen Hügel geben und servieren.

Ernährungsprinzip:

Das rohe Gemüse und die Samen liefern viele Nährstoffe. Die Algen wirken sehr heilkräftig und sind eine der Lieblingsspeisen der Japaner, die weltweit die längste Lebenserwartung haben.

3. Wildkräuter-Zink-Creme

Dieser pürierte Cocktail enthält viel Zink, ein Spurenelement von überragender Bedeutung für unseren Stoffwechsel. Mehr als 200 Enzyme können nur im Beisein von Zink funktionieren, sonst fängt der Stoffwechsel an zu stolpern. Die eingeweichten Kürbiskerne in diesem Rezept spenden pro 100 g Trockengewicht ca. 76 mg Zink, eine riesige Menge verglichen mit Rindfleisch mit ca. 4 mg. Zink unterstützt die Immunabwehr und stärkt Haut, Haare, Nägel, Prostata und Sexualfunktion.

Empfehlenswert ist die tägliche Einnahme von 15 mg Zink für Männer und 12 mg für Frauen. Die meisten Menschen kommen nicht auf diese Mengen, viele nehmen nicht einmal die Hälfte zu sich. Es wird geschätzt, dass unsere Steinzeitvorfahren auf mehr als 40 mg Zink gekommen sind. Kürbiskerne und Brennnesseln enthalten reichlich Zink.

Spitzwegerich findet man überall in der Natur. Wie auch Brennnesseln enthält dieses Wildkraut reichlich Eiweiß. Das Kraut genießt den Ruf eines exzellenten Lungen- und Hustenmittels. Es übt eine starke reinigende Wirkung auf alle Lungenschleimhäute aus. Genau das benötigen viele von Luftverschmutzung geplagte Stadtmenschen.

Man kann diese Creme als Füllung für Sushi, als Aufstrich oder Dip für Leinsamen-Cracker oder auch als Salatsauce verwenden.

Zutaten:

1 kleine Topinambur-Knolle (alternativ: ½ Zucchini)
¼ Tasse eingeweichte Kürbiskerne
¼ Tasse Kokos-Chips bzw. -raspel oder frisches Kokosfleisch
5 Blätter Spitzwegerich oder Löwenzahn
1 Tasse Brennnesselblätter
1 Esslöffel Zitronensaft
2 getrocknete Tomaten
¼ Teelöffel geröstetes Sesamöl
½ Teelöffel Mirin (japanisch)
½ Teelöffel Ume Su
1 Teelöffel Genmai Su
1 Tasse Wasser

Alle Zutaten in einem Mixer pürieren und genießen!

4. Rote Zauber-Creme

Rote Rüben (Bete) gelten als sehr heilkräftig. In diesem Rezept kommen die Heilkräfte der Brennnesselsamen hinzu.

Zutaten:

1 große Rote Rübe (gebürstet)
½ Handvoll Sonnenblumenkerne, gekeimt
½ Handvoll geröstete Kürbiskerne
¾ Tasse getrocknete Tomaten
3 Esslöffel Olivenöl
4 Esslöffel Kombucha-Tee oder Apfelessig
1 Esslöffel Tamari-Sojasauce
4 Esslöffel Brennnesselsamen (siehe Bezugsquelle)
1 Esslöffel Provence-Kräuter

Alle Zutaten mixen und genießen!

Ernährungsprinzip:

Die Rote Rübe ist ein Wintergemüse mit einem hohen Gehalt an Mineralstoffen wie Kalzium und Magnesium sowie wichtigen Vitaminen wie Folsäure. Die volle Kraft erhält man nur durch die ungekochte, frische Rübe.

Der hohe Anteil an Folsäure verstärkt die Bildung von roten Blutkörperchen und hilft gegen Anämie oder Blutarmut. Bereits eine Portion von 200g der Roten Bete am Tag deckt 50 Prozent unseres Bedarfs an Folsäure. Wenn man die Bete kocht, wird dieses Vitamin fast vollständig zerstört.

Brennnesselsamen enthalten die gesamte Heilkraft der Brennnessel in Samenform. Die Samen können auf Uterus und Prostata heilkräftig wirken. Auch das Haarwachstum wird von den Samen gefördert.

Dips, Salatsaucen und Pestos

1. Lindenblätter-Dip

Sogar aus den Blättern und Blüten des Lindenbaums kann man eine tolle Sauce bzw. einen Dip herstellen.

Zutaten:

Der Mixer-Behälter wird halb voll mit Lindenblättern gefüllt.

Dazu kommen:

½ Tasse eingeweichte, getrocknete Tomaten
2 frische Tomaten
1 Esslöffel Nährhefe-Flocken
2 Esslöffel Kürbiskernöl aus der Steiermark
2 Esslöffel Tamari-Sojasauce
1 Teelöffel Koriander
½ Teelöffel Chili-Pulver
4 Esslöffel Balsamico-Essig
2 Knoblauchzehen
2 Stängel Zitronengras (nach Geschmack, Asienladen)

Alle Zutaten pürieren. Es entsteht eine wunderbare Sauce, die man auch für die Sushi-Rollen verwenden kann. Man kann klein geschnittenes Gemüse wie Zucchini, Paprika, Karotten, Avocado auf einem Nori-Sushi-Blatt verteilen, darüber kommt dann eine Lindenblätter-Sauce. Schmeckt herrlich.

Ernährungsprinzip:

Ich denke, dass uns die Blätter des Lindenbaums den Rücken stärken können. Die Blätter vermitteln das Gefühl, dass man wieder „geerdet“ ist. Man wird stressresistenter und innerlich gelassener. Schließlich ist der Baum tief verwurzelt, während sich viele Menschen „entwurzelt“ fühlen.

2. Tahin-Miso-Sauce

Diese nährstoffhaltige Sauce schmeckt ausgezeichnet und kann überall eingesetzt werden. Ich esse sie gerne als Dip zu Selleriestangen.

¼ Tasse Wasser
2 Esslöffel Miso-Paste
⅓ Tasse Sesam-Tahin (Bioladen)
1 Teelöffel Zitronensaft
2 Esslöffel Petersilie, klein geschnitten
1 Esslöffel Nährhefeflocken (Bioladen)

Alle Zutaten pürieren und genießen!

Ernährungsprinzip:

Miso-Paste ist ein probiotisch fermentiertes Sojaprodukt, welches vom Darmtrakt leicht assimiliert wird. Miso ist ein Grundnahrungsmittel der Japaner und vielleicht einer der Gründe, warum die Japaner so langlebig sind. Tahin enthält, wie Miso, reichlich Eiweiß, wertvolle Fettsäuren und viel Zink und Kalzium. Die Hefeflocken sind ein guter Spender für B-Vitamine.

3. Fettfreies Rohkost-Zwiebel-Salatdressing

Diese Sauce kann gemixt und in einer kleinen Flasche aufgehoben werden. Sie schmeckt überragend und Sie werden das fehlende Öl nicht vermissen!

Zutaten:

½ Tasse Kombucha-Tee oder Apfelessig
½ geschälte Gurke, klein geschnitten
1 Knoblauchzehe
1 gehackte gelbe Zwiebel
4 kleine frische oder getrocknete Feigen
1 Esslöffel Tamari-Sojasauce
½ Teelöffel Pfeffer

Alle Zutaten mixen und als Dressing für einen knackigen Salat verwenden.

Ernährungsprinzip:

Für Patienten, die unter einer schweren Erkrankung wie Krebs leiden, ist eine fettarme Ernährungsweise wichtig. Aber lässt sich ein knackiger Salat ohne Olivenöl zubereiten? Für viele ist das kaum vorstellbar.

Durch das Mixen einer Zwiebel mit dem Kombucha-Tee entsteht eine leckere Salatsauce, deren Nährstoffe sogar Krebs entgegenwirken sollen.

Warum Kombucha-Tee? Ein zuckerhaltiger Tee wird mit einem Teepilz geimpft und an einen warmen Ort gestellt. Nach zwei Wochen ist der Kombucha-Tee gereift, der Zucker vergoren (siehe Rezept S. 186). Kombucha ist ein exzellenter Essigersatz, welcher viele heilkräftige Enzyme und organische Säuren enthält.

Der russische Autor und Nobelpreisträger Alexander Solschenizyn erzählt in seiner Autobiografie, wie es ihm gelang, seinen Magenkrebs mithilfe von Kombucha-Tee zu besiegen.

4. Giersch-Karotten-Avocado-Paste

Ein tolles Rezept, um wildes grünes Blattgemüse schmackhaft zu machen. Giersch oder ein anderes Wildgrün wird zusammen mit Karotten in einer Küchenmaschine püriert. Am besten funktioniert hier der „Greenstar“ oder ein Fleischwolf. Der Greenstar ist der „Mercedes“ aller Küchenmaschinen und kann von der Firma Keimling bestellt werden.

Zutaten:

2 Handvoll Giersch
2 Karotten
½ reife Avocado
2 Esslöffel Olivenöl
1 Esslöffel Senf
2 Esslöffel Tamari-Sojasauce
1 Esslöffel Curry
2 Esslöffel Hefeflocken (Bioladen)
1 Esslöffel Apfelessig oder Balsamico

1 Prise Muskat
1 Knoblauchzehe

Giersch und Karotten mit der Maschine pürieren oder zerkleinern. Die übrigen Zutaten und die Avocado im Minimixer zusammenmixen und zum Gemüse hinzugeben. Diese Paste wird durch die Leinsamen-Cracker wunderbar ergänzt – ein exzellentes, sättigendes Mittagessen!

Ernährungsprinzip:

Giersch enthält viele Nährstoffe, vor allem Bitterstoffe. Er wird auch „Gichtkraut" genannt, weil er den Ruf genießt, ein Heilmittel für Gelenke und Bandscheiben zu sein.

5. Mexikanische Guacamole

Guacamole kann man als Dip oder Salatsauce verwenden. Der Hauptinhalt besteht aus pürierten Avocados. Sie ist ein rohköstliches Rezept, welches bei einer mexikanischen Mahlzeit nicht fehlen darf.

Zutaten:

2 reife Avocados
½ (kleine) Zwiebel
1 Knoblauchzehe
1 Esslöffel Zitronensaft
1 Handvoll frisches Korianderkraut (Asienladen oder türkischer Gemüseladen) oder würzige Wildkräuter wie Wiesenkerbel oder Kümmel
1 Tomate
1 Selleriestange

Alle Zutaten werden in einem Mixer püriert. Die Leinsamen-Paprika-„Wraps" (siehe Rezept S. 140) können, zusammen mit verschiedenen Gemüsestreifen, damit gefüllt werden. Ein tolles Geschmackserlebnis, eine Leberkäs-Semmel kann da nicht mithalten!

6. Power-Guacamole

Eine mexikanische Avocado-Sauce der Superlative. Jeder Mexikaner steht auf Guacamole, die nationale Leibspeise.

Zutaten:

2 reife Avocados
1 Bund Korianderkraut, klein geschnitten (in asiatischen oder türkischen Lebensmittelgeschäften)
½ Teelöffel Cayenne-Pfeffer
1 Teelöffel Kreuzkümmel-Pulver
Saft von ½ Zitrone
½ Teelöffel Steinsalz
½ Zwiebel, gehackt
½ Tasse Petersilie oder Giersch (Wildkraut), gehackt
2 Tomaten, klein geschnitten

Bis auf die Tomaten sollten alle Bestandteile in einem Standmixer püriert werden. Die Tomaten zum Schluss hinzufügen.

Tipp:

Die Guacamole kann mit den leckeren Leinsamen-Crackern ergänzt werden.

7. Wildkräuter-Pesto

Zutaten:

4 Tassen Wildkräuterblätter wie Bärlauch, Giersch, Gundermann, Brennnessel, Sauerampfer, Spitzwegerich, Taubnessel, Knoblauchsrauke etc.
5 Esslöffel Kürbiskernöl
¼ Teelöffel Meersalz
¼ Tasse Pinienkerne oder eingeweichte Sonnenblumenkerne
¼ Tasse Wasser
½ Zwiebel
2 Knoblauchzehen

Alle Zutaten in einem Minimixer pürieren, bis eine Paste entsteht.

8. Bärlauch-Pesto

Selbst gemacht schmeckt dieses Pesto am besten und man spart gleichzeitig einen Haufen Geld.

Zutaten:

Ca. 300 g Bärlauchblätter
200 ml Tomatenmark
½ Tasse getrocknete Tomaten
¼ Tasse Olivenöl
1 Esslöffel Tamari-Sojasauce
3 Esslöffel Balsamico-Essig
½ Tasse Cashew- oder Pinienkerne

Alle Zutaten pürieren und genießen!

Ernährungsprinzip:

Bärlauch gibt es nur im Frühjahr. Die Blätter enthalten Senföl und sind als starke Blutreiniger bekannt. Nach einem langen Winter ist der Bärlauch ein heilkräftiges Mittel, welches den Körper entschlacken und die Körpersäfte reinigen kann. Ein Mensch ist erst gesund, wenn er „gut im Saft“ ist!

Bärlauchblätter besitzen folgende Eigenschaften: Sie wirken verdauungsfördernd, regen den Gallenfluss an, sind desinfizierend, bakterienhemmend, entgiftend, durchblutungsfördernd, keimtötend und fördern den Auswurf von Schleim. Hier kann die Pharma-Industrie nicht mithalten.

Die alten Germanen waren der Meinung, dass der Bärlauch „Bärenkräfte“ verleihen würde!

9. Wildes Topinambur-Pesto

Eine wunderbare Mischung aus Wildkräutern und Topinambur, mein Favorit als Salatsauce. Ich verwende sie gerne zu einer Kombination aus Tomaten, Paprika, Wildkräutern und Gurken. Schnell gemacht und angenehm würzig!

Achtung! Rohes Topinambur kann zu unangenehmen Blähungen führen. Am Anfang verwendet man am besten nur eine Knolle, bis der Darm sich daran gewöhnt hat.

Zutaten:

2 Esslöffel Olivenöl
1 Handvoll Knoblauchsrauke, Spitzwegerich oder Löwenzahnblätter
1 kleine Topinambur-Knolle vom Bioladen oder aus dem Garten (alternativ: ½ Zucchini)
⅓ Tasse Pinienkerne oder eingeweichte Sonnenblumenkerne
4 getrocknete Tomaten
½ Tasse Wasser
1 Esslöffel Apfelessig
1 Teelöffel Zwiebelpulver oder ½ kleine Zwiebel
½ Teelöffel Chili
¼ Teelöffel Pfeffer
½ Teelöffel Tamari-Sojasauce
½ Teelöffel Curry

Alle Zutaten zusammen pürieren. Scharf, aber lecker!

Ernährungsprinzip:

Eine wunderbare Salatsauce, die sehr nahrhaft ist. Einmal geschmeckt und die Fertigsaucen im Supermarkt sind schnell vergessen.

Das Wildkraut Knoblauchsrauke verleiht der Salatsauce einen Hauch von Knoblauch, aber ohne die unangenehmen Begleiterscheinungen.

Topinambur enthält das Kohlenhydrat Inulin, welches ohne Insulin verstoffwechselt wird. Dadurch bleibt der Blutzuckerspiegel stabil.

Topinambur ist ein in der Naturheilkunde geschätztes Heilmittel für die strapazierte Bauchspeicheldrüse. Wenn Sie vorwiegend Kochkost essen, ist es sehr wahrscheinlich, dass Ihre Bauchspeicheldrüse auf das Dreifache angeschwollen ist. Das haben Tierexperimente ergeben, wenn man Tiere mit gekochter Nahrung füttert.

Einmal im Garten gepflanzt, vermehren sich die Knollen wie die Kaninchen. Sie sind pflegeleicht und müssen nicht gegossen oder gejätet werden, ideal für faule Gärtner wie mich. Die beigefügten erhitzenden Gewürze beleben das Verdauungsfeuer und wirken somit Blähungen entgegen.

Quiche

Wildkräuter-Quiche

Dieses leckere Gericht enthält zwar keine Enzyme, weil es erhitzt wird, doch ist eine Fülle von Nährstoffen enthalten. Es ist auch relativ schnell zubereitet.

Zutaten:

4 Handvoll Giersch-, Löwenzahn-, Knoblauchsrauken-, Brennnesselblätter etc. (alternativ: grünes Blattgemüse wie Spinat, Mangold, Petersilie oder Grünkohl)
1 Tasse Mungbohnen-Sprossen
1 Tasse eingeweichte Sonnenblumenkerne
2 Esslöffel Kürbiskernöl oder Olivenöl
1 Teelöffel Curry
½ Teelöffel Koriander
½ Teelöffel Kreuzkümmel (Cumin)
½ Tasse Tomatenmark
½ Teelöffel Pfeffer
3 Esslöffel Hefeflocken (Bioladen)
1 Esslöffel Sojasauce
2 Tassen Wasser

Alle Zutaten in einem Standmixer pürieren und in eine geölte Form hineingeben.

Bei 180 °C für 30 Minuten im Backofen backen.

Ernährungsprinzip:

Mungbohnen-Sprossen enthalten ca. 20 Prozent Eiweiß und sind seit Tausenden von Jahren eine Lieblingsspeise der Chinesen. Die Wildkräuter enthalten viele sekundäre Pflanzenstoffe, Chlorophyll, Bitterstoffe, Vitamine und ca. 6 bis 9 Prozent hochwertiges pflanzliches Eiweiß. Sie sind außerdem eine ausgezeichnete Quelle für organisches Kalzium. Damit stärken Sie Ihre Zähne und Ihr Knochengerüst!

Die Gewürze wirken hervorragend gegen Blähungen und Verdauungsschwäche. Durch den optimalen Nährstoff-Mix erfährt der Körper eine tiefe Sättigung. Nach dem Verzehr werden kaum Gelüste auf Süßigkeiten oder Schokolade übrig bleiben! Alle Nährstoffe, die man braucht, werden mit diesem Rezept optimal abgedeckt.

Brot, Brötchen und Pizza

1. Französisches Zwiebelbrot

Mit diesem Rezept konnte mein Vater seine Brotsucht überwinden. Kurz darauf verschwanden seine Gelenkschmerzen, sein Körper wurde beweglicher, flexibler und leichter. Heute, mit 83, freut er sich über einen schmerzfreien Körper.

Meine Schwiegermutter ist von dem „Zwiebelbrot" total begeistert. Es schmecke ihr besser als das beste Brot aus dem Bioladen, sagte sie mir neulich.

Zutaten:

⅔ Tasse Sonnenblumenkerne, gekeimt
⅔ Tasse Buchweizen, gekeimt
⅔ Tasse Leinsamen, zu Mehl gemahlen
8 mittelgroße Zwiebeln, klein geschnitten
¼ Tasse Tamari-Sojasauce
¼ Tasse Olivenöl

Mit einem Mixer wird der Leinsamen zu Mehl gemahlen.

Zwiebeln klein schneiden, mit Sojasauce und Olivenöl pürieren. Dann Leinsamenmehl und Sprossen dazugeben und alles pürieren. Eventuell etwas Wasser hinzufügen.

Den Teig auf dem Backpapier verteilen und über Nacht bei 40 °C im Dörrgerät trocknen lassen.

Dieses „Zwiebelbrot" ist der perfekte Brotersatz! Auch Ihre Freunde werden davon begeistert sein.

2. Pizzabrot

Ergänzende Zutaten zum Zwiebelbrot-Rezept:

1 Bio-Karotte
1 rote Bio-Paprika
8 getrocknete Tomaten
2 Esslöffel italienisches Pizzakräuter-Gewürz
1 Teelöffel Oregano
4 Tomaten oder 10 Cocktail-Tomaten
2 getrocknete Feigen

Alle Zutaten pürieren und den Teig im Dörrgerät trocknen lassen. Mit diesem tollen Rezept werden Sie und Ihre Kinder von Fastfood-Pizza schnell wegkommen!

3. Russisches Wildkräuter-Sprossen-Brot

Im Nährstoffgehalt ist dieses Brot unübertroffen. Getreidesprossen werden mit Wildkräutern wie Brennnesseln oder der wilden Melde kombiniert. Danach wird es im Ofen gebacken. Dieses Rezept war immer ein Hit bei meinen Seminaren.

Die Samen der wilden Melde sind einfach köstlich. Russische Bauern haben sie beim Backen von Brot verwendet, vor allem wenn die Ernte schlecht ausgefallen war und das Getreide „gestreckt" werden musste.

Zutaten:

100 g Buchweizen
100 g Quinoa-Samen

Die Samen werden über Nacht eingeweicht, am nächsten Tag gespült, am 2. Tag dürften die ersten Sprossen sichtbar sein.

100 g Brennnesseln oder die Blätter und Samen der wilden Melde
1 Eiweiß von einem Bio-Ei (alternativ: ½ Tasse eingeweichter Leinsamen)
250 ml Reismilch
½ Teelöffel Salz

Alle Zutaten pürieren, daraus einen Laib formen und bei 160 °C für 40 Min. im Ofen backen.

Ernährungsprinzip:

Die Samen sind glutenfrei und durch den Sprießvorgang wird die Phytinsäure abgebaut. Phytinsäure kann die Mineralienaufnahme im Darm hemmen. Brennnessel und Melde sind Wildkräuter, die man gut zum Backen verwenden kann; sie geben Teigwaren eine angenehme Geschmacksnote und enthalten nicht so viele Bitterstoffe wie der Löwenzahn.

Mit diesem Brotrezept kann jeder den Sprung weg von Gluten locker schaffen. Das Brot schmeckt einfach herrlich, vor allem wenn es mit Butter und Honig bestrichen wird. Auch mit Tomaten, Avocado und Basilikumblättern könnte man es gut essen.

Durch die Umstellung auf dieses glutenfreie Brot wird man eine bessere Sättigung, einen stabilen Blutzucker und eine schnellere Darmpassage erfahren. Das wird das Abnehmen begünstigen.

Tipp:

Man sollte die wilde Melde unbedingt kennenlernen. Bei meinen Kräuterwanderungen lege ich immer große Betonung auf diese Pflanze. Sie wächst vor allem in landwirtschaftlichen Gebieten, wo die Erde umgegraben wurde. In Mallorca ist sie mein Grundnahrungsmittel; fast täglich verwende ich sie für meinen Cocktail. Selbst im heißen August kann ich die Pflanze auf der Insel finden. Indianer haben die äußerst schmackhaften Samen auch gerne gegessen. Jemand, der die Melde kennt, wird niemals verhungern. Man gewinnt durch die Kenntnis dieser Pflanze ein Stück Unabhängigkeit von den Großkonzernen, die die Menschen zu versklaven versuchen.

In einer Zeit, in der Getreide aus Genpflanzen die Qualität unserer Nahrung bedroht, bieten die Samen der wilden Melde eine rettende Alternative zu den wachsenden Gefahren für unsere Gesundheit.

4. Feigen-Quinoa-Sprossen-Brot

Dieses Brot kann entweder im Backofen gebacken oder im Dörrgerät bei 40 °C getrocknet werden. Es ist sehr nährstoffhaltig und liefert viel Energie und Kraft. Über Nacht wird eine Mischung aus Quinoa-, Chia- und Leinsamen eingeweicht. Am nächsten Tag kann man bereits sehen, wie die Quinoa-Samen sprießen. Trocknet man dieses Brot im Dörrgerät, bleiben die Enzyme erhalten.

Zutaten:

1 Tasse Quinoa
¼ Tasse Chia-Samen (siehe Bezugsquelle)
¼ Tasse Leinsamen
5 Tassen Wasser
8 getrocknete Feigen

Alle Zutaten werden über Nacht eingeweicht.

Am nächsten Tag die Samenmasse im Verhältnis 1:2 mit Mandel- oder Reismilch und den Feigen im Mixer pürieren. 2 Handvoll Brennnesselblätter oder ½ Tasse Brennnesselsamen können hinzugefügt werden.

Sollte der Teig nicht die erwünschte Konsistenz haben, kann man entweder pulverisierten Leinsamen oder extra Mandel-/Reismilch hinzugeben.

Den Teig auf einem Blech verteilen und bei 160 °C für 30 Min. backen oder im Dörrgerät für 12 Stunden bei 40 °C trocknen lassen.

Ernährungsprinzip:

Quinoa, das Gold der Inkas, ist ein vollständiger Eiweißlieferant, der kaum zu toppen ist, vor allem wenn die Samen vorher zum Keimen gebracht werden. Durch die Enzyme wirken sie noch heilkräftiger. Chia-Samen, der Energielieferant der Langstreckenläufer aus Mexiko, ist eine Wüstenpflanze, die von der industriellen Landwirtschaft noch nicht entdeckt wurde. Insofern ist sie noch jungfräulich und sehr wildwüchsig, ähnlich wie unsere Wildkräuter. Ich bin von den Chia-Samen begeistert, weil sie mir so viel

Kraft beim Mountainbike-Fahren schenken. Ich prophezeie diesen Samen eine große Zukunft.

Sowohl die Brennnesselblätter wie auch ihre Samen enthalten unglaublich viele wertvolle sekundäre Pflanzenstoffe, die unser Körper dringend braucht, um wieder normal zu „ticken".

Ich esse dieses Brot zusammen mit Blaubeeren, die ich mit etwas Zitronensaft und Agavendicksaft mixe und wie Marmelade verwende. Oder man kann die Rohkost-Marmelade der Firma Conatura verwenden (www.conatura.de), die aus verschiedenen Beeren und Papaya besteht, gesüßt mit Yaconwurzel-Sirup, welcher Inulin enthält. Inulin ist ein Süßungsmittel, das den Blutzucker nicht belastet und somit keine Ausschüttung von Insulin hervorruft.

Am Abend vor Wettkämpfen essen viele Sportler riesige Mengen Nudeln. Sie wollen damit ihre Speicher mit Kohlenhydraten auffüllen. Vom Energiegewinn her ist dieses Brotrezept hundertmal besser als Nudeln. Dieses Gericht wäre die optimale Vorbereitung am Tag vor einem Wettkampf.

5. Maroni-Sprossen-Brötchen

Sie kommen nicht weg vom Brot? Kein Problem. Mit diesem Brötchenrezept werden die Anti-Enzyme und die Phytinsäure im Getreide durch das Sprießen und die anschließende Vergärung systematisch abgebaut. Verwenden Sie am besten gekeimtes Einkorn-Getreide – es schmeckt am besten und verfügt über die meisten Nährstoffe. Außerdem enthält Einkorn nur wenig Gluten. Kamut könnte man auch verwenden. Es enthält auch weniger Gluten als Weizen.

Zutaten:

500 g Einkorn oder Kamut bringt man erst zum Sprießen (2 Tage). Das Getreide wird einen Tag lang in Wasser eingeweicht und am zweiten Tag nur gespült. Nach 2 bis 3 Tagen werden die ersten Getreidesprossen sichtbar.

Die Sprossen werden in einem Mixer zusammen mit einer Tasse Wasser püriert. Ein halbes Päckchen aktive Hefe und einen Esslöffel Honig dazugeben und über Nacht stehen lassen. Der Fermentationsvorgang wird gleich beginnen und das Eiweiß und die Kohlenhydrate im Getreide werden durch die Laktobazillen aus der Luft vorverdaut. Dadurch wird die Phytinsäure in dem Getreide abgebaut. Phytinsäure kann die Aufnahme von Mineralien im Darm hemmen.

Am nächsten Tag werden 300 g Kastanien-Pulver und 100 g gemahlener Leinsamen sowie ½ Teelöffel Salz hinzugegeben und geknetet, bis ein Teig entsteht. Es wird so viel Pulver hinzugefügt, bis der Teig die richtige Konsistenz hat. Eventuell wird man mehr Mehl aus den Samen im Mixer mahlen müssen.

Aus dem Teig werden kleine Brötchen geformt und auf ein geöltes Blech gelegt. In einem Backofen bei 180 °C für 40 Min. backen.

Ich friere die Brötchen ein und erwärme sie in einem Toaster, wenn ich ein Verlangen (kann gelegentlich vorkommen, vor allem bei Stress!) nach Brot verspüre. Mein 83-jähriger Vater erzählte mir neulich, er habe noch nie so tolle Brötchen gegessen, auch wenn die Konsistenz etwas gewöhnungsbedürftig ist!

6. Leinsamen-Pizza

Diese Rohkost-Pizza schmeckt nicht nur ausgezeichnet, sie enthält auch viele gesunde Zutaten. Mit diesem Gericht kann man ohne Weiteres auf eine glutenhaltige Pizza samt Glutamat verzichten.

Früher habe ich Pizza geliebt, bis ich Schwierigkeiten mit dem Gluten und dem Käse bekommen habe. Nach jeder Pizza fühlte ich mich träge und schwer – und wurde von Blähungen und Völlegefühl heimgesucht.

Jetzt ist es für mich überhaupt kein Problem mehr, an einer Pizzeria vorbeizulaufen. In fast jeder Pizza kommen nerventoxische Geschmacksverstärker wie Glutamat in der Tomatensauce vor. Glutamat löst bei vielen eine innere Unruhe aus, die manchmal so ausgeprägt ist, dass Menschen sogar im Krankenhaus gelandet sind. Ärzte nennen diese allergische Reaktion das „Chinese Restaurant Syndrom“. Früher waren hauptsächlich chinesische Restaurants betroffen, mittlerweile wird Glutamat von fast jedem Restaurant verwendet.

Es wird angenommen, dass der regelmäßige Verzehr von Glutamat und des Süßstoffs Aspartam zu degenerativen Nervenleiden führen kann – eine Erklärung für unsere Demenz-Epidemie? Ein weiteres Problem: Glutamat macht dick! Damit Ratten für Studienzwecke an Gewicht zunehmen, werden sie mit Glutamat gefüttert. Das Gleiche kann passieren, wenn man öfter in Restaurants isst.

Diese kleinen Rohkost-Mini-Pizzen erinnern stark an den Geschmack von herkömmlichen Pizzen.

Zutaten:

⅔ Tasse Leinsamen, mit Wasser eingeweicht
1 Karotte
½ Zwiebel
1 Stange Sellerie
1 Teelöffel Balsamico-Essig
3 Knoblauchzehen
1 Esslöffel Pizzagewürz oder eine Mischung aus Basilikum und Oregano
5 getrocknete Tomaten
2 frische Tomaten mittlerer Größe
2 Esslöffel Olivenöl
½ rote Paprika
½ Esslöffel Honig
1½ Tassen Wasser

Um die richtige Konsistenz zu erreichen, muss man nach Geschmack etwas Leinsamenmehl hinzufügen.

Alle Zutaten werden in einem Standmixer püriert. Kleine runde Pizzen werden mit einem Löffel auf dem Backpapier geformt. Bei 40 °C über Nacht im Dörrgerät trocknen lassen, dann umdrehen und für weitere 6 Stunden oder nach Geschmack auch länger trocknen, bis die Pizzen fertig sind.

Wraps

Leinsamen-Paprika-Wrap

Ein „Wrap“ ist wie ein mexikanisches Tortilla, ein toller Ersatz für Brot. Man kann es mit verschiedenen Inhalten füllen: Avocadostreifen, Sprossen, Essiggurken, Cashew-Käse (siehe Rezept S. 114), Guacamole (siehe Rezept S. 126) und Paprikastreifen. Ein „Wrap“ ersetzt ein Sandwich, die Zutaten können darin aufgerollt werden!

Zutaten:

2 Tassen gekeimter Leinsamen (Leinsamen wird für drei Tage in Wasser eingeweicht, während dieser Zeit muss das Wasser nicht ausgetauscht werden)
5 rote Paprika
4 Tassen (oder mehr) Wasser

Paprika und Wasser erst im Mixer pürieren, danach die Leinsamen-Sprossen hinzugeben. So viel Wasser verwenden, bis die Samen püriert sind. Das funktioniert am besten durch den Einsatz eines Industrie-Mixers (siehe Bezugsquelle).

Die pürierte Masse auf Backpapier dünn verteilen, im Dörrgerät bei 40 °C trocknen und dann in großen Stücken abziehen.

Cracker

1. Leinsamen-Sprossen-Cracker als Brotersatz

Wissenswertes zu diesem Rezept

Brot enthält Gluten, ein Klebereiweiß, welches die Darmschleimhäute verkleben kann. Gluten kann den Stoffaustausch über die Darmwände beeinträchtigen. Brot, wie Nudeln, provoziert die Ausschüttung von viel Insulin. Die Folgen können Entzündungen und Gewichtszunahme sein. Auf Dauer kann eine überschießende Insulin-Ausschüttung zu Altersdiabetes führen!

Lösung: Eliminieren oder reduzieren Sie den Verzehr von glutenhaltigen Produkten wie Brot und Nudeln und Sie werden eine körperliche Leichtigkeit erfahren, die Sie kaum erträumt hätten! Meine Frau liebt diese Cracker, weil sie damit ihren Brotkonsum reduzieren konnte. Brot macht träge und schwer, die Cracker schenken das Gefühl von Beschwingtheit und Leichtigkeit. Sie führen zu einer beschleunigten Passagezeit im Darm und unterstützen das Abnehmen. Sie sind der beste Ersatz für Brot.

Für dieses Rezept braucht man allerdings ein Dörrgerät. Es ist ab ca. 140,00 € zu haben (siehe Bezugsquelle). Als Alternative könnte man die Cracker über der Heizung oder sogar unter der heißen Sommersonne trocknen. Dörren ist nichts anderes als rohköstliches Backen. Damit bleiben die Nährstoffe und Enzyme erhalten.

Durch das Sprießen des Leinsamens werden Nährstoffe wie Vitamine und Enzyme förmlich explodieren. Warum teure Enzym-Präparate in der Apotheke kaufen, wenn man die Samen sprießen lassen kann?

Wie sagte Pfarrer Kneipp so schön: „Um Brotgicht (Arthritis, Arthrose) zu kurieren, sollte man anstelle von Brot Giersch (ein Wildkraut) essen und die Gelenkschmerzen werden verschwinden!“

Vorbereitung (ca. 3 Tage vorher):

2 Tassen Leinsamen werden in ein Gefäß gegeben und mit Wasser bedeckt. Nach 3 Tagen an einem zimmerwarmen Ort, ohne die Samen während dieser Zeit zu spülen, kann man die ersten Sprossen erkennen.

Zubereitung:

2 Tassen gekeimter Leinsamen
1 Tasse getrocknete Tomaten, die man vorher eingeweicht und abgespült hat
1 Teelöffel Paprika
1 Teelöffel Kräuter der Provence
½ Tasse Brennnesselsamen (nach Geschmack, siehe Bezugsquelle)
3 Tassen Wasser

Alle Zutaten werden püriert und auf Backpapier auf den Gittern des Dörrgeräts ausgestrichen (beim Stöckli-Gerät am Rand der Gitter mindestens 2 cm freilassen, damit die Luft zirkulieren kann).

Fertigstellen – Dörren:

Bei 40 °C ca. 8 Stunden in einem Dörrgerät trocknen, umdrehen und für weitere 6 Stunden trocknen. Vorsicht: Bei über 40 °C gehen sämtliche Enzyme verloren!

2. Mungbohnen-Sprossen-Cracker

Diese Cracker sind eine exzellente Eiweiß-Quelle: hochwertiges Eiweiß aus den Mungbohnen-Sprossen ergänzt durch die eiweißhaltigen Brennnesselblätter.

Die Cracker schmecken hervorragend und decken den Eiweißbedarf. Man kann sie rohköstlich herstellen.

Zutaten:

1 Tasse Mungbohnen-Keimlinge (die Bohnen brauchen ca. 2 Tage, um zu sprießen)
2 Tassen Brennnesselblätter
1 Tasse über Nacht eingeweichte Sonnenblumenkerne
⅔ Tasse eingeweichter oder gekeimter Leinsamen

2 Zwiebeln
2 Tassen Wasser

Gewürze:
½ Teelöffel Paprika
½ Teelöffel Gelbwurz
½ Teelöffel Ingwer
½ Teelöffel Kreuzkümmel
½ Teelöffel Koriander
½ Teelöffel Oregano
½ Teelöffel Basilikum
1 Knoblauchzehe
1 Esslöffel Tamari-Sojasauce

Die Mungbohnen-Sprossen, Brennnesselblätter und Sonnenblumenkerne zusammen mit den Gewürzen und Wasser pürieren. Zum Schluss wird der Leinsamen hinzugefügt, ohne ihn zu pürieren. Die Mischung auf das Backpapier gießen. Jetzt wird das Ganze bei 40 °C getrocknet, damit die Enzyme nicht kaputtgehen. Die Cracker kann man entweder in der Sonne „backen", auf eine Heizung stellen oder bei 40 °C in einem Dörrgerät über Nacht trocknen lassen (beim Stöckli-Gerät am Rand der Gitter mindestens 2 cm freilassen, damit die Luft zirkulieren kann). Am nächsten Tag umdrehen und für weitere 6 Stunden trocknen.

Ernährungsprinzip:

Folgende Zutaten sind sehr eiweißhaltig: Mungbohnen (20 Prozent), Sonnenblumenkerne (15 Prozent), Brennnesseln (9 Prozent) und Leinsamen (24 Prozent). Sie sind exzellente Quellen für vegetarisches Eiweiß und ergänzen sich hervorragend. Ihr Eiweiß ist wertvoller als Fleischeiweiß.

Leinsamen enthält wertvolle kurzkettige Omega-3-Fettsäuren. Ferner findet man in Leinsamen sekundäre Pflanzenstoffe, die als Lignane bezeichnet werden. Sie sollen der Entstehung von Krebstumoren vorbeugen.

Die Brennnessel ist die Königin aller Heilpflanzen. Die Blätter enthalten reichlich Chlorophyll, ein wichtiger Speicher von Biophotonen. Diese Energiepartikel können in den Kraftwerken der Zellen eingesetzt werden, um die Bildung von ATP, einem Energieträger, anzukurbeln.

Wenn man diese Rohkost-Cracker unter 40 °C zubereitet, bleiben die wertvollen Enzyme erhalten. Würde man sie backen, gingen die Enzyme verloren. Das wäre schade, denn schließlich brauchen wir die Enzyme, um jung und lebendig zu bleiben und unser Verdauungsfeuer zu beleben!

3. Heilkräftige Brennnessel-Cracker

Die Brennnessel verfügt als Königin der Heilkräuter über sehr viel Heilkraft. Diese Cracker stellen alles andere in den Schatten. Brennnessel ist nicht zu übertreffen. Ich schätze ihre Heilkraft besonders bei Patienten mit schweren degenerativen Erkrankungen wie Krebs und neurologischen Krankheiten. Diese Pflanze hat auch meinem Körper viel Heilung geschenkt. Dank Brennnesseln konnte ich meine Prostata-Beschwerden überwinden. Kein lästiges Klo-Gerenne, für mich eine echte Erleichterung! Zusammen mit den Mungbohnen und Leinsamen enthalten diese Cracker besonders viel Eiweiß: Die Brennnessel liefert ca. 9 Prozent Eiweiß, Mungbohnen und Leinsamen verfügen über 24 Prozent Eiweiß.

Zutaten:

½ Tasse Mungbohnen über Nacht einweichen, dann spülen, bereits am 2. Tag sind die ersten Sprossen fertig
⅔ Tasse Leinsamen über Nacht einweichen
2 Handvoll Brennnesselblätter und/oder ½ Tasse Brennnesselsamen (siehe Bezugsquelle)
6 getrocknete Tomaten
½ daumengroßes Stück Ingwer
1 Teelöffel Curry-Pulver
½ Teelöffel Kreuzkümmel
1 Karotte
1 Zwiebel
1 Stange Sellerie
½ rote Paprika
2 getrocknete Feigen
2 Tassen Wasser

Alle Zutaten in einem Standmixer pürieren und den Teig auf dem Backpapier verteilen. Trocknen im Dörrgerät über Nacht bei 40 °C für ca. 12 Stunden, dann umdrehen und für weitere 6 Stunden trocknen.

4. Buchweizen-Leinsamen-Cracker

Buchweizen, in Russland auch „Kasha“ genannt, ist ein russisches Grundnahrungsmittel. Er gehört zur Familie der Gräser und weist kein Gluten-Klebereiweiß auf. Deswegen enthalten viele glutenfreie Brotsorten Buchweizen als Getreide.

Sie müssen kein glutenfreies Brot kaufen, wenn Sie diese leckeren, unkomplizierten Cracker selbst „backen“. Sie schmecken ausgezeichnet und sind sehr bekömmlich.

Zutaten:

⅔ Tasse Buchweizen über Nacht einweichen oder sprießen lassen
1 Tasse Leinsamen über Nacht einweichen oder sprießen lassen
2 Selleriestangen, klein geschnitten
1 Zwiebel
1 Karotte
6 getrocknete Tomaten
½ rote Paprika
2 Tassen Wasser oder Einweichwasser
1 Teelöffel Curry
1 Teelöffel Paprika-Pulver
1 Esslöffel italienische Kräuter (Thymian, Basilikum, Oregano)
1 Esslöffel Tamari-Sojasauce
½ Tasse Brennnesselsamen (nach Geschmack, siehe Bezugsquelle)

Alle Zutaten bis auf die halbe Menge des eingeweichten Leinsamens pürieren. Zum Schluss wird der restliche Leinsamen hinzugefügt. Der Teig wird auf dem Backpapier verteilt und bei 40 °C in einem Dörrgerät, in der Sonne oder auf der Heizung getrocknet. Merke: Bei einer Temperatur über 40 °C gehen die Enzyme komplett verloren!

Nach ca. 12 Stunden werden die Cracker gedreht und für weitere 6 Stunden getrocknet.

5. Quinoa-Cracker

Quinoa enthält vollständiges pflanzliches Eiweiß. Die Quinoa-Samen sprießen schon nach ca. 12 Stunden. Wenn man Quinoa mit Leinsamen kombiniert, erhält man eine hervorragende Eiweiß-Kombination, ein veganer Ersatz für einen Big Mac oder Döner!

Zutaten:

1 Tasse Quinoa-Samen, über Nacht eingeweicht
⅔ Tasse Leinsamen, über Nacht eingeweicht
1 Stange Sellerie
1 Karotte
½ rote Paprika
5 getrocknete Tomaten
2 Tassen Wasser
1 Zwiebel
1 Teelöffel Kreuzkümmel

Alle Zutaten in einem Standmixer pürieren und auf dem Backpapier auf den Dörrgittern ausbreiten. Trocknen bei 40 °C für ca. 12 Stunden, dann die Cracker umdrehen und für weitere 6 Stunden trocknen.

6. Sauerkraut-Leinsamen-Cracker

Was hat früher die Deutschen stark gemacht? Sauerkraut natürlich. Deswegen bekamen sie früher von den Briten den Namen „Krauts". Rohes Sauerkraut ist eines der besten probiotischen und darmstärkenden Mittel, die es gibt (das handelsübliche vorgekochte bzw. pasteurisierte Sauerkraut hat diese Wirkung eingebüßt).

Sauerkraut ist zwar nicht mehr in Mode, aber die Cracker könnten vielleicht die Wertschätzung für dieses heilkräftige Nahrungsmittel wiederherstellen. Unsere Panchakarma-Patienten bekommen während der Kur die Sauerkraut-Cracker fast täglich serviert. Wir konnten feststellen, dass diese die Entgiftung über den Darm ankurbeln.

Zutaten:

4 Tassen frisches rohes Bio-Sauerkraut (Reformhaus, Bio-Märkte, Bioläden)
4 Tassen oder 500 Gramm eingeweichter bzw. gesprossener Leinsamen
2 Tassen eingeweichte getrocknete Tomaten
1 Zwiebel
½ Tasse Brennnesselsamen (siehe Bezugsquelle)
4 Esslöffel (italienischer) Bio-Kräuter-Gewürz-Salatmix (z.B. bei DM oder vom Biomarkt)
½ Liter Wasser oder mehr, je nach Konsistenz

Alle Zutaten mixen und den Teig in einem Dörrgerät bei 40 °C für 12 Stunden trocknen, dann wenden und für weitere 4 Stunden trocknen lassen.

Ernährungsprinzip:

Warum teure probiotische Mittel kaufen, wenn es Sauerkraut gibt? Da wir die Cracker bei 40 °C trocknen, bleiben alle Enzyme und Nährstoffe intakt, auch die aus den enzymhaltigen Sprossen und Brennnesselsamen. Leinsamen enthält sogenannte „Lignane“, einen überragenden Anti-Krebs-Nährstoff.

Das Sauerkraut verleiht den Crackern eine säuerliche Note, die gigantisch schmeckt!

Die probiotischen Nährstoffe im Roh-Sauerkraut liebt unsere Darmflora. Damit können wir unser Darmmilieu optimieren, eine wichtige Voraussetzung nicht nur um gesund zu bleiben, sondern auch um degenerative Krankheiten wie Krebs erfolgreich zu behandeln. Eine gesunde Darmflora wiegt ca. 2,5 kg und braucht täglich gesundes Futter wie diese Cracker. Mit glutenhaltigem Brot und Nudeln wird unsere Darmflora nicht glücklich! Die schmackhaften Sauerkraut-Cracker wären der optimale Brotersatz!

Essen Sie täglich die Cracker und Sie werden Ihr tägliches Brot nicht mehr missen. Oh Herr, gib uns unsere täglichen Cracker, auf Brot möchten wir lieber verzichten!

7. Hokkaido Delight

Zutaten:

1 Tasse klein geschnittener Hokkaido-Kürbis (geschält)
1 Tasse Korianderkraut oder Wildkraut Giersch, klein geschnitten
1 Esslöffel Tamari-Sojasauce
½ Teelöffel Kreuzkümmel
¼ Teelöffel Muskatpulver
Saft einer halben Zitrone
1 Zwiebel, gehackt
½ rote Paprika, gehackt
4 Tomaten
4 getrocknete Tomaten
1 Tasse eingeweichter Leinsamen

Alle Bestandteile werden in einem Standmixer püriert, auf einem Blech oder auf Gittern mit Backpapier (mind. 2 cm Rand freilassen) verteilt und in einem Dörrgerät, in der Sonne oder auf der Heizung bei 40 °C getrocknet.

Ernährungsprinzip:

Hokkaido-Kürbis enthält viel Vitamin A und Zink. Die Gewürze kurbeln das Verdauungsfeuer an und werden im Ayurveda verwendet, um eine vollständige Assimilation der Nahrung zu fördern. Gekeimter Leinsamen enthält viele Enzyme und Omega-3-Fettsäuren.

8. Cracker asiatisch

Diese Cracker verströmen einen Hauch von Asien. Die Mischung aus Ingwer, Genmai Su, Sesamöl, Ume Su und Mirin gibt diesen Crackern eine besondere geschmackliche Note. Auch die Meeresalgen passen dazu.

Zutaten:

1 Tasse Leinsamen, über Nacht eingeweicht
¼ Tasse Sesamsamen, über Nacht eingeweicht
1 eingeweichter Wakame-Meeresalge-Streifen, ca. 10 cm lang (ca. 30 Minuten vorher einweichen)
1 kleine Karotte

1 kleine Zucchini
½ daumengroßes Stück Ingwer
1 Teelöffel geröstetes Sesamöl
½ Teelöffel Mirin (Japanladen, Biomarkt)
1 Teelöffel Genmai Su (Japanladen, Biomarkt)
½ Teelöffel Ume Su (Japanladen, Biomarkt)
1 Esslöffel Wasser

Durch die Wakame-Alge bekommen die Cracker einen milden, salzigen Geschmack.

Alle Zutaten pürieren und auf dem Backpapier verteilen, über Nacht im Dörrgerät bei 40 °C trocknen, am nächsten Morgen die Cracker umdrehen und für weitere 6 Stunden trocknen.

9. Cracker mexikanisch

Eine würzige Variante, die bei Menschen mit einem trägen Verdauungsfeuer hervorragend wirkt.

Zutaten:

⅔ Tasse Leinsamen, über Nacht eingeweicht
1 Karotte
2 Feigen
1 Selleriestange
5 getrocknete Tomaten
½ kleine rote Bete
½ rote Paprika
½ Teelöffel Chili-Pulver
½ Teelöffel Curry-Pulver
¼ Teelöffel schwarzer oder Cayenne-Pfeffer
¼ Teelöffel Kreuzkümmel
1 Tasse Wasser

Alle Zutaten werden in einem Standmixer püriert und auf mit Backpapier ausgelegte Gitter verteilt. Trocknen bei 40 °C für ca. 8 Stunden, dann umdrehen und für weitere 6 Stunden trocknen.

Salzige Knabbereien

1. „Geröstete" Sonnenblumenkerne

2 Tassen Sonnenblumenkerne werden zuerst zum Sprießen gebracht. Über Nacht einweichen, dann am nächsten Tag spülen, am zweiten Tag sind die Keimlinge fertig.

Die Keimlinge werden in ein Dörrgerät gegeben und mit etwas Tamari-Sojasauce besprüht. Hier eignet sich am besten eine kleine Sprayflasche, die man mit der Sojasauce befüllen kann. Ca. 12 Stunden trocknen bei 40 °C oder in die Sonne stellen und die Sonnenblumenkerne sind fertig.

Ernährungsprinzip:

Durch den Sprießvorgang explodiert der Gehalt an Vitaminen und Enzymen förmlich. Gleichzeitig wird Phytinsäure abgebaut. Das ist wichtig, damit die Phytinsäure die Resorption von Mineralien und Spurenelementen wie Zink nicht blockiert. Das Trocknen bei 40 °C schont die Enzyme. Eine Temperatur über 40 °C würde sie sonst vernichten. Man kann die schmackhaften Kerne als Snack oder als Beigabe zu Suppen verwenden. Im Magen hinterlassen sie ein leichtes Gefühl, im Gegensatz zu den schweren gerösteten Nüssen.

2. Enzymhaltiges Studentenfutter

Erst lässt man Sonnenblumenkerne sprießen. Dauer: 2 Tage. Danach legt man die Kerne in die Sonne oder auf den Rost eines Dörrgeräts, um sie zu trocknen. Sie werden mit etwas Meersalz gesalzen und mit Rosinen gemischt. Ein toller enzymhaltiger Snack!

Ernährungsprinzip:

Sonnenblumenkerne enthalten wie auch Kürbiskerne viele wertvolle essenzielle Fettsäuren und auch organisches Zink. Über 300 Enzyme sind auf Zink angewiesen. Fehlt dieses Spurenelement, läuft der Stoffwechsel langsamer. Fast jeder leidet heute unter einem Zinkmangel.

3. Heilkräftiges Popcorn

Auch Popcorn kann fast wie Medizin wirken. Durch die Gabe von Nährhefeflocken wird aus Popcorn ein gesundes Nahrungsmittel.

Zur Herstellung braucht man ein Heißluft-Popp-Gerät (ca. 25,00 €). Das fertige Popcorn wird mit Tamari-Sojasauce mittels einer Spritzflasche (z. B. Baumarkt) besprüht und anschließend mit Nährhefeflocken (Bioladen) bestreut. Die Sprühflasche wird mit Tamari (Bioladen) befüllt.

Durch Tamari und die Nährhefe bekommt dieses Popcorn-Rezept einen tollen Geschmack – es erinnert ein bisschen an Erdnussflips. Fett wird dabei nicht verwendet. Das Ergebnis ist ein gesunder Snack mit wenig Kalorien; der Körper erhält viele heilkräftige Nährstoffe aus den Hefeflocken wie Vitamin-B-Komplex, Chrom, Zink und Eiweiß. Ein Fastfood-Snack ohne Reue!

4. Blumenkohl-Popcorn

Schmeckt fast wie Popcorn!

Zutaten:

2 Tassen Blumenkohl, klein geschnitten

Folgende Zutaten in einem Mixer mixen:

¼ Tasse Tamari-Sojasauce
¼ Tasse Nährhefeflocken

Saft einer halben Zitrone
½ Teelöffel Cayenne-Pfeffer
½ Teelöffel Paprika-Pulver
½ Teelöffel Pfeffer

Blumenkohl mit einem scharfen Messer ganz fein schneiden. Alle anderen Zutaten in einem Mixer mixen und mit dem Blumenkohl mischen. In einem Dörrgerät bei 40 °C für 3 bis 4 Stunden trocknen lassen.

Ernährungsprinzip:

Nährhefe enthält viele Nährstoffe wie B-Vitamine, Chrom und Zink. Blumenkohl ist ein heilkräftiges, kalziumhaltiges Gemüse, welches vor Krebs schützen soll. Weil er nicht gekocht wird, bleiben die Enzyme erhalten. Ein leckerer Snack für zwischendurch.

5. Topinambur-Chips

Diese Chips schmecken besser als Kartoffel-Chips!

Topinambur-Knollen werden dünn geschnitten, am besten mit einer Küchenmaschine. Anschließend werden sie mit einer Mischung aus Tamari-Sojasauce und Olivenöl beträufelt und in ein Dörrgerät zum Trocknen gestellt. Bei 40 °C für ca. 12 Stunden trocknen.

Die Chips sind ein wunderbarer Snack für unterwegs.

6. Grünkohl-Chips

Grünkohl-Chips schmecken einfach köstlich und haben fast die Konsistenz und den Geschmack von Vollkornbrot. Im Winter esse ich sie fast täglich, wenn es kaum Wildkräuter gibt. Grünkohl schmeckt besonders lecker, wenn er im Dörrgerät getrocknet wird. Bei meinen Seminaren waren die Chips immer ein Hit.

Klein geschnittene Grünkohlblätter ohne Stiel werden mit einer Tahin-Sauce in einer Schüssel vermischt und dann getrocknet.

Als Alternative kann man auch Wirsingblätter verwenden.

Tahin-Sauce:

¼ Tasse Tamari-Sojasauce
½ Tasse Tahin-Sesammus (Bioladen)
2 Tassen Quinoa-Quark (siehe Rezept S. 112)
1 Esslöffel Curry
1 Tasse Wasser
1 Zwiebel
2 Knoblauchzehen
Saft einer Zitrone
¼ Tasse Nährhefeflocken (Bioladen)

Zubereitung:

Alle Zutaten außer den Grünkohlblättern werden in einem Mixer püriert und anschließend mit den geschnittenen Grünkohlblättern vermischt.

Die Grünkohlblätter werden auf Backpapier in einem Dörrgerät bei 40 °C für ca. 8 Stunden getrocknet, dann gewendet und für weitere 6 Stunden getrocknet. Das Ergebnis sind die knackigen Chips.

Ernährungsprinzip:

Hefeflocken enthalten viel hochwertiges Eiweiß, B-Vitamine und wichtige Spurenelemente wie Chrom, die für die Stabilität des Blutzuckerspiegels eine große Rolle spielen. Grünkohl verfügt über mehr Nährstoffe als Spinat oder Wirsing. Verglichen mit anderem Bio-Gemüse enthält Grünkohl die meisten Nährstoffe. Vor allem im Winter ist er ein guter Ersatz für die Wildkräuter.

Desserts und Puddings

1. Topi-Apfelmus

Dieses Gericht kann man zubereiten und im Kühlschrank für Situationen aufheben, wenn Gelüste nach Süßigkeiten entstehen. Das Topi-Apfelmus, eine Mischung aus Topinambur und Äpfeln, wirkt stabilisierend auf den Blutzucker und kann Gelüste auf Süßigkeiten reduzieren. Der ideale Nachtisch für diejenigen, die abnehmen wollen!

Zutaten:

10 Knollen Topinambur
5 Bio-Äpfel
1 Esslöffel Zimt
1 Tasse Reismilch
1 Tasse Kokosmilch

Die Äpfel und Knollen in einem Topf für ca. 15 Minuten dämpfen. Alle Zutaten in einem Standmixer pürieren. Mit Zimt garnieren.

Als Rohkost-Zubereitung:

Knollen und Äpfel mit der Reis- und der Kokosmilch und Zimt pürieren.

Mit dem Dörrgerät:

Die Topi-Knollen klein schneiden und über Nacht trocknen, es entstehen Chips. Die Chips mit den Äpfeln, Reismilch und Kokosmilch im Standmixer mixen.

2. Wildgrünes Dessert

Dieses Dessert gibt viel Kraft und Energie und stillt das Verlangen nach Süßem. Die Verträglichkeit ist ausgezeichnet, selbst bei Menschen mit einem empfindlichen Magen-Darm-Trakt.

Dr. Norman Walker, ein berühmter amerikanischer Rohköstler und Erfinder der Saftmaschine, wurde 114 Jahre alt. Sein Geheimnis: Viele Rohkost-Salate aus Blattgemüse mit etwas geschlagener Sahne und frischem Gemüsesaft. Gelegentlich hat er auch etwas Hüttenkäse gegessen. Fleisch mied er ganz.

Auch der Ayurveda empfiehlt das Essen von geschlagener Sahne und Ghee-Butter anstelle von Pflanzenöl sowie Honig und Zimt als eine Art Lubrikationsmittel für den Darmtrakt. Durch das Butterfett werden die Darmwände „geschmiert“ und der Gallenfluss angeregt. Kalt gepresstes Kokosmus oder -öl fördert die Nährstoffaufnahme, hemmt Entzündungen im Darm und hilft, die Darmschleimhaut zu regenerieren.

Zutaten:

Mixerbehälter halb voll mit Wildkräutern (Giersch, Brennnesseln, weißer Gänsefuß, Gänseblümchen etc.) oder Petersilie, Spinatblättern, Mangold, Rucola füllen.

1 Tasse Reismilch
1 Esslöffel Zimt
1 Stück Ingwer, ½ daumengroß
Saft einer Zitrone
1 Esslöffel Stevia-Süßblattkonzentrat
1 Esslöffel Bienenpollen
½ Tasse Cashewkerne
1 Tasse gefrorene oder frische Himbeeren

Alle Zutaten pürieren.

½ Tasse Sahne schlagen, mit etwas Stevia oder Agavendicksaft süßen. Eine Prise Vanille-Pulver kann hinzugegeben werden. Den Cocktail zusammen mit der Sahne oder alternativ Bio-Kokosmus (siehe Bezugsquelle) essen.

Ernährungsprinzip:

Sahne ist von ihrer Wirkung her hochwertiger als Olivenöl. Bio-Sahne enthält Vitamin A und D sowie einen „Mineralaktivator", welcher die Aufnahme von organischen Mineralien steigert. Dieser Mineralaktivator wurde von Dr. Weston Price nur in gesättigtem tierischem Fett (Butter, Sahne, Fisch etc.) entdeckt. Ohne diesen Aktivator würden viele Mineralien verloren gehen. Diese leidvolle Erfahrung haben einige Veganer schon gemacht, die auf Tierprodukte ganz verzichtet haben. Oft verlieren sie Zahnsubstanz aufgrund eines Mineraldefizits.

Durch die geschlagene Sahne bekommen die Darmwände eine bessere „Schmierung", als wenn man nur Pflanzenöle benutzen würde. Sahne befeuchtet die Schleimhäute und fördert daher die Assimilation von Mineralien im Darm.

Vielleicht wäre Dr. Walker durch die Verwendung der Wildkräuter-Cocktails noch älter geworden!

3. Wildkräuter-Pudding

Dieser Wildkräuter-Pudding ist ein echter Genuss. Die Wildkräuter werden zusammen mit Kokos-Chips bzw. -raspel, einer Avocado und Himbeeren püriert. Dann kommen Stevia und Bienenpollen hinzu. Hinterher fühlt man sich energievoll und beschwingt. Seine Nährstoff-Fülle ist unübertroffen.

Zutaten:

4 Tassen klein geschnittene Wildkräuter: Brennnesseln, Löwenzahn, Nelkenkraut etc. Auch Petersilie und Rucola können eingesetzt werden, sind aber weniger heilkräftig als die Wildkräuter.
1 Tasse Wasser
½ Avocado
½ Tasse Kokos-Chips bzw. -raspel
2 Esslöffel Bienenpollen (fermentierter oder konventioneller Bienenpollen)
1 Teelöffel Stevia-Flüssigkonzentrat
1 Tasse Himbeeren (gefroren oder frisch)
1 Banane

½ Teelöffel Vanille-Pulver
2 Esslöffel Mikromineralien-Ur-Essenz

Alle Zutaten pürieren und gut gekaut genießen!

Ernährungsprinzip:

In Verbindung mit der Avocado und den Kokos-Chips bzw. -raspel bekommen die Wildkräuter eine cremige Konsistenz. Durch die Zugabe der pflanzlichen Fette werden die Nährstoffe der Wildkräuter vom Darm besser aufgenommen. Die Banane gleicht die Bitterstoffe aus. Durch die Gabe der Mikromineralien entstehen organisch-mineralische Komplexe, die auf den Stoffwechsel sehr belebend wirken.

4. Mango Supreme

Zutaten:

2 Handvoll Spinat oder Gierschblätter
1 Bund Petersilie
2 Blutorangen
1 reife Mango
1 Tasse Wasser

Alle Zutaten pürieren und genießen!

5. Blaubeeren-Aprikosen-Wunder

Zutaten:

1 Bund frische Petersilie
6 Blätter frische Minze
½ Tasse Blaubeeren, frisch oder gefroren
1 Tasse frische Aprikosen
1 Esslöffel eingeweichter Leinsamen
1 Tasse Wasser

Alle Zutaten pürieren und genießen!

6. Nektarinen-Traum

Nektarinen sind herrliche Sommerfrüchte, die sowohl erfrischend als auch kühlend wirken. Ihr Geschmack geht auch nicht verloren, wenn sie zusammen mit grünen Blättern püriert werden.

Zutaten:

4 Nektarinen
4 Handvoll Spinat oder Mangold
½ Bund Petersilie
2 Tassen Wasser
½ Tasse Cashewkerne
½ Teelöffel Vanille

Alle Zutaten pürieren und genießen!

7. Sellerie-Kiwi-Traum

Kiwis gehören zur Familie der Beeren. Sie enthalten viele Antioxidantien, ähnlich wie andere Beeren. Jahrhundertelang wurden sie in China, ihrem Heimatland, sträflich ignoriert, bis ein paar schlaue Menschen aus Neuseeland sie entdeckt haben. Deswegen heißen die Früchte heute „Kiwis".

Kiwis wirken auf den Blutzucker nicht destabilisierend wie viele andere Fruchtsorten. Sie sind auch besser mineralisiert als süße Hybridfrüchte wie Bananen oder Orangen.

Selleriestangen enthalten viel organisches Natrium, das auf die Nerven entspannend wirkt. Tafelsalz enthält anorganisches Natrium, welches der Körper eigentlich nur schwer verstoffwechseln kann. Der Körper braucht in erster Linie organisches Natrium aus Pflanzen!

Kein anderes Gemüse enthält so viel organisches Natrium wie die Selleriestangen. Wenn die Nerven blank liegen, gibt es kein besseres Beruhigungs- oder Schlafmittel.

Zutaten:

4 reife Kiwifrüchte
4 Selleriestangen
½ Tasse Cashewkerne
1 Teelöffel Zimt
2 Tassen Wasser

Alle Zutaten pürieren und genießen!

8. Sago-Pudding

1 Tasse Sago in 2 Tassen Wasser und 2 Tassen Reismilch 5 Minuten kochen und für weitere 15 Minuten quellen lassen.

Mit Vanille, 2 Esslöffeln Mandelmus und Honig abschmecken.

Sago ist erhältlich im Asienladen und oft auch im Supermarkt.

Ernährungsprinzip:

Sago (English: Tapioka) bildet eine schleimige, gelartige Masse, hervorragend als Pudding! Es wirkt ausgleichend bei einer Vata-Störung und enthält kein Gluten-Klebereiweiß. Sago ist besonders leicht zu verdauen.

Andere Gerichte, die bei einer Vata-Störung günstig wirken, sind Okra-Gemüse aus Thailand (Asienladen), Hühnersuppe und eine Gelatine-Götterspeise mit Himbeeren.

9. Wildes Blaumohn-Dessert

Gibt es einen nährstoffhaltigen Nachtisch, den man mit Genuss und ohne Reue essen kann? Das folgende Rezept kann in zwei Minuten gemixt werden. Geschmacklich ist es ein Highlight. Dieser Nachtisch wirkt durch seinen hohen Nährstoffgehalt fast wie Medizin!

Zutaten:

80 g Blaumohnsamen, über Nacht eingeweicht
4 Esslöffel Cashewkerne
½ Teelöffel Vanille-Pulver
½ Tasse Rosinen
1 Bio-Eigelb
Saft einer Zitrone
1 Tasse klein geschnittene Blätter von Brennnessel, Amaranth, Gänsefuß oder anderen nicht bitteren Wildkräutern
½ Tasse Reismilch oder Mandelmilch

Alle Zutaten pürieren. Kann zusammen mit geschlagener Sahne und Beeren gegessen werden. Schmeckt auch hervorragend als Topping zu den Brennnessel-Pfannkuchen (siehe Rezept S. 101).

Ernährungsprinzip:

Blaumohn enthält 20 Prozent Eiweiß und viele hochwertige Nährstoffe wie organisches Kalzium und Zink. Wenn man die Samen über Nacht einweicht, werden die Enzym-Blocker in den Samen neutralisiert. Dadurch kann der Darm die Nährstoffe leichter aufnehmen.

Die Wildkräuter sind Spender von Biophotonen, Enzymen, sekundären Pflanzenstoffen, Bitterstoffen, Folsäure, Magnesium, Kalzium und Chlorophyll. Das rohe Eigelb ist eine zusätzliche Nährstoffbombe, die viel Lezithin, B-Vitamine, Omega-3-Fettsäuren, Vitamin D und Cholin enthält. Diese Nährstoffe kommen vor allem dem Nervensystem zugute. Da das Eigelb nicht erhitzt wird, oxidiert das Cholesterin nicht und kann die Hormonbildung unterstützen. Bei einem gekochten Eigelb ist das nicht der Fall. Deswegen haben die Großmütter früher ein rohes Eigelb empfohlen.

Bereits 50 g Mohnsamen enthalten 1000 mg Kalzium und decken somit den Tagesbedarf an diesem wichtigen Mineral, ohne dass man auf Milchprodukte zurückgreifen muss. Keine anderen Samen enthalten ähnlich viel Kalzium wie Mohnsamen. Sowohl die Rosinen als auch die grünen Blätter verfügen über viel organisches Eisen. Die Zitrone ist ein Spender von Vitamin C und Bioflavonoiden. Dieses Rezept ist eine gelungene Süßspeise, die fast alle benötigten Nährstoffe enthält. Ein Geschmackserlebnis ohne den Einsatz von Zucker!

Tipp:

Um die Enzym-Ausbeute weiter zu erhöhen, kann man die Mohnsamen ankeimen lassen (Dauer: 3 Tage).

10. Grüne Schokoladen-Minze

Zutaten:

2 Bananen
1 Tasse Wasser
20 Minzeblätter
2 Tassen Spinat oder Gierschblätter
½ Tasse Cashewkerne
2 Esslöffel Karob-Pulver (Johannisbrot-Pulver)

Alle Zutaten pürieren und die erfrischende Wirkung genießen!

11. Roher-Kakao-Pudding

Für dieses Dessert brauchen wir rohe Kakaobohnen. Sie enthalten viele Enzyme, Antioxidantien und stimmungsaufhellende Nährstoffe, die zum größten Teil durch Hitzeeinwirkung verloren gehen würden.

Auf Mallorca kann man überall Johannisbrot-Schoten sammeln. Über einen Versand kann man die Schoten bestellen (siehe Bezugsquelle).

Johannisbrot (Karob)-Pulver kann man im Bioladen kaufen, es ist allerdings hitzebehandelt und enthält deswegen weniger Nährstoffe. Laut Bibel hat Johannes der Täufer die Schoten gegessen.

Zutaten:

1 Tasse Karob-Pulver oder 5 Karob-Schoten
10 rohe Kakaobohnen (Fa. Orkos oder Keimling)
Saft und Fleisch einer jungen Kokosnuss (Asienmarkt oder Fa. Orkos).
Alternativ: 1 Tasse Kokosmilch
½ Teelöffel Vanille-Pulver

½ Tasse Cashewkerne
1 Tasse Reis- oder Mandelmilch
6 Datteln

Die Kakaobohnen und die Cashewkerne werden im Standmixer pulverisiert. Die Kokosnuss oder -milch und die anderen Zutaten hinzugeben. Falls nötig noch zusätzliche Reismilch hinzugeben. Es entsteht ein leckerer und heilkräftiger Kakao-Pudding, der begeistern wird. Mit diesem Rezept kann man alle Gelüste nach Milchschokolade überwinden.

Ernährungsprinzip:

Karob-Schoten enthalten viel organisches Kalzium, Kakaobohnen enthalten reichlich Magnesium, das ist eine tolle Ergänzung. Karob-Schoten liefern eine tolle wildwüchsige Energie, die in normaler Schokolade nicht zu finden ist.

12. Schoko-Maroni-Pudding

Esskastanien enthalten ähnlich viele Nährstoffe wie Nüsse, aber ihr Fettanteil beträgt nur ca. 5 Prozent im Gegensatz zu 50 Prozent bei Nüssen. Sie geben viel innere Kraft, lassen seelische Schmerzen heilen und können den Lebensmut stärken – ein Grund, sie öfter zu essen. Esskastanien, im Gegensatz zu Getreide, enthalten weder Gluten noch Phytinsäure und werden, weil sie Früchte sind, vom Körper leicht aufgenommen und optimal verwertet.

Zutaten:

1 Tasse Esskastanien-Pulver (siehe Bezugsquelle)
4 Esslöffel Kakaopulver oder 8 Rohkost-Kakaobohnen (siehe Bezugsquelle)
1 Päckchen Bio-Gelatine
6 Datteln
½ Tasse Kokos-Chips bzw. -raspel
1½ l heißes, gekochtes Wasser

Alle Zutaten mixen, im Kühlschrank gelieren lassen. Es entsteht ein nahrhafter Pudding.

Ernährungsprinzip:

Esskastanien sind mineralisch sehr ausgewogen und spenden viel Energie. Deswegen esse ich sie fast täglich. Bio-Gelatine schenkt Gelenken, Knochen, Haaren und Bindegewebe wichtige Bausteine für die Bildung von kollagenen Fasern. Kokos-Chips bzw. -raspel liefern wichtige Fettsäuren. Datteln sind eine gute Energiequelle. Ein Dessert, das dem Körper viel Kraft und Nährstoffe spendet und auch hervorragend schmeckt.

13. Chia-Karob-Schokopudding

Meine große Schwäche galt schon immer der Schokolade. Früher stand ich auf Milchschokolade, dann wechselte ich auf Bitter. Auf Mallorca entdeckte ich Johannisbrot. Überall hingen die langen schwarzen Schoten an den Bäumen vor unserer Ferienwohnung. Wollte die Natur mir etwas sagen? Johannisbrot statt Schoko? Während der letzten zehn Jahre habe ich gelernt, auf die Natur zu hören. Also fing ich an, mit den Johannisbrot-Schoten zu experimentieren.

Berühmt wurde Johannisbrot durch Johannes den Täufer, der angeblich von Wildkräutern, Johannisbrot und wildem Honig gelebt hat – der Ur-Veganer schlechthin.

Zu der Zeit hatte ich auch Chia-Samen, einen der nährstoffreichsten Samen, der auf unserer Erde wächst, entdeckt. Die kleinen Samen setzen enorm viel Energie frei und sind das Kraftfutter der mexikanischen Langläufer – die ideale Sportlernahrung. Warum vor einer Mountainbike-Tour mit Nudeln auftanken, wenn es Chia-Samen gibt?

Weicht man die Chia-Samen mit 8 Teilen Wasser ein, entsteht innerhalb weniger Minuten ein dicker, breiartiger Pudding. Man kann die Samen auch über Nacht einweichen.

Warum Schokolade essen, wenn man diesen Pudding mixen kann? Lauter gesunde Zutaten bilden die Grundlage für dieses Rezept. Schoko ohne schlechtes Gewissen!

Zutaten:

4 Esslöffel Chia-Samen (siehe Bezugsquelle)
2 Tassen Mandelmilch
½ Tasse Datteln
4 Esslöffel Karob-Pulver (Bioladen) oder 2 Johannisbrot-Schoten aus Mallorca (Orkos)
2 Esslöffel rohes (oder normales) Kakaopulver oder gemahlene Kakaobohnen
½ Teelöffel Vanille
½ Tasse Cashewkerne

Superfood-Option:

1 Esslöffel Lucuma-Pulver (siehe Bezugsquelle)
½ Esslöffel Maca-Pulver (siehe Bezugsquelle)

Alle Zutaten mixen und genießen!

Ernährungsprinzip:

Chia-Samen enthalten wertvolle Schleimstoffe, die in der Lage sind, eine Vata-Störung zu neutralisieren. Die aufgequollenen Samen beruhigen den Darm. Ihre Omega-3-Fettsäuren können mit Leinsamen konkurrieren. Ferner enthalten die Samen dreimal mehr Antioxidantien als Blaubeeren, 15-mal mehr Magnesium als Brokkoli und dreimal mehr Eisen als Spinat. Das sind überragende Werte!

Johannisbrot birgt die Essenz eines großen Kraftbaums, welcher in der gesamten Mittelmeer-Region beheimatet ist. Die Schoten sind ein wahrer Biophotonen-Lichtspeicher, ähnlich wie die Lichtwurzel. Sie liefern sehr viel organisches Kalzium. Die Schoten enthalten die Vitamine A, B1, B2, B3 und D sowie Zink.

Roher Kakao ist ein phantastischer Magnesium-Spender, einer der Gründe dafür, warum Schoko so beliebt ist. Zusammen mit Johannisbrot entsteht eine unschlagbare Magnesium-Kalzium-Kombination. Roher Kakao weist eine hohe Konzentration an Glücksmolekülen auf, die die Stimmung heben.

Nach Geschmack kann man Lucuma und Maca hinzufügen – südamerikanische Superfood-Zutaten, die dem Pudding eine interessante geschmackliche Note geben. Sie sind beide sehr nährstoffhaltig. In Peru verwendeten die

Ureinwohner die geschmacklich an Karamell erinnernde Lucuma-Frucht als Zugabe zu ihren Süßspeisen. Auch Maca, gewonnen aus einer Wurzel, war ein Kraftmittel und Aphrodisiakum der Indianer.

Die Nährstofffülle dieses Puddings ist so groß, dass ich kaum mehr als eine halbe Tasse essen kann. Die Kombination aus Chia-Samen, rohen Kakaobohnen und Johannisbrot wirkt auch gegen eine innere Vata-Störung hervorragend. Hinterher fühlt man sich sofort ruhiger und ausgeglichener, der Stress löst sich auf.

14. Enzym-Kakao-Nutella

Warum Nutella kaufen, wenn es dieses heilkräftige Rezept gibt, das sogar besser schmeckt?

Variante 1:

Zutaten:

6 rohe Kakaobohnen oder 3 Esslöffel Kakaopulver
2 Esslöffel Karob-Pulver (Johannisbrot)
½ Tasse gekeimte Sonnenblumenkerne
1 Esslöffel Stevia-Süßblatt-Konzentrat oder 2 Esslöffel Agavendicksaft
½ Teelöffel Vanille-Pulver
1 Tasse Reis- oder Mandelmilch
½ Tasse Cashewkerne

Alle Zutaten in einem Minimixer pürieren.

Ernährungsprinzip:

Die Kakaobohnen enthalten viel Magnesium, Karob verfügt über reichlich Kalzium – die perfekte Ergänzung.

Variante 2:

Bei dieser Variante kommt der Quinoa-Quark zur Geltung (siehe Rezept S. 112).

Zutaten:

½ Tasse Quinoa-Quark
10 rohe Kakaobohnen (siehe Bezugsquelle)
½ Tasse eingeweichter Leinsamen
½ Teelöffel Vanille-Pulver
1 Tasse Reismilch
½ Tasse Cashewkerne
¼ Tasse Karob-Pulver (Bioladen)
6 Datteln
1 Teelöffel Stevia-Konzentrat

Alle Zutaten werden in einem Mixer püriert.

Ernährungsprinzip:

Quinoa-Quark ist ein großer Lieferant für Enzyme und andere heilkräftige Nährstoffe. Karob-Pulver (Johannisbrot) enthält viel Kalzium; Kakaobohnen und Leinsamen liefern reichlich Magnesium. Statt Zucker werden Datteln eingesetzt.

Eiscreme

1. Grünes Bananen-Sorbet

Zutaten:

2 Handvoll Vogelmiere, Giersch, weißer Gänsefuß oder anderes mildes Wildkraut
1 gefrorene Banane
2 Tassen gefrorene Blaubeeren oder Himbeeren
⅔ Tasse Cashewkerne
1 Tasse Reis- oder Mandelmilch
½ Teelöffel Vanille-Konzentrat
2 Esslöffel Agavendicksaft
6 Datteln

Alles pürieren und genießen.

Tipp:

Ich friere überreife Bananen ein und mixe sie zusammen mit Cashewkernen, um die Grundlage für dieses Sorbet zu schaffen. Die überreifen Bananen kaufe ich zum halben Preis im Bioladen. Pürierte Cashewkerne entfalten einen angenehm sahnigen Geschmack und ersetzen normale Sahne.

Als Süßungsmittel verwende ich entweder flüssiges Stevia-Süßblatt-Konzentrat (keine Kalorien!) oder Agavendicksaft.

2. Cashew-Eiscreme

Dieses Eis-Dessert ist mindestens so schmackhaft wie echtes Vanille-Eis! Klingt unglaublich, aber es ist wahr. Überzeugen Sie sich selbst!

Zutaten:

1 Tasse Cashew-Kerne
2 gefrorene Bananen oder 2 Tassen gefrorene Himbeeren
½ Teelöffel Vanille-Konzentrat
1 Tasse Reis- oder Mandelmilch
½ Tasse Kokos-Chips bzw. Kokosraspel
4 Datteln

In einem Mixer pürieren und ohne schlechtes Gewissen und Schleimbildung genießen!

Ernährungsprinzip:

Mit diesem Rezept ist es mir gelungen, meinen 83-jährigen Vater von herkömmlichem Eis wegzulocken. Hätte er herkömmliches Eis weitergegessen, wäre ein Schlaganfall so gut wie sicher gewesen.

3. Bauern-Rohmilch-Eis

Zwischendurch esse ich gerne etwas Eis. Dieses Rezept ist kalorienarm und schmeckt genauso gut wie herkömmliches Eis. Durch die Verwendung von nicht pasteurisierter Milch von Kühen, die Wildkräuter fressen, kann es sogar heilkräftig sein!

Zutaten:

2 Tassen Roh- oder Vorzugsmilch (Bio-Bauer, Bioladen, Reformhaus)
1 Tasse gefrorene Himbeeren
1 gefrorene Banane
1 Prise Vanille-Pulver oder 3 bis 4 Tropfen Vanille-Konzentrat
4 Datteln oder 1 Teelöffel Stevia-Süßblattkonzentrat

Alle Zutaten pürieren und genießen!

Ernährungsprinzip:

Rohmilch von glücklichen Kühen ist laut Ayurveda ein Lebenselixier. Wenn die Milch bei der Pasteurisierung erhitzt wird, gehen viele Nährstoffe und alle Enzyme verloren. Dadurch können im Körper Schlacken entstehen und die Schleimbildung wird angeregt.

Normalerweise führt Rohmilch zu keiner Schleimbildung, weil sie eine Fülle von Enzymen enthält. Stevia bzw. Datteln ersetzen den Zucker. Keine Konservierungsstoffe werden den Körper belasten.

4. Kokosnuss-Eis

Mit einem leistungsstarken Mixer kann man dieses Eis-Rezept schnell zubereiten.

Zutaten:

2 gefrorene Bananen (z. B. überreife Bio-Bananen)
2 Tassen Kokosmilch
½ Tasse Cashewkerne
1 Teelöffel Vanille-Pulver oder -Konzentrat

Alle Zutaten werden im Mixer gemixt. Eine tolle und schmackhafte Alternative zu herkömmlichem Eis.

5. Brennnessel-Eiscreme

Dieses Rezept wird nur mit einem Industrie-Mixer gelingen: Man braucht nämlich einen Stößel, der beim Vitamix, Revoblend oder Power Smoother (siehe Bezugsquellen) mitgeliefert wird. Dieser Stab wird während des Mixens gebraucht, um die Zutaten in die Richtung der rotierenden Messer zu drücken. Ohne ihn bräuchte man sonst eine Eismaschine.

Ein Industrie-Mixer mit Stößel kann eine Eismaschine ersetzen! Das eröffnet fantastische Möglichkeiten bei der Herstellung von Speiseeis. Ich wollte etwas vollkommen Exotisches machen, nämlich Eis aus Brennnesseln kreieren. Die Brennnessel, wie meine Leser wissen, ist meine Lieblings-Wildpflanze. Eis aus Brennnesseln? Warum nicht? Schließlich kann man aus Brennnesseln fast alles anfertigen, sogar Kleider, wie es die Deutschen im I. Weltkrieg gemacht haben. Warum also nicht Eis?

Dieses Eisgericht schmeckt wirklich sehr erfrischend und ist fast auf Gourmet-Niveau. Der schmackhafte Weg, um mehr Brennnesseln zu verzehren – ohne Milcheiweiß und viel Fett!

Zutaten:

1 Esslöffel Vanille-Pulver
1 Esslöffel Stevia-Pulver oder 4 Esslöffel Agavendicksaft (bitte abschmecken)

½ Mixerbehälter mit Brennnesselblättern gefüllt
3 reife Bananen
1 Tasse getrocknete Mangostreifen, ca. 20 Stück (beste Qualität von Keimling oder Orkos)
1 Tasse gefrorene Himbeeren
½ Tasse geschälte Hanfsamen oder Cashewkerne
4 Tassen Eiswürfel (oder mehr, je nach gewünschter Konsistenz)
¼ Tasse Mandel- oder Reismilch

Alle Zutaten werden mithilfe des Mix-Stabs in Richtung rotierende Messer gedrückt, bis ein sämig pürierter Eis-Mix entsteht.

Ernährungsprinzip:

Geschälte Hanfsamen enthalten ca. 30 Prozent vollwertiges Eiweiß und Omega-3-Fettsäuren, eine Wohltat für jeden Vitalköstler. Hanf verfügt über eine wildwüchsige Energie, ähnlich wie die Brennnessel. Für uns domestizierte Menschen genau der richtige Nährstoff-Mix, den wir brauchen.

Kein anderes Eisrezept enthält eine ähnliche Fülle an Biophotonen, Chlorophyll und sekundären Pflanzenstoffen, die aus den frischen Brennnesselblättern stammen. Die schmackhafte Art und Weise, Brennnesseln und Hanfsamen zu verzehren! Ein Tipp: Laut Ayurveda sollte man Eis am besten mit warmen Getränken wie Tee oder dem Kakao-Tonikum trinken – so wird der Magen keinen Kälteschock erleiden!

Wo bekomme ich meine Brennnesseln im Winter? Da kann ich eine Auszeit auf Mallorca empfehlen. Mit dem Fahrrad unterwegs werden Sie garantiert auf Brennnesseln wie auch andere Wildkräuter stoßen.

6. Topinambur-Eiscreme

Um dieses Eis herzustellen, braucht man einen Industrie-Mixer mit Stößel.

Topinambur ist eine heilkräftige Knolle, laut Edgar Cayce eine Wohltat für die Bauchspeicheldrüse. Der regelmäßige Verzehr mindert ein übermäßiges Verlangen nach Süßigkeiten.

Topinambur liefert nur 109 Kalorien pro 100 Gramm Knolle, etwa halb so viel wie die Kartoffel. Es enthält Inulin, ein Kohlenhydrat, welches vom Körper nicht resorbiert wird, aber gute Nahrung für die Darmflora bietet. Fazit: Mit Inulin wird der Blutzucker- und Insulinhaushalt nicht belastet, optimal für Diabetiker und zum Abnehmen!

Zutaten:

2 Knollen Topinambur
¼ Tasse Buchweizen, am besten getrocknete Sprossen, die auch im Bioladen erhältlich sind
¼ Tasse Mandel- oder Reismilch
1 Teelöffel Vanille-Pulver
1 Teelöffel Stevia-Konzentrat
4 Bananen
4 Tassen Eiswürfel (oder mehr)

Mithilfe des Stößels werden die Zutaten in Richtung der rotierenden Messer gedrückt, bis eine homogene und cremige Masse entsteht. Es werden so viele Eiswürfel verwendet, bis die richtige Eiskonsistenz entsteht.

Ernährungsprinzip:

Endlich ein veganes Eis ohne chemische Zutaten zu einem erschwinglichen Preis! Das Topinambur hole ich aus meinem Garten, wo es sich ähnlich schnell vermehrt wie die Kaninchen. Oder man bestellt es von Orkos. Topinambur stabilisiert den Blutzucker und ist deswegen gerade für Diabetiker das Heilmittel Nummer eins. Es ist eine tolle Unterstützung für Menschen, die abnehmen wollen.

Die Buchweizen-Sprossen sind enzymhaltig und glutenfrei.

Dieses heilkräftige Eis kann man mit gutem Gewissen essen.

Kuchen

1. Einkorn-Sprossen-Kuchen

Ein Stück Kuchen als Medizin? Kann es so etwas geben? Mit dem richtigen Nährstoff-Mix in jedem Fall. Um die Enzyme der Sprossen zu erhalten, wird dieser Rohkost-Sprossenkuchen nicht gebacken.

Kuchenboden:

1 Tasse Einkorn-Getreide zwei Tage lang sprießen lassen
1 Tasse Sonnenblumenkerne zwei Tage lang sprießen lassen
3 Esslöffel Maca-Pulver, ein südamerikanisches Stärkungs- und Gewürzmittel (siehe Bezugsquelle)
1 Tasse Feigen

Alle Zutaten werden durch einen Fleischwolf gedreht und als Kuchenboden festgedrückt.

Belag:

1 Tasse Kokosmehl (Bioladen oder siehe Bezugsquelle)
1 Tasse gefrorene Himbeeren, aufgetaut
1 Tasse Cashewkerne
1 Tasse Datteln
1 Teelöffel Vanille-Pulver

Alle Zutaten werden in einem Fleischwolf oder im Greenstar püriert und als Belag verwendet.

Ernährungsprinzip:

Die Samensprossen enthalten reichlich vitale Enzyme und andere Nährstoffe. Tierexperimente von Dr. Hayes haben gezeigt, dass eine enzymhaltige Ernährungsweise die Lebenserwartung von Tieren verdoppeln kann. Die gekeimten Sonnenblumenkerne enthalten reichlich Vitamin E, die Feigen verfügen über eine hohe Konzentration an organischem Kalzium, mehr als andere Fruchtsorten.

Durch die große Fülle an Nährstoffen hat dieser Kuchen einen überragenden Sättigungseffekt. Er ist bei meinen Seminaren immer ein Hit!

2. Rohkost-Apfelkuchen

Zutaten Kuchenboden:

½ Tasse gekeimte Quinoa-Samen (über Nacht einweichen, am nächsten Tag sind die Samen bereits gekeimt)
1 Tasse über Nacht eingeweichte Sonnenblumenkerne
6 Trockenfeigen
1 Esslöffel Zimt

Alle Zutaten in einem Fleischwolf oder Mixer pürieren. Etwas Leinsamenmehl (ganzen Leinsamen frisch in einem Minimixer zermahlen) kann hinzugefügt werden, bis die gewünschte Konsistenz des Kuchenbodens erreicht wird.

Füllung:

6 Äpfel entkernen und in kleine Stücke schneiden
½ Tasse Datteln
1 Esslöffel Zimt
½ Teelöffel Anis
½ Teelöffel Nelkenpulver
½ Tasse eingeweichte Cashewkerne
½ Tasse Kokosmilch
½ Teelöffel Ingwer-Pulver oder 2 Ingwerwurzel-Scheiben
Saft einer ½ Zitrone

Die Zutaten entweder in einem Mixer oder einem Fleischwolf pürieren und über den Kuchenboden gießen. Zudecken und im Kühlschrank kalt stellen.

Ernährungsprinzip:

Ohne Hitze wird ein Kuchen entstehen, der sehr nährstoff- und enzymhaltig ist.

3. Roher Apfelstrudel

Sie haben im Garten einen Apfelbaum und wissen nicht wohin mit den vielen Äpfeln? Hier ist eine geniale Lösung: die Äpfel inklusive Kerne klein schneiden, in einem Mixer mit Wasser pürieren und auf Backpapier ausbreiten. Im Dörrgerät über Nacht bei 40 °C trocknen lassen. Am nächsten Tag entsteht eine Art Tortilla aus Äpfeln, auf Englisch wird das als „Wrap“ bezeichnet. Mit dem Wrap wird der Apfelstrudel „eingekleidet“.

Herstellung des Apfel-Wrap:

Mixerbehälter mit klein geschnittenen Äpfeln füllen, anschließend mit Wasser ⅓ auffüllen, danach auf Backpapier im Dörrgerat dünn ausbreiten und bei 40 °C für ca. 12 Stunden trocknen lassen.

Füllung:

4 Äpfel, geviertelt
⅓ Tasse Rosinen oder Datteln
Saft einer Zitrone
1 Esslöffel Zimt
4 Esslöffel Mandelmus

In einem Mixer oder einer Küchenmaschine wird die Apfel-Füllung klein gehackt, aber nicht püriert. Die Wraps werden damit gefüllt, ähnlich wie bei Sushi.

Ernährungsprinzip:

Warum die Äpfel im Garten vergammeln lassen, wenn man mehrere „Wraps“ für den Winter herstellen kann? So lassen sich die Äpfel länger haltbar machen. Im Herbst hole ich mir körbeweise Fallobst-Äpfel von verwilderten Bäumen am Starnberger See. Weil diese nicht gedüngt wurden, verfügen sie über einen hohen Nährstoffgehalt. Mit Bio-Äpfeln kann man die Wraps natürlich auch herstellen.

Auch ohne Füllung sind die Wraps sehr schmackhaft und delikat. Sie schmecken süß-säuerlich, der perfekte Snack für die Vata-Typen. Und sie halten einem die Ärzte vom Leib: „An apple a day keeps the doctor away", wie ein englisches Sprichwort heißt.

4. Anne-Maries Tiroler Apfelkuchen

Im Urlaub meiden meine Frau und ich normalerweise Hotels und Gastronomie. Wir ziehen Ferienwohnungen vor, wo wir unsere Nahrung selbst zubereiten können.

Umso größer war unser Erstaunen, als wir ein Hotel in Kirchberg, Tirol, nur sechs Kilometer von Kitzbühel entfernt kennenlernten, welches Wildkräuter- und Vitalkost-Gerichte vom Feinsten anbietet.

Die Wirtsleute Anni und Christoph Zwerger sind von der Kraft ihrer heimischen Wildkräuter überzeugt und verarbeiten sie liebevoll nach schmackhaften Gourmet-Rezepten. Ihre moderaten Preise machen einen Aufenthalt in ihrem Hotel auch für Familien erschwinglich.

Unsere Tochter kam ebenfalls auf ihre Kosten, da es auf der Karte auch italienische Gerichte wie Pizza und Pasta gab.

In Erinnerung ist Annis leckerer Rohkost-Apfelkuchen geblieben. Ein gebackener Kuchen kann mit diesem tollen Rezept nicht mithalten!

Zutaten Kuchenboden:

1 Tasse Rosinen
1 Tasse entsteinte Datteln
1 Tasse eingeweichte Haselnüsse
1 Tasse eingeweichte Mandeln

Die Zutaten werden mittels Fleischwolf, Küchenmaschine oder Greenstar zu einer cremigen Masse verarbeitet. Mit diesem Kuchenboden wird ein Blech belegt.

Alternativer Kuchenboden mit Brennnesseln:

2 große Handvoll Brennnesselblätter
1 Tasse getrocknete Buchweizensprossen (auch im Bioladen zu kaufen); man kann auch ungekeimten Buchweizen verwenden, wenn keine Sprossen zur Hand sind
½ Tasse Leinsamen, über Nacht eingeweicht
½ Teelöffel Meersalz
3 Tassen Reis- oder Mandelmilch

Die Zutaten mixen und den Teig eventuell mit etwas Buchweizen- oder Esskastanienmehl eindicken oder mit mehr Reismilch verdünnen.

Zutaten Apfelbelag:

4 große saure Äpfel werden fein geraspelt und auf die Seite gelegt, sie werden später mit der Apfelcreme vermischt. Für diese werden 3 Äpfel zusammen mit 2 Esslöffeln Mandelmus, 2 Esslöffeln Goldleinsamen und 1 Esslöffel Zitronensaft im Mixer cremig gemixt. Am besten verwendet man eingeweichten Leinsamen.

Die geraspelten Äpfel werden nun mit der Apfelcreme verrührt und über den Kuchenboden verteilt.

Ernährungsprinzip:

Äpfel enthalten lösliche Ballaststoffe wie Pektin, die für ein angenehmes Darmmilieu sorgen. Pektin hat die Eigenschaft, Toxine und Säuren zu binden, damit sie im Darm kein Unheil stiften.

Laut Edgar Cayce kann der tägliche Verzehr von mindestens drei Mandeln der Entstehung von Krebs vorbeugen.

Brennnesseln verfügen über exzellente Backeigenschaften. Auch „gebacken“ sind sie ein exzellenter Spender von Vitalstoffen, die unser Körper so dringend braucht.

Dieser Kuchen enthält keinen Zucker außer natürlichen Fruchtzucker. Welche Konditorei kann hier mithalten?

5. Krishna-Käsekuchen

Dieser Kuchen ist so leicht zu machen, er muss nur etwas gemixt und dann kalt gestellt werden. Eine Anhängerin der „Hare Krishnas" nannte ihn „Krishna-Kuchen", weil er ihr so gut geschmeckt hat.

Kuchenboden:

In einem Fleischwolf, Mixer oder im Greenstar folgende Zutaten mixen und den Boden damit bilden:

1 Tasse eingeweichte (2 Std.) Paranüsse
1 Tasse eingeweichte (2 Std.) Walnüsse
1 Tasse Erdmandelflocken bzw. -mehl (nach Geschmack) oder Nüsse
1 Tasse Datteln

Belag:

1½ Tassen Kokosmehl (Bioladen oder siehe Bezugsquelle)
1 Tasse Cashewkerne
1 Tasse Erdmandelflocken bzw. -mehl (Bioladen)
1 Liter Reismilch oder Kokosmilch
Saft einer Zitrone
1 Teelöffel Vanille
½ Tasse Agavendicksaft oder 5 Esslöffel Stevia-Konzentrat
2 Päckchen Bio-Gelatine, aufgelöst in einer Tasse heißem Wasser

Alle Zutaten werden in einem Mixer püriert. Die Mischung wird über den Kuchenboden gegossen und im Kühlschrank über Nacht kühl gestellt. Am nächsten Tag ist der Käsekuchen fertig.

Ernährungsprinzip:

Paranüsse enthalten sehr viel Selen und wertvolle Omega-3-Fettsäuren. Bereits eine Nuss deckt den Tagesbedarf an Selen. Unglaublich! Selen ist für die Schilddrüse sehr wichtig und kann sogar vor Krebserkrankungen schützen.

Erdmandelflocken bzw. -mehl schmecken nicht nur hervorragend, sie enthalten auch viele Ballaststoffe und Omega-3-Fettsäuren. Kokosmehl weist mittelkettige Fettsäuren auf, die für den Stoffwechsel sehr wertvoll und leicht verdaulich sind.

6. Irinas Schoko-Rohkost-Kuchen

Dieser Kuchen war bei unseren Seminaren und Wildkräuter-Wanderungen ebenfalls ein großer Erfolg. Jedes Mal wurde ich um dieses Geheimrezept angebettelt. Nun hat meine Frau die Zutaten endlich aufgeschrieben. Mit einem entsprechenden Mixer funktioniert die Zubereitung sehr schnell, die Zutaten müssen allerdings bestellt werden.

Zutaten Kuchenboden:

250 g Walnüsse oder Paranüsse
4 Esslöffel Agavendicksaft

Die Nüsse werden in einem Mixer fein gemahlen oder mit dem Agavendicksaft zusammengemixt. Die Masse wird dann in eine gefettete Springform als Kuchenboden hineingedrückt.

Zutaten Belag:

250 g Cashewkerne
120 bis 180 g rohe Kakaobutter
30 g rohe Kakao-Nibs (zerkleinerte rohe Kakaobohnen)
1 Esslöffel Mesquite-Pulver (siehe Bezugsquelle)
1 Esslöffel Lucuma-Pulver (siehe Bezugsquelle)
30 g rohes Kakaopulver
1 Teelöffel Vanille-Pulver
10 Esslöffel Agavendicksaft (je nach Geschmack)
450 ml Reismilch
1 Beutel Bio-Gelatine vom Bioladen in ¾ Tasse Wasser auflösen und dann heiß machen (bitte nicht kochen)
5 Esslöffel Karamellsirup der Firma Gepa hinzugeben

Alle Zutaten, bis auf die Gelatine, in einem Mixer fein mixen bzw. pürieren. Ganz zum Schluss rührt man die Gelatinemischung hinein. Die Masse wird dann über den Kuchenboden verteilt.

Der Kuchen kommt in den Kühlschrank, bis er eine feste Konsistenz erhält. Er kann auch tiefgefroren werden, vorher bitte die Kuchenstücke einzeln portionieren.

Ernährungsprinzip:

Kakaobohnen enthalten extrem viele Antioxidantien, vor allem wenn sie in rohem Zustand verzehrt werden. Damit werden freie Radikale, Ursache für viele chronische Krankheiten, neutralisiert.

Ein Forscher der Harvard-Universität konnte bei Indianerstämmen aus Zentralamerika feststellen, dass sie von degenerativen Krankheiten kaum heimgesucht wurden. Er führte das auf den regelmäßigen Konsum der heimischen und rohen Kakaobohnen zurück.

Süßes Gebäck und Knabbereien

1. Müsli-Plätzchen

Diese Plätzchen enthalten keinen Zucker und sind der perfekte Ersatz für Schokolade und Müsli-Riegel. Solche Industrieprodukte sollte man lieber meiden.

Beim Wandern oder Radeln sind die Plätzchen das perfekte Stärkungsmittel und Ersatz für die teuren Sportriegel.

Zutaten:

⅔ Tasse Buchweizen, über Nacht eingeweicht
⅔ Tasse Leinsamen, über Nacht eingeweicht
½ Teelöffel Piment
1 Teelöffel Zimt
⅔ Tasse Rosinen
½ Tasse Sonnenblumenkerne, über Nacht eingeweicht
5 Trockenfeigen
4 Esslöffel Butter
1 Esslöffel Maca-Pulver (nach Geschmack)
2 Tassen Reis- oder Mandelmilch

Alle Zutaten bis auf die ½ Tasse eingeweichter Leinsamen und die Rosinen pürieren. Zum Schluss den restlichen Leinsamen und die Rosinen in den Teig einrühren. Auf Backpapier verteilen und bei 40 °C für ca. 12 Stunden trocknen, am nächsten Morgen die Plätzchen wenden und für weitere 6 Stunden trocknen lassen.

Ernährungsprinzip:

Mit diesen Plätzchen werden Sie nie wieder gegen Stuhlverstopfung kämpfen müssen. Der Leinsamen und die Feigen wirken leicht abführend. Die Plätzchen beschleunigen die Passagezeit im Darm und helfen beim Abnehmen. Maca ist ein Stärkungsmittel und gilt in Südamerika auch als Potenzmittel. Es wird hier als Gewürz eingesetzt (siehe Bezugsquelle).

2. Sprossen-Cookies

Zutaten:

½ Tasse gekeimte Buchweizen-Körner
½ Tasse Kastanien-Pulver (siehe Bezugsquelle)
½ Tasse geschälte Hanfsamen
½ Tasse Kokos-Chips bzw. -raspel
½ Tasse eingeweichter Leinsamen
1 Tasse Bio-Reismilch (Bioladen oder Drogeriemarkt)
¼ Tasse Kakaopulver
1 Teelöffel Zimt
½ Teelöffel Muskat
½ Teelöffel Salz
1 Tasse Datteln
½ Tasse getrocknete Aprikosen

Alle Zutaten bis auf den eingeweichten Leinsamen in einem Standmixer pürieren. Zum Schluss den Leinsamen hinzugeben. In einem Dörrgerät über Nacht bei 40 °C trocknen.

Ernährungsprinzip:

Die Sprossen liefern große Mengen Enzyme. Die Hanfsamen schmecken nicht nur ausgezeichnet, sie enthalten auch viel Eiweiß und hochwertige Omega-3-Fettsäuren. Kastanien-Pulver liefert ähnlich viele Nährstoffe wie Nüsse bei einem sehr niedrigen Fettgehalt von nur ca. 5 Prozent. Nüsse enthalten zwischen 50 und 70 Prozent Fett.

3. Beeren-Plätzchen

Zutaten:

4 Äpfel
3 Karotten
2 Tassen gekeimte Quinoa-Samen (über Nacht einweichen)
1 Tasse über Nacht eingeweichte Sonnenblumenkerne
1 Tasse über Nacht eingeweichte Sesamsamen
1 Tasse eingeweichte Walnüsse, klein geschnitten
2 Tassen gefrorene Blaubeeren oder Himbeeren

½ Teelöffel Ayurveda-Steinsalz oder Meersalz
1 Esslöffel Stevia-Süßblatt-Pulver (Süßungsmittel)
1 Tasse getrocknete und klein geschnittene Apfelstücke oder Rosinen
1 Tasse Kokosraspeln oder -flocken
½ Tasse Kokosmilch
(kann aus der Dose oder frisch von einer Kokosnuss stammen)
1 Esslöffel Lebkuchengewürz oder Zimtpulver
½ Teelöffel Vanille
Leinsamenmehl: So viel hinzufügen, bis die gewünschte Konsistenz erreicht ist

Kleine Bällchen werden geformt und auf Backpapier platziert (dabei am Rand der Dörrgitter mindestens 2 cm freilassen, damit die Luft zirkulieren kann).

In einem Dörrgerät ca. 8 Stunden bei ca. 40 °C trocknen.

4. Sprossen-Halvah

Den Sesamgeschmack von Halvah oder türkischem Honig liebe ich besonders. Welch eine Freude zu wissen, dass der Sprießvorgang viele heilkräftige Schwingungen und Nährstoffe freisetzt.

Die Sesamsamen werden über Nacht eingeweicht, am nächsten oder spätestens am 2. Tag nochmals mit Wasser gespült und in einem Dörrgerät für 6 Stunden getrocknet bzw. bei niedriger Temperatur von 40 °C „geröstet". Damit entwickeln sie eine interessante geschmackliche Note. Die getrockneten Sprossen werden dann in einem Mini-Standmixer (Personal Blender) zu Mehl vermahlen.

Das Sesammehl wird mit vier Esslöffeln Agavendicksaft oder Honig und einer Prise Salz püriert. In eine Form gießen und genießen!

Milch

1. Quinoaquark-Milch

Zutaten:

1 Tasse Quinoa-Quark
2 Tassen Reis- oder Mandelmilch
½ Teelöffel Vanille
5 Datteln
½ Tasse Kokos-Chips bzw. -raspel

Die Zutaten werden im Mixer püriert und können sehr gut mit dem Buchweizensprossen-Müsli (siehe Rezept S. 110) serviert werden.

2. Nuss- oder Samenmilch

Es muss nicht immer Kuhmilch sein. Man kann aus eingeweichten Samen und Nüssen einen wunderbaren Milchersatz herstellen.

Sesamsamen und Nüsse wie Paranüsse oder Mandeln werden über Nacht eingeweicht und dann in einem Mixer mit Wasser im Verhältnis 1:2 püriert. Für einen süßen Geschmack kann man Datteln oder Stevia hinzugeben. Die Milch wird durch ein Sieb gegossen. Etwas Vanille kann hinzugefügt werden.

Ernährungsprinzip:

Eingeweichte oder gekeimte Samen und Nüsse enthalten Enzyme und 300 bis 400 Prozent mehr Vitamine, als wenn sie nicht gekeimt sind. Die Sprossen enthalten Biophotonen und Mineralien in kolloidaler Form, die für die Assimilation im Darm sehr vorteilhaft ist.

Sesammilch ist eine wunderbare Kalzium- und Zink-Quelle. Sie verschlackt und verschleimt nicht wie Kuhmilch. Laut Ayurveda unterstützen Sesamsamen auch das Haarwachstum. Eingeweichte und anschließend getrocknete Nüsse schmecken nicht nur besser, sie werden auch leichter verdaut.

3. Erdmandel-Milch

Eine hervorragende Milch kann man aus Erdmandeln herstellen. Erdmandeln werden in Spanien und auch in Ägypten angebaut. In Spanien kann man Milchshakes aus Erdmandeln trinken.

Die eigentlich steinharten Erdmandeln werden 1 bis 3 Tage eingeweicht, bevor sie zusammen mit Wasser püriert werden. Um einen Vorrat anzulegen, lasse ich die eingeweichten Erdmandeln in einem Dörrgerät oder in der Sonne trocknen. Ich kann sie dann wie Nüsse essen oder für die Zubereitung der Milch verwenden. Inzwischen gibt es auch verzehrfertige Erdmandeln im Handel (Fa. Erdmarie, siehe Bezugsquelle).

Zutaten:

2 Tassen eingeweichte Erdmandeln
1 Tasse Wasser

Die Zutaten mixen und durch ein Sieb gießen. Die Milch schmeckt herrlich erfrischend und enthält viele heilkräftige Nährstoffe wie Omega-3-Fettsäuren.

4. Esskastanien-Milch

Ein toller, schmackhafter Milchersatz für das Sprossen-Müsli.

Zutaten:

2 Esslöffel Esskastanien-Pulver
200 ml Wasser

Die Zutaten werden gemixt und als Milchersatz verwendet. Durch die Zugabe von Kakaopulver erhält man sogar Schokoladenmilch!

Esskastanien liefern tolle Nährstoffe, ähnlich wie Nüsse, aber ohne den hohen Fettgehalt. Ihr Fettanteil beträgt nur ca. 5 Prozent. Kuhmilch-Eiweiß hat den Nachteil, dass es Wachstumshormone enthält, die eine Gewichtszunahme und das Wachstum von Krebszellen anregen können. Weniger Milcheiweiß zu essen ist deshalb immer empfehlenswert (Kastanien-Pulver siehe Bezugsquelle).

Getränke

1. Ackerschachtelhalm-Limo

Ich bin sehr stolz auf diese grüne Limonade. Sie ist eine meiner wichtigsten Entdeckungen. Zehn Jahre lang führte ich Krieg gegen den Ackerschachtelhalm (Zinnkraut) – ein aussichtsloser Kampf. Seine Wurzeln dringen bis zu drei Meter tief in die Erde. Schließlich habe mit dieser Pflanze Frieden geschlossen. Sie wird normalerweise nur in Form von Tee konsumiert. Weil aus meiner Erfahrung der Tee nur wenig heilkräftig ist, habe ich überlegt, wie man die Heilessenz des Schachtelhalms besser nutzen könnte. Das Ergebnis meiner Überlegungen ist dieses einfache Rezept.

Ackerschachtelhalm wirkt durch seinen hohen Gehalt an Kieselsäure, die wegen unserer ausgelaugten Ackerböden in unserer Nahrung kaum zu finden ist, sehr stärkend und straffend auf das Bindegewebe. Jeder ab 40 sollte regelmäßig den Ackerschachtelhalmsaft einnehmen, um vorzubeugen.

Zutaten:

5 bis 6 Ackerschachtelhalm-Pflanzen
½ Liter Wasser
1 ganze Bio-Zitrone, inklusive Schale
Saft zweier Orangen
1 Teelöffel Stevia oder Agavendicksaft als Süßungsmittel

Alle Zutaten pürieren, durch ein Sieb gießen und genießen!

Ernährungsprinzip:

Diese grüne Limo schmeckt erfrischend und wirkt straffend und stärkend auf das Bindegewebe, Haut und Haare. Warum frühzeitig faltig und grau werden, wenn es diesen Power-Cocktail gibt?

Kein anderes Getränk liefert so viel organische Kieselsäure und Magnesium wie Ackerschachtelhalm. Auch Nieren und Blase werden von diesem heilkräftigen Drink profitieren. Wenn Sie das Kraut nur als Tee verwenden, werden Sie kaum eine Wirkung verspüren.

Die Teilnehmer meiner Seminare waren von der erfrischenden Wirkung dieses Power-Cocktails begeistert. Es gab sogar Berichte über eine Besserung von Bandscheibenbeschwerden. Offensichtlich wirken die Kieselsäure und andere heilkräftige Inhaltsstoffe auf das Bindegewebe sehr nährend und kräftigend, was den Bandscheiben gut tut.

2. Kombucha-Tee

Nach diesem Grundrezept kann jeder dieses überragende enzymhaltige, probiotische Getränk selbst herstellen, vorausgesetzt, er ist im Besitz eines Kombucha-Pilzes (siehe Bezugsquelle).

Das regelmäßige Trinken von Kombucha-Tee soll vor Krebs schützen. Diese Behauptung stammt von russischen Wissenschaftlern, die Gegenden in Sibirien untersucht haben, die von Krebskrankheiten weitgehend verschont waren. Ihnen fiel auf, dass fast alle Einwohner regelmäßig Kombucha-Tee tranken, den sie zu Hause herstellten.

Der Tee ist ein probiotisches Fermentationsgetränk. Er enthält viele wertvolle Enzyme und organische Säuren. Allein wegen seiner Nährstofffülle lohnt es sich, diesen Tee regelmäßig zu trinken. Je mehr Enzyme wir täglich zu uns nehmen, desto leichter können wir dem Alterungsprozess trotzen.

Probiotika sind Nährstoffe, die unsere Darmflora dringend braucht. Damit erhalten die Darmbakterien die benötigte Nahrung, um wachsen und gedeihen zu können. Mithilfe von Probiotika bilden sie eine Art Teppich, der die Darmschleimhäute vor Toxinen, Säuren, Schwermetallen, Pestiziden und Gluten schützen kann. Pflegen wir unsere Darmflora nicht, können diese Toxine in unseren Blutkreislauf eindringen und zu Entzündungen und Krebs führen.

Eine gesunde Darmflora wiegt ca. 2,5 kg. Nehmen wir Medikamente, Hormone, Antibiotika, Fastfood, glutenhaltige Kohlenhydrate, gebratenes Fleisch, Zucker und Fertigessen zu uns, kann dieser Schutzschild beschädigt werden. Dann sind die winzigen Darmzotten, die die Darmschleimhäute bilden, ungeschützt vor einem Darminhalt mit vielen Toxinen. Schon Hippokrates hat vor 2300 Jahren darauf hingewiesen, dass „Krankheiten aus einem kranken Darm entstehen".

Zutaten:

4 l Wasser werden zum Kochen gebracht. Man gibt 6 Beutel grünen oder schwarzen Tee hinzu. Ist man gegen Koffein empfindlich, kann auch entkoffeinierter oder koffeinfreier schwarzer oder grüner Tee verwendet werden.
Hinzu kommen 2 Tassen brauner oder weißer Zucker. Ohne die Gabe von Zucker kann der Pilz nicht wachsen.

Man lässt den Tee komplett abkühlen, bevor man den Kombucha-Pilz hinzugibt. Dann braucht man einen großen, sauberen Glasbehälter für den Fermentationsprozess. Bewährt hat sich ein großes Essiggurkenglas. Pilz und Tee werden in das saubere Glas geschüttet. Hier sollte man peinlich auf die Hygiene achten, damit nicht die falschen Bakterienstämme gezüchtet werden. Das Glas sollte absolut sauber sein.

Über die Öffnung wird ein Damenstrumpf gespannt, befestigt mit einem Gummiband. Somit können keine Insekten in das Gefäß eindringen. Der Behälter wird dann an einen warmen Platz in der Küche gestellt. Hier kann der Pilz die Nährstoffe aus dem Tee in Ruhe vergären. Nach zwei Wochen erhält man den fertigen, enzymhaltigen Kombucha-Tee. Er schmeckt ungefähr so sauer wie Essig. Der fertige Tee mit Pilz kann länger in der Küche stehen bleiben, er wird nicht verderben.

Kombucha-Tee aus dem Bioladen wird nur wenige Tage vergoren und schmeckt deswegen süß. Er enthält bei Weitem nicht die Fülle an Enzymen wie ein Tee, der vollständig fermentiert ist.

Verwendung:

Am liebsten verwende ich den Tee anstelle von Essig. Hier hat sich der Kombucha am besten bewährt. Gegenüber Apfelessig wird man kaum einen Unterschied bemerken.

Kleine Mengen könnte man auch pur trinken, aber die Säure wirkt ätzend. Um die Säure auszugleichen, habe ich ein fruchtiges Kombucha-Getränk kreiert (siehe Rezept S. 188).

Ernährungsprinzip:

Wenn man sich durch das Trinken eines Fermentationsgetränks vor Krebs schützen könnte, wie die russischen Wissenschaftler behaupten, wäre das eine tolle Sache. Dann hätte man eine Sorge weniger.

Mein Vater schwört auf die Wirkung von Kombucha. Seine Begeisterung hat mich und auch viele seiner Freunde angesteckt. Seit über 20 Jahren trinkt er regelmäßig den Kombucha-Tee. Ableger von seinem Pilz schenkt er Freunden und Seminarteilnehmern. Mit 85 ist er so fit, dass er auch Kräuterwanderungen anbietet, sozusagen seine zweite Karriere. Damit inspiriert er andere Menschen dazu, ihre Gesundheit mit der Wildkräuter-Vitalkost zu optimieren. Er ist Biologe und Botaniker und kennt nahezu alle wichtigen Wildkräuter aus seiner Gegend in Portland, Oregon.

Das Geheimnis seiner überragenden Gesundheit ist die tägliche Einnahme eines Brennnessel-Cocktails, von Kombucha-Tee, eines Wildkräuter-Salats, der Mikromineralien-Ur-Essenz und der Leinsamen-Sprossen-Cracker. Einmal jährlich macht er eine Ayurveda-Wildkräuter-Entschlackungskur. Er bestellt seinen Garten mit 15 verschiedenen Obstbäumen und mehreren Hochbeeten für Gemüse. Sein Körper ist schmerz- und beschwerdefrei, ungewöhnlich für einen Mann mit 85 Jahren. Vielleicht hat der Kombucha-Pilz dabei eine wichtige Rolle gespielt.

3. Kombucha-Enzym-Getränk

Warum Getränke wie Apfelschorle, Limonade und pasteurisierte Gemüsesäfte trinken, wenn sie allesamt keine lebendigen Enzyme mehr enthalten? Durch Hitzeanwendung während der Herstellung dieser Getränke gehen die wertvollen und empfindlichen Enzyme verloren. Ohne Enzyme bleibt Ihr Körper unterernährt und verliert Lebensenergie.

Mit Kombucha-Tee schenken Sie Ihrem Körper wertvolle Enzyme, die Ihrer Gesundheit zugute kommen werden.

Zutaten:

½ l Kombucha-Tee (siehe Rezept auf S. 186 und Bezugsquelle für den Pilz)
½ l kohlensäurehaltiges Wasser

Geschmacksmischung:

5 Scheiben Ingwerwurzel oder 1 Esslöffel Ingwerpulver
Saft dreier Orangen
½ Teelöffel Kardamom
½ Teelöffel Anis
½ Teelöffel Zimt
1 Teelöffel Stevia-Konzentrat
Saft einer Zitrone
2 Esslöffel Tamarinden-Paste (Bioladen oder Asienmarkt)

Die Zitronen-Gewürz-Mischung mixen, dem Kombucha hinzugeben und umrühren. Die Mischung bekommt eine zusätzliche interessante Note durch die Zugabe von 1 bis 2 Esslöffeln Tamarinden-Paste (Fa. Cosmoveda), welche in der ayurvedischen Medizin als Stärkungsmittel sehr geschätzt wird.

Ernährungsprinzip:

Das Getränk löscht nicht nur den Durst, sondern beschwingt auch den Körper und hebt die Stimmung. Das regelmäßige Trinken von Kombucha soll vor Krebs schützen, so das Fazit von russischen Wissenschaftlern.

4. G-8-Gemüsesaft

Die folgenden Gemüsesorten werden entsaftet:

4 Bio-Tomaten
2 Selleriestangen
2 kleinere rote Bete
2 Zitronen
1 Gurke
1 Bund Petersilie oder eine Handvoll Giersch
3 Scheiben Ingwer
1 Kohlrabi
¼ Tasse Kombucha-Tee (2 Wochen fermentiert)

Das Gemüse wird mit einem langsamen Entsafter entsaftet, entweder einem Greenstar oder einem Hurom. Zum Schluss erhält man einen dicken, kräftigen Gemüsesaft. Wünschen Sie eine dünnere Konsistenz, kann der Saft durch ein Sieb gegeben werden.

Ernährungsprinzip:

Frischer Saft aus langsam entsafteten Gemüsen war neben der Verabreichung der Kaffee-Einläufe die wichtigste Maßnahme der Gerson-Anti-Krebs-Therapie. Hier mischen sich die Farben Grün, Rot, Gelb und Weiß. Je bunter die Farben, desto mehr Antioxidantien enthält der Saft. Damit können freie Radikale abgebaut werden.

Die Zugabe von Kombucha-Tee, einem probiotischen und Anti-Krebs-Mittel ersten Rangs, unterstützt zusammen mit dem Ingwer das Verdauungsfeuer. Damit kann der Darm die Nährstoffe leichter assimilieren.

Gemüsesaft aus dem Bioladen ist pasteurisiert und enthält deshalb keine Enzyme wie frisch gepresster Gemüsesaft.

5. Anti-Krebs-Power-Saft

Zutaten:

½ Kopfsalat oder 2 Chicorée
1 Bund Petersilie oder 1 Handvoll Wildkräuter wie Giersch oder Löwenzahn
3 bis 4 Stangen Sellerie
3 bis 4 Blätter Grün- oder Weißkohl (im Winter)
3 bis 4 Knollen Topinambur (zwischen September und Mai)
1 Bio-Gurke
Saft von zwei Zitronen
3 Scheiben Ingwer

Alle Zutaten mit einem Greenstar- oder Hurom-Entsafter entsaften und genießen!

Ernährungsprinzip:

Grüner Saft, frisch gepresst, liefert große Mengen Kalium, das für den Stoffwechsel der Zellen eine wichtige Rolle spielt. Unsere Zellen sind durch Salz oft überlastet. Durch die Einnahme großer Mengen Kalium wird Natrium aus den Zellen verdrängt. Laut Dr. Gerson ist eine Überflutung der Zellen mit Kalium eine Voraussetzung, um Krebs in Schach zu halten.

Topinambur enthält viel Inulin, ein Kohlenhydrat, welches den Blutzuckerspiegel stabilisieren kann. Dies reduziert die Menge des zirkulierenden Insulins im Blut. Weniger Insulin bedeutet weniger Entzündung und weniger Zucker für die Krebszellen.

Tagsüber kann dieser Saft öfter getrunken werden. Er wirkt erfrischend und spendet viel Energie.

6. Fichtenspitzen-Erkältungstee

Dieser Tee ist einfach zu machen. Man erntet eine Handvoll Fichtenspitzen, zu jeder Jahreszeit, auch im Winter, und kocht sie für zehn Minuten in Wasser bei niedriger Hitze. Man kann auch ein kleines Stück Zimtrinde hinzufügen, die im Asienladen erhältlich ist.

Es entsteht ein erfrischender Tee, der neben viel Vitamin C eine Reihe von sekundären Pflanzenstoffen enthält. Diese organischen Moleküle können an Rezeptoren der Zellen andocken und biochemische Vorgänge katalysieren. Wenn wir vorwiegend von Pizza, Pasta, Pommes, Brot, Teigwaren, Reis, Müsli, Milchprodukten und Fastfood leben, fehlen diese Stoffe. Dann müssen wir sie vom Arzt oder Heilpraktiker verschreiben lassen und sie in der Apotheke teuer kaufen.

Der Tee wirkt entschlackend und blutreinigend, das perfekte Rezept, um die inneren Kanäle zu säubern. Er klärt auch den Geist. Fichtentee soll die Widerstandskraft gegenüber Erkältungen und Heuschnupfen erhöhen, ein guter Tee, wenn Sie dafür anfällig sind.

Morgens mache ich mir oft einen Liter dieses Tees und trinke ihn im Verlauf des Tags. Manchmal füge ich etwas ayurvedischen Vata-Tee hinzu, um ihn geschmacklich aufzuwerten.

7. Jiaogulan-Anti-Krebs-Tee

Zutaten:

1 Teebeutel Jiaogulan-Tee (von Sanleaf, siehe Bezugsquelle) mit 500 ml heißem Wasser überbrüht
1 Esslöffel Dr. Goerg Bio-Kokosöl (Bioladen)
2 Kapseln Cordyceps
2 Kapseln Maca
1 Kapsel Ashwaganda
1 Kapsel 14 Vitalpilze
2 Kapseln Shilajit
1 Teelöffel Stevia-Pulver oder Honig
4 Kapseln oder 1 Teelöffel Colostrum
5 bis 6 rohe Kakaobohnen

Alle Zutaten mixen und genießen!

Ernährungsprinzip:

Jiaogulan-Tee reguliert den Blutzuckerspiegel und reduziert damit den Heißhunger. Er senkt auch Cholesterin- und Insulinspiegel und hilft beim Abnehmen. In Asien gilt er als Tee der Unsterblichkeit.

Vitalpilze wie Cordyceps stärken das Immunsystem und unterstützen die Entgiftung der Leber. Cordyceps wird in Asien bei der Behandlung von Krebs eingesetzt. Auch die anderen Vitalmittel wie Shilajit und Colostrum wirken Krebs entgegen.

Colostrum enthält IgG-Globuline, die das Immunsystem braucht, um Antikörper gegen Krebs zu bilden. Colostrum wird auch bei Krebs eingesetzt.

8. Grüner Chlorophyll-Milchshake

Dieser Cocktail schmeckt fast wie ein Milchshake! Das hat mir mein Sohn versichert. Als einzigen Nachteil sah er die grüne Farbe.

Zutaten:

4 Tassen Spinat oder die grünen Blätter von Wildkräutern
¼ Tasse geschälte Hanfsamen
¼ Tasse eingeweichter Leinsamen
2 Esslöffel eingeweichte Mohnsamen
½ Teelöffel Vanille-Pulver
1 Teelöffel Stevia-Konzentrat
1 Tasse Reis- oder Mandelmilch

Ernährungsprinzip:

Die pürierten Hanfsamen schmecken fast wie Sahne. Die Mohnsamen enthalten hormonähnliche Substanzen, die die Stimmung heben. Vor allem im Winter kann das sehr vorteilhaft sein. Chlorophyll ist das „pflanzliche Blut", welches unsere Körpersäfte reinigt und energetisiert.

Alle Zutaten pürieren und zum Frühstück genießen!

9. Kaffee-Tonikum

Viele möchten und können auf die stimulierende Wirkung des Kaffees nicht verzichten. Der Konsum von jährlich 160 Litern Kaffee pro Kopf in Deutschland spricht für sich. Wie alle Drogen hat der Kaffee auch eine Reihe von unangenehmen Nebenwirkungen. Er kann unsere Nährstoffspeicher leerfegen und ein Burn-out-Syndrom begünstigen. Es ist keine Seltenheit, dass die Nerven bei starken Kaffeetrinkern irgendwann blank liegen.

Gibt es ein ähnlich stimulierendes Getränk ohne die Nebenwirkungen von Kaffee, das uns gesundheitlich sogar stärken könnte? Die folgende Rezeptur ist eine Antwort auf diese Frage. Sie ist eine gesunde Alternative für alle „Koffein-Junkies", die von ihrer Sucht wegkommen möchten.

Dieses Tonikum verdankt seine Wirkung der Zugabe von ca. 15 asiatischen und europäischen Heilpilzen sowie zwei bedeutenden ayurvedischen Wirkstoffen und einem südamerikanischen Kräftigungsmittel. Der Kaffee ist ein genussvoller Weg, um diese Stoffe aufzunehmen. So muss man keine Kapseln schlucken.

Eine Mischung aus rohem Kakaopulver, Karob (Johannisbrot)-Pulver und (wenn gewünscht) Ersatzkaffee wird mit einem halben Liter heißem (aber nicht kochendem) Wasser übergossen. Man gibt den Inhalt von fünf verschiedenen Kapseln mit heilkräftigen Wirkstoffen hinzu, indem man die Kapseln dabei öffnet und entleert.

Nach der Einnahme dieses „Kakao"-Tonikums fühlt man sich gestärkt. Zusammen mit einem Wildkräuter-Cocktail morgens kann es viel Energie für den ganzen Tag spenden. Die ayurvedischen und chinesischen Vitalmittel lassen sich auch therapeutisch bei schweren Erkrankungen einsetzen. Laut TCM und Ayurveda sind sie in der Lage, das Immunsystem und den Stoffwechsel zu stärken. Sie sind keine Allheilmittel, aber können durchaus Kraft verleihen.

Zutaten:

½ Liter heißes (aber nicht kochendes) Wasser
2 Kapseln Shilajit
1 Kapsel „14 Heilpilze"
2 Kapseln Maca-Pulver
1 Kapsel Ashwaganda
1 Kapsel Cordyceps-Vitalpilz
1 Teelöffel Vanille-Pulver
2 Esslöffel rohes oder normales Kakaopulver
3 Karob-Schoten (wildwüchsig, auch bei Orkos erhältlich) oder als Alternative
3 Esslöffel Karob-Pulver aus dem Bioladen
2 Esslöffel Dr. Goerg Bio-Kokosöl; Alternativen: 4 Paranüsse oder 3 Esslöffel geschälte Hanfsamen oder 3 Esslöffel Kokosmilch
1 Teelöffel Stevia-Pulver
1 Esslöffel (oder mehr) glutenfreier Lupinen- oder Zichorienkaffee (nach Geschmack, Bioladen)

Alle Zutaten werden im Mixer gemixt. Es entsteht ein wunderbarer „Kaffee" mit viel heilkräftiger Energie. Rohes Kakaopulver enthält einen hohen

Anteil an Antioxidantien. Naturvölker in Süd- und Mittelamerika, die viel rohen Kakao verzehren, kennen so gut wie keine degenerativen Krankheiten wie Herz-Kreislauf-Erkrankungen oder Krebs.

Karob-Pulver bzw. Karob-Schoten, die man überall auf Mallorca umsonst pflücken kann, enthalten reichlich Kalzium, Magnesium, Eiweiß und viele andere interessante Stoffe. Karob soll die Fettverbrennung ankurbeln und die Werte der Blutfette (Triglyzeride) senken.

Paranüsse wachsen im Dschungel des Amazonas und liefern wie auch das Kokosöl von Dr. Goerg aus Asien viel wildwüchsige Energie. Der Selengehalt von Kokos- und Paranüssen ist enorm. Selen ist ein wichtiges Spurenelement für die Schilddrüse und wirkt Krebs entgegen. Kokosnuss liefert zudem wertvolle und darmfreundliche Fettsäuren. Hanfsamen sind exzellente Eiweißspender und ein guter Ersatz für Sahne.

Ashwaganda und Shilajit sind zwei der bedeutendsten Mittel, die der Ayurveda bietet. Beide sind bei Vata-Störungen indiziert, einem Zustand, der entstehen kann, wenn man durch Stress aus dem Gleichgewicht kommt.

Shilajit stammt von zusammengepressten, organischen Pflanzenmassen, die aus Bergfelsen in Indien und Tibet heraussickern. Es wird gesammelt, gereinigt und weiterverarbeitet. Dieses Substrat enthält organische Säuren wie Fulvinsäure, die auf den Darm ausgesprochen heilkräftig wirken soll, sowie seltene Spurenelemente. Im Ayurveda wird Shilajit als „Vernichter von Schwäche“ gepriesen. Sowohl Ashwaganda als auch Shilajit sollen eine beruhigende Wirkung auf das Nervensystem ausüben.

Die vielen verschiedenen Pilze plus Cordyceps sollen nicht nur den Stoffwechsel und das Immunsystem stärken, sondern auch eine „adaptogene“ Wirkung ausüben. Das hilft dem Körper, mit Stress besser umzugehen. Viele Menschen berichten, wie sie durch die Pilze das Gefühl bekommen, besser „geerdet“ zu sein. In China glaubt man, dass die Pilze unsere „innere Batterie“ erweitern, d. h. man dadurch mehr Energie in der Form von Biophotonen speichern kann, um sie dann später bei Bedarf abzurufen.

Cordyceps ist ein chinesischer Vitalpilz, welcher in der TCM viel Wertschätzung als wichtiges Lebermittel genießt. Das „14 Vitalpilze“-Mittel wird aus bekannten Vitalpilzen gewonnen, die auch in Europa heimisch sind, wie der Pilz „Chaga". Viele Vitalpilze sind in der Lage, den Insulinspiegel zu senken und somit auch Entzündungen zu lindern.

Maca-Pulver wird aus einer peruanischen Wurzel gewonnen und als ein sehr geschätztes Stärkungsmittel sowie auch als Aphrodisiakum gehandelt. Maca verleiht dem Kaffee einen angenehmen Geschmack.

Dieses Tonikum schmeckt hervorragend, denn die verschiedenen Zutaten verleihen dem Getränk sehr interessante Geschmacksnoten!

Variante: Wer den Kaffeegeschmack nicht missen möchte, kann nach Belieben noch einen Esslöffel (oder mehr) glutenfreien Lupinen- oder Zichorienkaffee hinzufügen.

Baby- und Kindernahrung

1. Lebendige Baby-Nahrung

Füttern Sie Ihr Kind mit frischer Enzym-Kost anstelle von industriell gefertigtem Einheitsbrei!

Zutaten:

4 Esslöffel Quinoa-Quark (siehe Rezept S. 112)
2 Esslöffel eingeweichter Leinsamen
½ Karotte
¼ Avocado
¼ Fenchel

Alle Zutaten pürieren. Babys lieben diese Mischung, weil sie hochwertiges Eiweiß, Enzyme und Vitamine enthält, Nährstoffe, die man in Babynahrung vergeblich suchen wird.

Als Variante kann man einen Esslöffel Mungbohnen-Sprossen hinzufügen und pürieren, um für zusätzliches Eiweiß zu sorgen.

2. Kinder-Knaller-Kocktail (KKK)

Jedes Kind mag diesen Cocktail. Durch die Cashewkerne und Datteln bekommt der Cocktail einen angenehm sahnigen Geschmack. Einmal konnte ich erleben, wie ein kleiner Säugling von 6 Monaten nach diesem Cocktail geschrien hat.

Zutaten:

½ Mixerbehälter voll Brennnesselblätter ohne Stiele oder grünem Blattgemüse wie Grünkohl oder Spinat
1 Banane
½ Tasse gefrorene Himbeeren
20 Cashewkerne
5 Datteln
2 Tassen Reismilch oder Wasser
1 Esslöffel Mikromineralien-Ur-Essenz

Alle Zutaten in einem Mini-Standmixer pürieren. Dieser Cocktail ist die perfekte Babynahrung, hundertmal besser als die Produkte, die uns die Industrie auftischt. Es stecken viele Enzyme, Biophotonen, grünes Chlorophyll, essenzielle Fettsäuren, Eiweiß, frische Vitamine und organische Mineralien darin, die in den kommerziellen Produkten nicht vorkommen. Da kann Babybrei aus einem Gläschen nicht mithalten. Dieser Cocktail wird Ihr Kind glücklich und gesund machen. Die Zugabe der Mikromineralien kann sogar das Verlangen nach Süßigkeiten reduzieren.

3. Wildkräuter für Kinder

Zutaten:

1 Handvoll Brennnesselblätter oder weißer Gänsefuß (Melde)
2 Mangos geschält und entkernt
1 Tasse gefrorene oder frische Blaubeeren
2 Tassen Wasser

Pürieren und genießen!

Massageöl

Mineralisches Bioenergetikum-Massageöl

Dieses Massageöl kombiniert die Vorteile eines Ayurveda-Kräuteröls auf Basis von Sesamöl mit der Heilkraft der organischen Mikromineralien-Ur-Essenz. Erreicht wird das durch die Zugabe eines basischen Bio-Energetikums auf Bicarbonat-Basis, das als Emulgator dient.

Es entsteht ein mineralisiertes Ayurveda-Öl, das sehr kühlend und angenehm auf die Haut wirkt. Das Öl dient als Transportmittel für die organischen Mikromineralien, die tief in das Gewebe eindringen können. Bei Entzündungen, Ekzemen, Schuppenflechte und Sonnenbrand wirkt dieses mineralische Kräuteröl besonders angenehm und heilkräftig. Laut Ayurveda kann das Öl tief in die Unterhaut-Fettschicht eindringen, um dort Toxine und Schlacken zu mobilisieren und zu entfernen.

Dr. Jentschura hat viel Forschung mit Basen-Bädern betrieben. Sein Fazit: Durch die Bäder mit Natriumcarbonat ist der Körper in der Lage, Schlacken und Toxine über die Haut abzugeben. Der Ayurveda erzielt die gleiche Wirkung mit einer Kräuteröl-Massage.

Ich habe den Eindruck gewonnen, dass durch die Zugabe der Mikromineralien und des Bio-Energetikums die entgiftende und entschlackende Wirkung des Kräuteröls gesteigert wird. Die Haut erhält durch diese Mischung auch eine sehr angenehme Befeuchtung.

Zutaten:

Bitte im Verhältnis 4:1:1 mischen:

80 ml Ayurveda-Vata- (bei trockener Haut) oder Pitta- (bei entzündeter Haut) Massageöl
20 ml Mikromineralien-Ur-Essenz
20 ml Basisches Bio-Energetikum von Urs Surbeck

Die Zutaten in ein Glas geben und stark schütteln, bis das Öl eine milchige Farbe bekommt. Die Mischung wird auf die Haut aufgetragen und hineinmassiert. Am besten lässt man das Öl ca. 10 Min. einwirken. Für eine Ganzkörper-Massage morgens vor dem Duschen ist das Öl bestens geeignet!

Zutaten erhältlich bei Urkraftquelle. Man kann reguläres Sesamöl verwenden, welches nicht geröstet wurde, oder das höherwertige Ayurveda-Vata-Öl, das sehr hautfreundlich ist.

Tiereiweiß-Rezepte

Liebe Vegetarier und Veganer: Bitte ignorieren Sie das nächste Kapitel. Diese Rezepte setze ich in erster Linie bei meinen Patienten als Therapie ein. Viele der Patienten, die mich aufsuchen, sind so krank und geschwächt, dass sie mit einer veganen Ernährungsweise nicht klarkommen. Vor allem ihr Verdauungsfeuer ist sehr geschwächt. Um gesund zu werden, sind sie auf kleine Mengen tierisches Eiweiß angewiesen. Der Ayurveda empfiehlt eine solche Vorgehensweise. In solchen Fällen können eine Hühnersuppe, eine gelatinehaltige Götterspeise oder ein Stück kalt geräucherter Bio-Lachs auf den Organismus sehr kräftigend wirken.

Zugegeben: Der Mensch sollte sich vorwiegend mit pflanzlicher Nahrung ernähren. Das ist das hohe Ziel. Aber nicht jeder schafft das auf Anhieb. Manchmal kann der Weg dahin etwas länger dauern. Manche brauchen Jahre, um von tierischem Eiweiß wegzukommen. Je degenerierter der Magen-Darm-Trakt ist, desto mehr gekochte Nahrung und tierisches Eiweiß wird man brauchen. Bei einem optimal funktionierenden Darmtrakt könnte man sogar nur mit Früchten auskommen.

Gelatine, Hühnerbrühe oder ein rohes Eigelb werden auch in Ayurveda-Texten empfohlen, um kranken und ausgezehrten Patienten schneller auf die Beine zu helfen. Patienten mit Krebs, Anämie, Bindegewebsschwäche und Magen-Darm-Erkrankungen können von diesen Rezepten oft sehr profitieren.

Gerade viele Vegetarier und Veganer, die mich aufsuchen, leiden unter einer Schwäche des Bindegewebes und mangelnder Blutbildung (Anämie). Man kann das an ihrer blassen Haut, der frühzeitigen Faltenbildung, den grauen Haaren und den Gelenk- und Venenproblemen erkennen. Bei Anämie oder Blutmangel kommt die Antriebsschwäche hinzu. Falls Sie als Vegetarier oder Veganer unter diesen Symptomen leiden, müssen Sie handeln und nicht den Kopf in den Sand stecken. Schließlich kann man auch an einer Anämie sterben.

In solchen Fällen können die Bio-Gelatine, die Mikromineralien-Ur-Essenz und das Mikro-Cobalamin, eine Vitamin-B12-Lutschtablette, sehr hilfreich sein. Damit bekommt der Körper alle nötigen Bausteine, um vermehrt kollagene Fasern für das Bindegewebe bilden zu können.

Der berühmte amerikanische Gesundheitsprophet Edgar Cayce sagte über das Heilmittel Gelatine:

„Es ist nicht der Vitamingehalt der Gelatine (der so wichtig wäre), sondern vor allem ihre Wirkung auf die Arbeit der Drüsen, die dadurch die Vitamine aus der Nahrung besser nutzbar machen. Diese bleiben sonst unwirksam, wenn der Körper nicht genügend Gelatine erhält."

Edgar Cayce hat Tausende Diagnosen für kranke Menschen gestellt. Er hatte mit seinen intuitiven Einschätzungen stets recht, was die Ärzte immer wieder verblüffte.

Warum viele Vegetarier nicht richtig gesund werden: Sie können, laut Cayce, die Vitamine und Mineralien aus Gemüse und Obst nicht optimal assimilieren, es fehlt die Gelatine. Damit geht dann auch die Hormonproduktion zurück. Diese Weisheit gebe ich weiter, obwohl ich eher Vegetarier bin, weil es einzelnen Patienten durchaus helfen könnte, vor allem Menschen mit schweren Erkrankungen wie Krebs.

Mein Geheimtipp: Alle paar Tage einen Wildkräuter-Cocktail mit ein oder zwei Esslöffeln Mikromineralien-Ur-Essenz und etwas Götterspeise aus Bio-Gelatine einnehmen. Damit werden laut Cayce die Arbeit der so wichtigen Drüsen angekurbelt und mehr Hormone freigesetzt. Ein wichtiger Heilungsansatz!

Mit Gelatine stärken Sie Knochen, Haare, Gelenke, Venen, Haut und Bindegewebe. Mit ihr kann man sogar die Bildung von Hautfalten verhindern! Auch die Haare können profitieren. Durch eine Mischung aus Mikromineralien-Ur-Essenz, grünem Wildkräuter-Cocktail (siehe Rezept S. 45) und Gelatine konnte ich meinen Haarausfall stoppen – sonst hätte ich wahrscheinlich keine Haare mehr.

Ich bin 55, aber habe dank der Gelatine, Mikromineralien und grünen Wildkräuter-Cocktails noch keine grauen Haare, faltige Haut oder Gelenkprobleme. Ein bisschen Eitelkeit kann sogar der Gesundheit dienen!

Ich nehme ein Päckchen Bio-Gelatine aus dem Bio-Laden, gebe heißes Wasser und gefrorene Himbeeren mit Stevia hinzu. Über Nacht kalt stellen und man erhält eine wunderbare Götterspeise. Dosierung: ca. alle zwei Tage einnehmen, am besten als Nachtisch.

Selbst mein Vater mit 83 freute sich, als die letzten Schuppen von seiner Haut verschwunden waren. Durch die vielen Nährstoffe erhält die Haut mehr Feuchtigkeit und Straffung von innen. Das Auftragen von teuren Cremes und sogar Sonnenschutzmitteln wird dadurch überflüssig.

Die Gelatine ist in der Lage, einen tiefen inneren Hunger zu stillen. Manchmal berichten Patienten, sie hätten Hunger auf etwas Undefinierbares, etwas, was sie nicht kennen. Dieses Gefühl kann manche Vegetarier und Veganer fast wahnsinnig machen. Der Hunger nach Glucosamin-/Chondroitinsulfat und schwefelhaltigen Aminosäuren kann durch eine kleine Gabe Gelatine gestillt werden, ohne dass man auf Fleisch zurückgreifen muss. Schokolade wird diesen Heißhunger niemals stillen können.

Jeder Hund schnappt lieber nach einem Knochen als einem Stück Fleisch. Die in den Knochen enthaltene Gelatine treibt das Tier dazu. Beim Tier funktioniert dieser Instinkt noch, bei Menschen müssen wir manchmal nachhelfen. Weil unser Körper aus vielen kollagenen Fasern aufgebaut ist, können diese Bausteine für unser Bindegewebe sehr vorteilhaft sein.

Der Profi-Mountainbiker und Rohköstler Stefan Hiene, 36, der am Gardasee lebt und trainiert, klagte einmal über Knieschmerzen. Durch die Einnahme von Bio-Chondro-Kapseln, eines Präparats, welches die Bausteine der Gelatine in hochkonzentrierter Form enthält, wurde er innerhalb von wenigen Tagen völlig schmerzfrei. Diese Erfahrung machen inzwischen viele meiner Patienten. Werden alle benötigten Nährstoffe abgedeckt, können manchmal kleine Wunder geschehen.

Trotzdem respektiere ich jeden Vegetarier und Veganer, der auf Tierprodukte komplett verzichten möchte. Meine Empfehlung an alle Vegetarier wäre, verstärkt Nährhefeflocken, Bienenpollen und ca. 2- bis 3-mal pro Woche eine Lutschtablette B12-Mikro-Cobalamin einzunehmen. Damit könnte man einige Defizite in der Nahrung ausgleichen. Empfehlenswert wäre im Winter außerdem die Einnahme eines Vitamin-D-Präparats.

Wertvolle Fett-Schmiermittel für den Darm

In den 30er-Jahren des vergangenen Jahrhunderts hat der Zahnarzt und Ernährungsforscher Dr. Weston Price mehrere Forschungsreisen zu Naturvölkern unternommen. Diese naturverbundenen Menschen zeichneten sich durch ihre Robustheit und Langlebigkeit aus. Krankheiten wie Krebs, Diabetes, Herz-Kreislauf-Erkrankungen oder Demenz kannten sie nicht. Selbst ihre Zähne waren intakt und zeigten keinen Karies-Befall. Zu diesen Naturvölkern zählten die Hunzukuc (Bewohner des Hunza-Tals) aus Nordpakistan, die Massai aus Ostafrika und auch die australischen Aborigines.

Fazit seiner Forschungsreisen: Alle robusten Naturvölker, die er besuchte, ernährten sich gelegentlich von tierischem Fett. Es gab keine langlebigen Volksgruppen, die sich ausschließlich vegan oder vegetarisch ernährten. Das ist eine erstaunliche Erkenntnis gerade in der heutigen Zeit, in der pflanzliche Öle als Heilmittel gepriesen werden.

Zu ihren Nahrungsmitteln gehörten Rohmilch-Butter und -Käse, Lebertran und Fischeier, rohe Hühnereier und Muscheln sowie das rohe Fett von Fisch und Fleisch. Die Fette wurden nicht erhitzt. Tierisches Bratfett ist wegen des Kochvorgangs außerordentlich giftig und sollte deswegen gemieden werden. Die Eskimos haben traditionell viel rohes tierisches Fett konsumiert, ohne an Herz-Kreislauf-Krankheiten zu sterben.

Auch der Ayurveda empfiehlt die Verwendung von Butterfett in Form von Ghee, das vor allem bei der Panchakarma-Entschlackungskur als Darm-Lubrikationsmittel eingesetzt wird.

Früher haben die Großmütter rohes Eigelb und Lebertran empfohlen. Das Eigelb ist immer noch aktuell, aber zum Glück gibt es einen besser schmeckenden Ersatz für Lebertran: Mikroplankton-Krill-Öl. Von diesen Mini-Lebewesen des Meeres leben Fische wie der Lachs. Inzwischen gibt es ein Verfahren, um aus dem Plankton-Krill wertvolles Öl zu pressen, welches Vitamin A und D sowie Mineral-Aktivatoren enthält. Dieses Öl kann man als „Schmiermittel" für den Darm einsetzen. Gerade für Vegetarier und Veganer, die auf Tierprodukte verzichten wollen, ist es ein ausgezeichnetes Produkt (siehe Bezugsquelle).

Warum bevorzugten die robusten Naturvölker tierisches Fett vor pflanzlichem Öl? Laut Dr. Price enthalten tierische Fette sehr wertvolle, fettlösliche Vitamine wie A und D. Diese Fettsäuren spielen eine wichtige Rolle im Stoffwechsel und können durch pflanzliche Öle nur teilweise ersetzt werden. Die Mineral-Aktivatoren, die nur in tierischem Fett vorkommen, können die Aufnahme von organischen Mineralien im Darm verbessern. Pflanzenöle enthalten diese Aktivatoren nicht und können die Fettsäuren aus Tierquellen deswegen nicht ersetzen. Durch die Mineral-Aktivatoren wird der Körper besser mineralisiert.

Ein anderer Nachteil der Pflanzenöle mit Ausnahme von Kokosöl ist ihre austrocknende Wirkung auf die Darmwände. Im Gegensatz dazu befeuchten gesättigte Fettsäuren, wie sie auch vorwiegend in der Kokosnuss vorkommen, die Schleimhäute und erleichtern so die Nährstoffaufnahme im Darm. Um den Unterschied zu verdeutlichen, kann man Sesamöl und Butter-Ghee in die Haut einmassieren. Pflanzenöle hinterlassen eine trockene Haut, während Butter-Ghee die Haut angenehm befeuchtet. Das gleiche Phänomen passiert auch im Darm: Pflanzenöle trocknen die Schleimhäute aus, während die gesättigten Fettsäuren sie befeuchten.

Isst man zusätzlich viele glutenhaltige Kohlenhydrate aus Brot, Nudeln und Teigwaren, wird das Darmmilieu zunehmend stärker von Trockenheit befallen.

Was macht diese Austrocknung so gefährlich? Wenn Körperteile austrocknen, kann laut Ayurveda eine Vata-Störung entstehen. Im Darm kann das verheerende Wirkungen auslösen. Wenn die Darmschleimhäute austrocknen, wird die Assimilation von Nährstoffen behindert. Isst man viele glutenhaltige und nährstoffarme Kohlenhydrate wie Pizza, Pasta, Brot, Müsli und Kekse, wird die Situation noch verschärft. Das kann den Alterungsprozess beschleunigen.

Typische Symptome einer Austrocknung der Darmschleimhäute sind Völlegefühl, Blähungen, Sodbrennen, Stuhlverstopfung, innere Unruhe, trockene Haut, Schlafstörungen, Gelenk-, Rücken- und Kopfschmerzen. Das sind die typischen Klagen von Patienten.

Damit unsere Darmwände geschmeidig bleiben, brauchen wir gute Schmierstoffe, welche der Darmschleimhaut mehr Feuchtigkeit geben. Laut Dr. Price wird die Aufnahme von Nährstoffen durch „Schmierstoffe" im Darm verbessert. Gute Schmierstoffe haben auch eine positive, ausgleichende Wirkung auf Menschen mit einer Vata-Störung.

Ich möchte an dieser Stelle auf das Buch „Befreite Ernährung" von Christian Opitz hinweisen. Der Autor berichtet über die Bedeutung einer guten Darmbefeuchtung durch die Einnahme von grünen „Smoothies" oder Cocktails.

Zu den Wildkräutern sollte man deshalb auch einen gesunden „Schmierstoff-Fett-Cocktail" hinzugeben (siehe Rezept S. 216). Damit wird man mehr Nutzen aus den Nährstoffen der Wildkräuter-Cocktails ziehen.

Die Bedeutung einer gesunden Darmflora

Das Darmmilieu ist für unsere Gesundheit außerordentlich wichtig. Trocknet der Darm nämlich aus, wird der gesamte Stoffaustausch darunter leiden. Wir werden auch Probleme mit der Aufnahme von wichtigen Vitaminen wie B12 bekommen. Der Darmflora wird leiden und Pilze wie Candida können sich ausbreiten. Auch die Entstehung von Gesichtsfalten und grauen Haaren wird begünstigt. Es ist besser, das Darmmilieu in Ordnung zu bringen, bevor man einen Schönheitschirurgen aufsucht.

Die Herstellung eines gesunden „Schmierstoff-Cocktails" ist einfach: Kleine Mengen roher tierischer Fette wie Rohmilch-Butter oder ein rohes Eigelb werden zusammen mit Kokosfett und Honig gemischt und eingenommen. Auch kleine Mengen Rohmilch-Ziegen- oder Schafskäse können verwendet werden. Kokosöl in Rohkost-Qualität hat ebenfalls eine positive Wirkung auf das Darmmilieu. Sehr empfehlenswert ist Kokosmus in Rohkost-Qualität (siehe Bezugsquelle).

Das Geheimnis einer heilkräftigen Ernährungsweise wäre aus meiner Sicht die Verbindung von Rohkost-Wildkräuter-Gerichten mit einem „Schmierstoff-Fett-Cocktail" bzw. einer Götterspeise aus Bio-Gelatine. Die Einnahme von Bio-Gelatine kann ebenfalls die Aufnahme von Nährstoffen wie organischen Mineralien im Darm begünstigen.

Ich persönlich wechsle immer wieder zwischen der Einnahme eines „Schmierstoff-Fett-Cocktails" und der Bio-Gelatine, meistens in Form einer Götterspeise (siehe Rezept S. 214).

Mit dem Fett-Cocktail und der Gelatine-Götterspeise kann man den größten Nutzen aus der Nährstoffvielfalt der Wildkräuter-Cocktails ziehen. Auch Patienten, die unter einem schwachen Verdauungsfeuer mit Problemen wie Völlegefühl, Blähungen, Stuhlverstopfung und langsamer Darmpassage leiden, werden von diesen Maßnahmen sehr profitieren.

Bei solchen Patienten wäre die zusätzliche Einnahme der Verdauungskapseln „Mikro-Digest" eine wertvolle Hilfe (siehe Bezugsquelle). Dieses Präparat wird aus Zuckerrüben hergestellt. Eine Kapsel wird zu einer Mahlzeit eingenommen. Im Magen werden Hydrochlorsäure und Betain, ein organisches Substrat, freigesetzt. Hydrochlorsäure benötigt der Magen, um die Verdauung von Eiweiß und Mineralien zu ermöglichen. Betain wiederum setzt Methyl-Gruppen frei, die von der Leber für Entgiftungszwecke verwendet werden können. Ein Münchner Heilpraktiker hat festgestellt, dass über 90 Prozent seiner Patienten von der Einnahme von Mikro-Digest profitiert haben.

Mit einem „Schmierstoff-Cocktail" und eventuell bei Bedarf einer Kapsel Mikro-Digest zu den Mahlzeiten wird man mehr Nutzen aus Rohkost und der Wildkräuter-Vitalkost ziehen können. Man wird mit den Rohkost-Gerichten besser klarkommen, ohne dass man gleich mit Problemen wie Blähungen, Abmagerung und innerem Frieren konfrontiert wird.

Neulich suchte mich eine Patientin auf, die ihren Magen nach einer Krebsoperation verloren hatte. Durch die tägliche Einnahme eines Wildkräuter-Cocktails, eines „Schmierstoff-Fett-Cocktails", von 4 Esslöffeln Mikromineralien-Ur-Essenz, einer Kapsel Mikro-Digest und gelegentlich einer Gelatine-Götterspeise konnte sie innerhalb von zwei Monaten 6 Kilo zunehmen. Insgesamt wirkte sie kräftiger und hatte weniger über Verdauungsbeschwerden zu klagen. Ich denke, dass vielen Menschen mit Verdauungsproblemen durch eine ähnliche Therapie geholfen werden kann.

Tiereiweiß-Rezepte herzhaft

1. Rohmilch-Kefir-Elixier

Jahrelang habe ich aus gutem Grund Milchprodukte boykottiert. Sie können zu Schleimbildung führen und somit die Körperkanäle verstopfen. Viele Menschen reagieren allergisch auf Milcheiweiß (Casein) oder Milchzucker (Laktose). Dennoch lehrt der Ayurveda, dass Milch ein Rasayana oder konstitutionsstärkendes Mittel ist. Wie kommt es zu diesem Widerspruch?

In der Tat kann Milch von glücklichen Kühen, die Gras und Wildkräuter fressen und nicht wie Sklaven in einer Milchfabrik gehalten werden, wie ein Lebenselixier wirken, vorausgesetzt, die Milch wird nicht erhitzt oder pasteurisiert (Bioladen oder Reformhaus). Dann bleiben in der Milch die Enzyme erhalten, die für den Verdauungsvorgang sehr wichtig sind.

Wird frische, nicht pasteurisierte Bio-Milch noch zusätzlich durch einen Kefir-Pilz fermentiert, werden das Milcheiweiß und der Zucker durch gesundheitsfördernde Hefen und Bakterien vorverdaut. Dieses bekömmliche Getränk könnte die Zähne vieler Rohköstler retten, die eine Neigung haben, zu viele Früchte zu essen. Durch Kefir erhält außerdem der Darm eine wichtige Befeuchtung, bedeutsam für die Aufnahme von Nährstoffen.

Herstellung:

1 Kefir-Pilz, kastaniengroß, wird einem Liter nicht pasteurisierte, rohe Bio-Milch (oder Vorzugsmilch) hinzugefügt und an einen warmen Platz in der Küche gestellt. Nach 3 bis 4 Tagen sind die Nährstoffe vorverdaut und man erhält ein erfrischendes Getränk, welches im Kühlschrank lange haltbar ist.

2. Kalt geräucherter Bio-Lachs

Im Bioladen und in manchen Supermärkten kann man Bio-Lachs in Scheiben kaufen, die kalt geräuchert sind. Weil der Fisch nicht erhitzt wird, koaguliert das Eiweiß nicht. Damit entstehen viel weniger Schlacken, die unsere Gefäße verstopfen können. Wer möchte mit 85 „gaga“ im Gehirn sein?

In den USA leiden bereit 50 Prozent aller 85-Jährigen unter Demenz! In Deutschland gibt es inzwischen ca. 1,2 Millionen Demenzkranke.

Die Lachs-Scheiben können zu den Crackern oder einem Salat gegessen werden.

3. Gedörrte Sardinen

Sardinen können bei 40 °C im Dörrgerät „gebacken" werden. Der Vorteil: Die Enzyme und wertvollen Fettsäuren bleiben erhalten und werden durch den Kochvorgang nicht oxidiert oder zerstört. Bei höheren Temperaturen werden sie geschädigt. Da ich eine enzymreiche Ernährungsweise bevorzuge, gebe ich gedörrtem Fisch den Vorzug vor gebratenem. Vor allem Sardinen schmecken durch diese schonende Zubereitung hervorragend.

Eskimos haben früher hauptsächlich von rohem Fisch gelebt. Damals strotzten sie vor Kraft und Robustheit. Erst auf Empfehlung von weißen Missionaren fingen sie an, ihre Fische in der Pfanne zu braten. Das Ergebnis war die Entstehung von Herz-Kreislauf-Krankheiten, die sie früher nicht kannten. Durch das geronnene Eiweiß aus dem gebratenen Fisch können sich Schlacken bilden. Damit kann es zur Bildung von Ablagerungen an den Gefäßen kommen.

Zutaten:

Sardinen auf Backpapier im Dörrgerät legen und bei 40 °C für ca. 6 Stunden „backen".

Ernährungsprinzip:

Sardinen genießen den Ruf, exzellente Gehirnnahrung zu sein. Sie enthalten Nukleinsäuren, langkettige Omega-3-Fettsäuren (DHA und EPA) sowie hochwertiges Eiweiß. Im Vergleich zu Thunfisch sind sie von Quecksilber kaum belastet. Große Raubfische, die andere Fische jagen, sind mit Quecksilber oft stark verseucht und sollten deswegen gemieden werden. Dazu gehören Thun- und auch Schwertfisch.

Im Leinsamen kommen nur kurzkettige Omega-3-Fettsäuren vor. Theoretisch kann der Körper aus den kurzkettigen das wichtige DHA und EPA (langkettiges Omega 3) bilden; diese Umwandlung ist für den Körper jedoch schwierig durchzuführen.

Die langkettigen Omega-3-Fettsäuren sind für die Biochemie unseres Gehirns von großer Bedeutung. Einige Forscher sind sogar der Meinung, dass DHA und EPA unsere Intelligenz steigern können. Vielleicht war das der Grund, warum die Mütter früher so gerne Lebertran verabreicht haben.

Der Trick bei diesem Rezept: Weil die Sardinen nicht über 40 °C erhitzt werden, gerinnt das Eiweiß nicht und die wertvollen Fettsäuren werden nicht geschädigt. Trotzdem schmecken die Fische, als ob sie gebraten wurden.

4. Stärkende Hühnerbrühe

Hühnerknochen werden in einen Topf mit ca. 3 l Wasser gegeben. Ein paar Minuten lang aufkochen, dann das Wasser wegschütten.

Der Topf wird erneut mit 2 l Wasser gefüllt, eine Zwiebel, ein Stück Selleriewurzel und eine Karotte werden hinzugegeben.

Die Brühe kann man mit 2 Esslöffeln Suppenbrühe-Pulver, 1 Esslöffel Curry, 3 bis 4 Lorbeerblättern, ½ Teelöffel Pfeffer, ½ Teelöffel Koriander-Pulver und ½ Teelöffel Kreuzkümmel würzen.

Die Suppe wird für ca. 3 Stunden bei niedriger Hitze gekocht und dann abgekühlt. Danach verfestigt sich das Fett und schwimmt oben auf der Suppe. Die Suppe wird durch ein Sieb in einen zweiten Topf gegossen, damit man die Fettschicht beseitigen kann.

Die Brühe kann auch eingefroren werden. Sie ergibt eine exzellente Basis, um eine Miso-, Gemüse-, Linsen- oder Bohnensuppe zu machen.

Ernährungsprinzip:

Eine Hühnerbrühe enthält viele wertvolle Mineralien und Gelatine. Durch Gelatine können die Vitamine aus Rohkost vom Darm besser aufgenommen und verwertet werden. Die Gelatine kann das Bindegewebe und die Knochen/Gelenke stärken. Edgar Cayce, der berühmte amerikanische Heiler und Gesundheitsprophet, hat die tägliche Einnahme von rohem Gemüse mit Gelatine als besonders heilkräftig empfohlen.

Früher haben die Großmütter eine Hühnerbrühe bei Erkältungen empfohlen. Sie wussten damals über die stärkende Wirkung bestens Bescheid. Wissenschaftler konnten inzwischen feststellen, dass die Brühe ähnlich wie ein Antibiotikum wirkt.

Die Gelatine in der Brühe wirkt fast wie Medizin, sie hilft bei einer Reihe von Krankheiten und sorgt für ein ausgewogenes und gesundes Darmmilieu. Entzündungen und Verschlackungen im Darm können durch die Gelatine neutralisiert werden.

Chinesen, die kaum Milchprodukte verzehren, stärken ihre Knochen durch die regelmäßige Einnahme einer Knochenbrühe. Damit erhalten sie Kalzium und andere knochenstärkende Nährstoffe wie Gelatine. Insofern ist eine Knochenbrühe ein guter Ersatz für Milchprodukte.

5. Ayurvedischer Bohneneintopf

Bohnen, wie alle Hülsenfrüchte, enthalten ca. 20 Prozent Eiweiß und sind aus der ayurvedischen Küche nicht wegzudenken. Sie sind exzellente Eiweißspender, halten den Blutzucker stabil und spenden viel Kraft.

Je länger man die Bohnen einweicht, desto weniger Blähungen werden durch den Verzehr entstehen! Grundsätzlich weiche ich die Bohnen zwei Tage ein, bevor sie in den Kochtopf kommen.

Die folgenden Bohnensorten sind besonders heilkräftig:

Schwarze Bohnen – sie verursachen kaum Blähungen.

Weiße Jumbo-Bohnen – von allen Sorten haben sie den größten Sättigungseffekt und sind in Suppen und Salaten besonders lecker.

Zubereitung:

Ein Bio-Hühnerschenkel wird mit einer Gartenschere in kleine Stücke zerlegt, damit die Knochen ihre Nährstoffe leichter abgeben können. Der Hühnerschenkel wird zusammen mit einer Zwiebel, einer halben Sellerieknolle, einer Karotte und 3 bis 4 Tassen eingeweichten Bohnen für ca. 2 bis 3 Stunden in 3 Litern Wasser bei niedriger Hitze gekocht.

Die folgenden Zutaten können verwendet werden:

4 Stück schwarzer Kardamom (Asienmarkt)
1 Esslöffel Curry-Pulver
1 Teelöffel Koriander
1 Teelöffel Kreuzkümmel
1 Teelöffel Paprika
½ Teelöffel Pfeffer
3 Esslöffel vegetarisches Suppenpulver
4 Scheiben Ingwer
2 Blätter Wakame-Algen (Asienmarkt oder Naturkostladen)

Am Ende der Kochzeit werden ½ Tasse Tomatenmark und zwei Esslöffel Senf hinzugefügt. Die Suppe kann mit Mungbohnen-Sprossen und klein geschnittenen Wildkräutern wie Giersch, Brennnesseln oder Löwenzahn garniert werden. Durch die heiße Suppe werden die Brennnesseln nicht mehr brennen. Guten Appetit!

Ernährungsprinzip:

Die Hühnerknochen sind eine exzellente Quelle für Gelatine und andere Nährstoffe, die die Knochen, Gelenke und Bindegewebe stärken können. Auch unsere Haut, Haare und Nägel können davon profitieren. Wir werden nicht so schnell faltig und grau, wenn der Körper mit ausreichend Gelatine versorgt wird.

Besonders auf die Schleimhäute (Bronchien, Magen-Darm-Trakt, Genitalbereich) kann die Gelatine positiv wirken. Entzündungen können durch die

Gelatine neutralisiert werden. Laut Ayurveda kann eine Knochenbrühe sogar „Tote wieder zum Leben erwecken“.

Im alten Griechenland bekamen die Athleten Knochenbrühe anstelle von Fleisch. Damals wussten die Griechen über die stärkende Wirkung einer Knochenbrühe bestens Bescheid. Interessanterweise wirken die Nährstoffe der Knochen basisch, während Fleisch zu einer Übersäuerung des Darms führen kann. Deswegen mussten die Athleten auf Fleisch verzichten.

Die Bohnen sind ein ausgezeichneter Eiweißspender und halten den Blutzucker stabil, sie machen also lange satt und erhöhen den Insulinspiegel kaum. Vollkornbrot hingegen kann bei vielen Menschen Blutzuckerschwankungen auslösen, weil wichtige Nährstoffe fehlen. Ein Bohneneintopf gehört zu einer schlanken Ernährungsweise: 100 g Bohnen enthalten so viel Eiweiß wie 100 g Fleisch, aber ohne Fett und Cholesterin. Dadurch schonen wir unsere Blutgefäße.

Die Sprossen und Wildkräuter liefern wertvolle Enzyme, Bitterstoffe und Biophotonen und dürfen in der Suppe nicht fehlen.

Ohne eine tägliche Suppe und Salat kann das Abnehmen ein schwieriges Unterfangen sein. Meiden Sie Brot und andere glutenhaltige Kohlenhydrate sowie Milchprodukte. Beginnen Sie die Hauptmahlzeit am besten mit einem leckeren Salat (mit Wildkräutern) und einer ayurvedischen Bohnen- oder Gemüsesuppe. Essen Sie als Nachtisch eine Gelatine-Götterspeise mit Himbeeren, gesüßt mit Stevia-Süßblattkonzentrat. Als Snack schmeckt mein Popcorn-Rezept hervorragend und enthält kein Fett, der perfekte kalorienarme Ersatz für Chips.

Tiereiweiß-Rezepte süß

1. Götterspeise „Jello"

„Jello" ist die amerikanische Bezeichnung für eine gelatinehaltige Götterspeise. Laut Edgar Cayce, dem berühmten amerikanischen Gesundheitspropheten, können Vitamine und Mineralstoffe im Darm besser resorbiert werden, wenn der Körper genügend Gelatine erhält. Wissenschaftliche Studien konnten inzwischen seine Aussage bestätigen. In Japan wird Gelatine bei einer Reihe von Krankheiten wie Medizin eingesetzt, vor allem bei Magen-Darm-Krankheiten, Gelenkbeschwerden und Diabetes.

Warum hört man so wenig über die Heilwirkung von Gelatine? Weil man sie nicht patentieren kann. Für Gelatine gibt es keine Lobby.

Wir hätten viel weniger Probleme mit unserem Bindegewebe, Haar, unserer Haut, den Gelenken und Knochen, wenn wir regelmäßig Gelatine verzehren würden. Eine Götterspeise ist ein kalorienarmer Nachtisch, der diese Strukturen stärken kann.

Zutaten:

Ein Päckchen Bio-Gelatine aus dem Bioladen
½ Liter heißes Wasser
1 Teelöffel Stevia-Süßblatt-Konzentrat oder 4 Datteln
2 Tassen gefrorene Himbeeren

Alle Zutaten in einem Mixer pürieren, kalt stellen und nach dem Gelieren genießen!

Ernährungsprinzip:

Ich lernte einmal eine ältere Dame kennen, die 103 Jahre alt war. Sie hatte die glatte Haut einer 40-jährigen Frau. Ihr Geheimnis war die tägliche Einnahme einer gelatinehaltigen Knochenbrühe. Das hat mich fasziniert.

Seitdem esse ich ca. 2-mal wöchentlich eine Gelatine-Götterspeise, um die kollagenen Fasern meines Bindegewebes zu stärken.

Der Bedarf an tierischem Eiweiß wird durch die Einnahme von Gelatine oft deutlich reduziert. Durch das Essen von Fleisch versuchen viele Menschen, ein Verlangen nach Gelatine zu stillen.

Gelatine kann sogar entzündliche Stellen im Darm beseitigen und die Nährstoffaufnahme verbessern. Heißhunger und Gelüste können dadurch reduziert werden. Gelatine kann zur Bildung eines kolloidalen Milieus im Darm führen, eine wichtige Voraussetzung, damit die Nährstoffe besser aufgenommen werden. Natürlich könnten Sie Gelatine-Pulver auch einfach in Speisen mischen oder darüberstreuen, alle zwei Tage ein halber Beutel.

2. Papaya-Gelatine-Elixier

Keine andere Nährstoffmischung wirkt so reinigend und entschlackend auf den Magen-Darm-Trakt wie die Kombination aus Papaya und Gelatine. Papaya enthält viele heilkräftige Enzyme.

Zutaten:

Zwei Päckchen Bio-Gelatine
1 Liter heißes Wasser
300 g Papaya

Alle Zutaten werden püriert. Man lässt die Mischung im Kühlschrank gelieren.

Ernährungsprinzip:

Die Papaya ist eine wahre Enzymbombe. Die Forschung von Dr. Hayes konnte zeigen, wie wichtig Enzyme sind, um uns jung zu halten. Gelatine wirkt auf die Schleimhäute entgiftend und entschlackend. Durch die Freisetzung von Enzymen verstärkt Papaya diese Wirkung.

Dieses Rezept kann Hungergefühle und Gelüste stillen. Bereits beim Essen spürt man eine tiefe Sättigung, die durch die Gelatine ausgelöst wird. Außerdem wird ein unruhiger oder entzündeter Darm besänftigt und ausgeglichen.

3. Schmierstoff-Fett-Cocktail

Zutaten:

1 bis 2 rohe Bio-Eigelb oder 3 Esslöffel Rohmilch-Butter (siehe Bezugsquelle)
3 Esslöffel Kokosmus (siehe Bezugsquelle)
1 Esslöffel Honig
Saft einer halben Zitrone
1 Prise Vanille

Alle Zutaten pürieren und zusammen mit einem Cracker oder einem Cocktail, Porridge, Dessert oder einer Suppe genießen.

Ernährungsprinzip:

Rohe tierische Fette enthalten die fettlöslichen Vitamine A und D sowie „Mineral-Aktivatoren". Diese Aktivatoren verbessern laut Dr. Weston Price die Assimilation von Nährstoffen wie organischen Mineralien deutlich. Alle robusten Naturvölker haben auch rohes tierisches Fett wie Lebertran, Rohmilch-Butter und -Käse, rohes Eigelb und Fett vom rohen Fisch oder Fleisch verzehrt. Ihre Ernährung war damit so optimal, dass selbst Karies bei diesen Naturmenschen nicht zu finden war. Chronisch-degenerative Krankheiten wie Krebs, Diabetes, Demenz und Herz-Kreislauf-Erkrankungen kannten die Naturvölker nicht. Stellen Sie sich vor: ein langes Leben ohne Furcht vor degenerativen Erkrankungen.

Mit kleinen Mengen tierischem Fett aus Bio-Eigelb, roher Bio-Butter oder rohem Ziegenkäse, kalt geräuchertem Bio-Lachs oder Krill-Öl, ein besser schmeckender Ersatz für Lebertran, wird man mehr Nutzen aus den Wildkräuter-Cocktails ziehen können.

4. Power-Kefir-Mix für Sportler

Diese Mischung aus Kefir und Nährhefe schlägt alle Eiweiß-Getränke auf dem Sportler-Markt und kostet viel weniger Geld!

Zutaten:

½ Tasse Nährhefeflocken wird einer Tasse Kefir hinzugefügt. Eine Banane klein schneiden und hinzugeben – fertig.

Ernährungsprinzip:

Hefeflocken enthalten 50 Prozent Eiweiß, viele B-Vitamine und organisches Chrom, ein Mineral, welches für den Zuckerstoffwechsel unerlässlich ist. Viele Diabetiker wären gut beraten, wenn sie diesen Kefir-Mix regelmäßig verzehren würden. Sportler bekommen wertvolle Energie und muskelaufbauendes Eiweiß. Durch die gesättigten Fettsäuren aus dem Kefir erhält der Darm eine wichtige Befeuchtung, um Nährstoffe besser aufnehmen zu können.

Kefir-Pilze können im Internet bestellt werden (siehe Bezugsquelle).

5. Eigelb-Kakao-Konfekt

Verspüren Sie regelmäßig Gelüste auf Schokolade, Süßigkeiten oder Brot/Teigwaren? Hier ist ein Rezept, welches diese Gelüste neutralisieren kann.

Zutaten:

2 Bio-Eigelb
4 Esslöffel Kakaopulver oder zehn rohe Kakaobohnen (siehe Bezugsquelle)
4 Esslöffel Karob-Pulver
6 Datteln
100 ml Kokosmilch
¼ Tasse Chufas-Nüssli (Erdmandel-Flocken, siehe Bezugsquelle)

Alles mixen und genießen. Schmeckt fast wie Nutella ohne den Zucker-Schock!

Ernährungsprinzip:

Rohes Bio-Eigelb enthält eine hohe Konzentration von mehreren wichtigen Nährstoffen, die in Gemüse und Früchten kaum vorkommen. Kokosmilch liefert wertvolle Fettsäuren, Chufas-Erdmandeln enthalten viele Ballaststoffe.

6. Chinesisches Ameisen-Elixier

Zugegeben, dieses Rezept ist nicht jedermanns Sache. Es ist hauptsächlich für aufgeschlossene Menschen konzipiert, die in schwierigen gesundheitlichen Situationen stecken und bereit sind, neue Wege zu gehen. Dieses Rezept erfordert eine revolutionäre Denkweise. Fühlt man sich unwohl damit, wäre es besser, wenn man es überspringen würde.

Die chinesische Medizin – TCM – verschreibt Ameisenpräparate für eine Reihe von Krankheiten wie Polyarthritis, klimakterische Beschwerden und Krebs. Als Anti-Aging-Mittel Nr. 1 genießen Ameisen in China ein hohes Ansehen. Die kleinen Insekten gelten dort als König der Stärkungsmittel und als ein ausgezeichnetes Mittel gegen schwerwiegende Krankheiten. Auch die Homöopathie setzt Ameisensäure, gewonnen aus Ameisen, bei der Behandlung von Polyarthritis ein.

Asien ist ein Kulturraum, in dem eine Reihe von Insekten ihren Weg auf den Teller finden. Diese Idee ist uns im Westen fremd. Wir sind gewohnt, ein Steak oder Wurst zu essen; darüber machen wir uns kaum Gedanken. In großen Teilen Asiens ist es genau umgekehrt. Ein paar gebratene Insekten oder etwas Ameisenpulver zu verspeisen ist dort Alltag.

Aber was ist brutaler: das Schlachten von Tieren, die dabei Stresshormone bilden, oder das Mixen von Ameisen mit einem Mixer? Das Braten von Fleisch lässt krebsfördernde Toxine entstehen. Eiweiß gerinnt, wenn es erhitzt wird, und kann Eiweißschlacken bilden. Ameisen, die nur gemixt und nicht gebraten werden, dürften diese Probleme nicht machen.

Laut chinesischer Medizin können Ameisen ihre überragenden Kräfte auf uns Menschen übertragen. Nach TCM kann kein anderes Lebewesen so viele Kräfte entfesseln wie die Ameise. Sie ist in der Lage, das Hundertfache ihres Gewichts zu stemmen. Das ist eine unglaubliche Kraftleistung. Diese Kräfte kann, gemäß TCM, unser Körper aufnehmen und für Heilzwecke einsetzen. Das ist auch der Sinn und Zweck dieses therapeutischen Cocktails. Entkräftete Menschen, die unter schwerwiegenden Krankheiten leiden, könnten darin eventuell die Unterstützung finden, die sie brauchen.

Auf Mallorca und auch bei uns im Sommer kann man Ameisen mithilfe eines Köders, platziert in einem Mixerbehälter, fangen. Wildkräuterblätter und Früchte werden hinzugegeben und dann wird alles gemixt. Die Ameisen wird man nicht herausschmecken können, kein Blut ist geflossen. Das ist kein Vergleich mit dem Schlachten eines Tiers. Aber unser Körper wird von einer Fülle von Nährstoffen profitieren. Nicht ohne Grund schwärmen die chinesischen Ärzte von Ameisen. Das habe ich gleich nach dem Verzehr des Cocktails gespürt: Ich fühlte mich gestärkt und hatte unbändig viel Energie für eine Mountainbike-Tour in den Bergen von Mallorca.

Im Schnitt waren es um die 30 bis 50 Ameisen, die ich mit einem Köder – einer reifen Feige platziert in einem Mixerbehälter – gefangen und gemixt habe.

Lässt man auf Mallorca irgendwelche Krümel fallen, sind die Ameisen gleich im Anmarsch. Dann wird der Staubsauger herausgeholt und die wehrlosen Insekten werden aufgesogen. Diese menschliche Abwehrreaktion oder Trotzhaltung habe ich schon immer als brutal empfunden. Als Alternative ist mir dann mein Mixer eingefallen. Mit einem Köder konnte ich schnell an die 50 Ameisen fangen. Zusammen mit reifen Wildfeigen, Wildkräutern, einer Banane und einer Orange entstand ein therapeutischer Cocktail, der mir gut bekommen ist.

Vegane Tiere wird man in der Natur kaum finden können. Selbst beim Grasen fressen Pferde und Kühe Insekten und Würmer. Affen verspeisen Insekten mit Genuss. Auf diesen kleinen Anteil an tierischem Eiweiß sind die Tiere wahrscheinlich angewiesen. Vielleicht ist das der Grund, warum industriell ernährte Kühe krank werden und Antibiotika brauchen?

Menschen können auch von kleinen Mengen tierischem Eiweiß aus Gelatine, Wildlachs, rohem Eigelb oder Austern profitieren. Diese Nährstoffe wirken wie ein Katalysator auf den Stoffwechsel. Gerade ausgehungerte Rohköstler und Veganer können davon profitieren. Tiereiweiß enthält Nährstoffe und Aminosäuren, die in pflanzlichen Proteinen nicht vorkommen. Diese Nährstoffe wirken vor allem blutbildend und kräftigend. Eine vegane Ernährungsweise kann zwar die Körpersäfte entschlacken, aber sie wird kaum in der Lage sein, das Blut aufzubauen. Vielleicht würden die Ameisen diese Nährstofflücke einer veganen Ernährungsweise schließen.

Immer wieder konnte ich erleben, wie Veganer und Vegetarier an einer Bindegewebsschwäche leiden. Viele hatten tiefe Falten, bei einigen sah das Gesicht fast wie eine Mondlandschaft aus. Da hat eine Reihe von Nährstoffen gefehlt, die für den Aufbau des Bindegewebes gebraucht wurden. Trotzdem wäre das nicht unbedingt ein Grund, Fleisch zu essen, wenn man Zugang zu anderen Proteinquellen hat.

Bei Affen liegt der Anteil an tierischem Protein bei ca. ein bis zwei Prozent ihrer Ernährung. Kleine Mengen Insekteneiweiß könnten unseren Eiweißbedarf decken. Bei Eiweiß ist weniger oft mehr; laut Professor Wendt führt der Verzehr von viel Fleisch zu einer Verdickung der Gefäßwände. Unsere Eiweißversorgung wäre vielleicht durch ein paar Insekten bestens abgedeckt. Wäre das das Ende von Currywurst, Hamburger und Döner?

Neben unserer Ferienwohnung auf Mallorca wächst die Prunkwinde („Morning Glory“ auf Englisch), eine blühende Kletterpflanze mit wunderschönen blauen Blumen. Im Hochsommer war sie die einzige essbare Wildpflanze weit und breit – die heiße Sonne hatte das Wildgrün komplett vernichtet. Die Prunkwinde sieht man manchmal auch in Deutschland wachsen, wegen einem giftigen Doppelgänger sollte man allerdings auf der Hut sein. Die Blätter enthalten reichlich Stärke. Werden sie zusammen mit einer Planta-„Kochbanane“, einer Orange und Wasser gemixt, entsteht ein Cocktail mit einer dicken, puddingartigen Konsistenz, der ein tolles, sättigendes Gefühl schenkt.

Die Blätter der Prunkwinde, eine Kochbanane, Wildfeigen, eine Orange und etwas Bienenpollen, Mikromineralien und Wasser habe ich in den Mixerbehälter mit den Ameisen gegeben und gemixt. Nach dem Mixen war keine Spur von den Ameisen zu sehen. Geschmacklich war der Cocktail einwandfrei. Kein Blut ist geflossen, kein Tier wurde geschlachtet, kein schlechtes Gewissen ist entstanden.

Ist es brutal, wenn man Ameisen mixt? Das muss jeder für sich entscheiden. Was sind jedoch ein paar Ameisen verglichen mit den ca. zehn Milliarden (!) Tieren, die jährlich in den USA geschlachtet werden?

Nach dem Verzehr des Ameisen-Cocktails habe ich einen deutlichen Energiegewinn gespürt. Dieser Cocktail war ein Teil meiner Ernährung für zehn Tage auf Mallorca. Beim Bergauffahren mit dem Mountainbike spürte ich neue Kräfte. Ein Teil dieses Energiegewinns stammte wahrscheinlich von den Ameisen. In der Zeit spürte ich kein Verlangen nach Fisch oder rohem Eigelb. Ich war rundherum zufrieden. Offensichtlich können die Ameisen Kraft und Stärke auf den Menschen übertragen.

Vielleicht könnte dieses Rezept Patienten mit schwerwiegenden Pathologien wie Krebs, Polymyalgia rheumatica (diffuse Muskelschmerzen) und rheumatoide Polyarthritis therapeutisch unterstützen. Hier habe ich noch keine eigenen Erfahrungen gemacht. Für Erfahrungsberichte wäre ich deswegen dankbar (jswitzer@t-online.de).

In der Behandlung von Menschen, die an Blutmangel (Anämie), Burn-out und Hormonschwäche leiden, genießen die Ameisen in China einen exzellenten Ruf. Sie sollen auch in der Lage sein, Libido, Willenskraft und Denkvermögen zu stärken.

Der Verzehr von kleinen Mengen an Ameisen könnte den Konsum von Fleisch und Fisch überflüssig machen. Ameisen könnten vielleicht die Defizite einer veganen Ernährungsweise ausgleichen. Weil sie nicht erhitzt, sondern nur gemixt werden, können sie wichtige Enzyme wie Gluthation liefern, eines der wichtigsten Antioxidantien und Anti-Aging-Wirkstoffe, die es überhaupt gibt. Solche überragenden Enzyme erhält man nicht beim Essen eines Steaks oder Hamburgers, bei denen die Enzyme durch das Braten zerstört wurden. Bei den Ameisen bleiben die Enzyme erhalten und könnten ein interessantes „Anti-Aging"-Mittel bilden. An Mitteln, die das Altern verlangsamen können, war ich schon immer interessiert. Wer möchte mit 60 oder 70 vor die Hunde gehen? Ich habe vor, mindestens 120 zu werden!

Ameisenköder:

Man stellt einen Mixer-Behälter mit einer reifen Feige, Dattel oder etwas Zucker im Garten als Köder für die Ameisen auf.

Folgende Zutaten werden gemixt:

30 bis 50 Ameisen (ein Ameisenpräparat ist von der Firma Rocky Mountain Phyto-Essentials in Holland erhältlich, siehe Bezugsquelle)
1 Kochbanane „Planta"
1 geschälte Orange
4 Feigen
2 Handvoll Wildkräuter
2 Tassen Wasser
2 Esslöffel der Mikromineralien-Ur-Essenz
1 Esslöffel Zimt
1 Esslöffel Bienenpollen (optimal wären die fermentierten Bienenpollen)

Ernährungsprinzip:

Kaum ein Lebewesen ist so aktiv wie die fleißigen Ameisen und Bienen. Dieses Rezept enthält auch Bienenpollen, damit wir die Energie beider „Krafttiere" aufnehmen können.

Mittlerweile setzen Profi-Athleten Ameisenpulver ein, um sich für Wettkämpfe fit zu machen. Sie erreichen so eine Stärkung des Stoffwechsels mit einem legalen „Dopingmittel". Die Mikromineralien, Mikro-Cobalamin-B12-Lutschtabletten und Bio-Hepar-Kapseln haben eine ähnliche energetisierende Wirkung auf den Stoffwechsel. Der Profi-Mountainbiker Stefan Hiene schwärmt von diesen Mitteln. Obwohl er weniger trainiert als viele seiner Sportlerkollegen, fährt er am Berg immer vorne mit.

Ameisenpräparate standen bei wohlhabenden Chinesen schon immer hoch im Kurs. Neben Ginseng, Reishi, Cordyceps und Astragalus gehören Ameisen als eines der wichtigsten Heilmittel zur TCM. Der große Mediziner Li Shi Chen huldigte dem Ameisenpulver sogar als einem „überragenden Tonikum mit hervorragenden Heilkräften". Es soll eines der besten Heilmittel für Leber und Nieren sein. In China wird die Ameise als das „Heilmittel der Kaiser und Könige" bezeichnet.

Ameisen enthalten große Mengen Zink, Vitamin B1, B2, B12, D, E und ca. 40 Prozent vollständiges Eiweiß. 1 g getrocknete Ameise enthält ca. 30 mg organisches Zink, eine ungeheure Menge und wahrscheinlich eine Erklärung für ihre positive Wirkung auf Libido und Hormone. In China werden die Ameisen auch gegen grauen Star, Nachtblindheit, Impotenz, vorzeitigen Samenerguss und Zwischenblutungen eingesetzt. Sie sollen auch bei klimakterischen Beschwerden hilfreich sein.

Zwei Esslöffel der Mikromineralien-Ur-Essenz schenken dem Cocktail zusätzliche organische Mineralien und Spurenelemente, die das elektrische Potenzial und den Stoffwechsel der Zellen aktivieren können.

„Think outside the box" war einst der Spruch von Albert Einstein, um auf Lösungen zu schwierigen Problemen zu kommen. Jetzt, wo wir eine Epidemie an degenerativen Krankheiten erleben, könnte es hilfreich sein, etwas revolutionärer zu denken. Wir müssen bereit sein, außerhalb des Gewöhnlichen zu denken, um neue Lösungen zu finden. Sonst sind wir nicht zu retten. Das ist die Botschaft dieser Rezeptsammlung.

Anhang

Erfahrungen mit der Wildkräuter-Vitalkost

Diese Liste enthält einige Erfahrungen, die Patienten mit den Wildkräuter-Cocktails in den letzten Jahren gemacht haben. Da ich solche Erfahrungen sammle, freue ich mich über jede Rückmeldung:

info@ein-langes-leben.de

Erfahrungen mit den Wildkräuter-Cocktails

- *Positivere Ausrichtung der Gedanken*
- *Tiefer Schlaf, morgens besser ausgeruht*
- *Mehr Energie und Antrieb*
- *Bessere Widerstandskraft gegenüber Erkältungen*
- *Mehr innere Gelassenheit*
- *Normalisierung des Blutdrucks*
- *Besseres Hautbild*
- *Weniger Haarausfall (besonders in Verbindung mit einer Gelatine-Götterspeise und der Mikromineralien-Ur-Essenz)*
- *Fülligeres Haar*
- *Eine Sättigung, die länger anhält*
- *Weniger Gelüste*
- *Normalisierung des Gewichts*
- *Beschleunigte Passagezeit im Darm*
- *Regelmäßige Stuhlentleerungen*
- *Stabile Blutzuckerwerte, weniger Energieschwankungen*
- *Bessere Sonnenverträglichkeit (Sonnenschutzfaktor 100!)*
- *Weniger Schleimbildung*
- *Sinken des Cholesterinspiegels*
- *Rückgang von Heuschnupfen*

Erfahrungsberichte von Patienten

Sehr geehrter Herr Dr. Switzer,

Ihre Leinsamen-Cracker und Grüne-Cocktail-Rezepte sind hervorragend und total einfach zu machen. Der Kauf eines Industrie-Mixers war eine meiner besten Investitionen. Ich nehme jeden Morgen einen Cocktail zu mir, esse mittags grüne Salate (allerdings mit einer gekauften Sauce) und abends Gemüse. Außerdem esse ich sehr viel kalt geräucherten Lachs. Je nach Lust und Laune aber auch eine Tasse Kaffee oder ein Stückchen Bitterschokolade. Seit ich täglich zwei Esslöffel der Mikromineralien einnehme, gehen meine Gelüste auf Süßigkeiten geradezu auf Null. Ich schlafe wie ein Murmeltier und fühle mich tagsüber topfit. Ich habe auch mittags keine „Durchhänger" mehr. Mein hoher Blutdruck hat sich auf 120/80 gesenkt, und meine Ängste haben nachgelassen. Glutenfreies Brot habe ich immer noch in keinem Laden gefunden. Auch bei der Hofpfisterei in München nicht. Was halten Sie von glutenfreien Reiswaffeln? Die schmecken eigentlich nach nichts, aber man kann sie gut mit Salatblättern belegen. Mein Fehler war, dass ich Sie nicht schon viel früher um Rat gefragt habe. Ich werde jetzt die von Ihnen verschriebenen „Arzneimittel" nehmen und melde mich wieder, wenn die Arzneimittel zu Ende sind. Einziges Problem: Meine Kollegen halten mich neuerdings für etwas verrückt mit meiner Ernährungsweise!
Mit freundlichen Grüßen

J. K.

Herr T. K., 63 Jahre

„Seit 4 Wochen nehme ich täglich ein Wildkräuter-Cocktail und die Mikromineralien-Ur-Essenz zu mir. In dieser Zeit konnte ich 4 kg abnehmen. Meine chronischen Nebenhöhlenbeschwerden haben sich fast vollständig aufgelöst. Es ist ein tolles Gefühl, wieder Luft durch die Nase zu bekommen."

Frau S. O., 43 Jahre

„Wenn ich nur für einen Tag den grünen Wildkräuter-Cocktail vergesse, merke ich sofort, es fehlt mir etwas. Mittlerweile spüre ich eine Gier nach Brennnessel und Giersch. Allgemein ist die Rohkost verträglicher geworden. Nach der Einnahme des Cocktails breitet sich ein unglaubliches Gefühl von Wohlbefinden in meinem Körper aus. Dadurch spüre ich viel mehr Gelassenheit."

Herr R. R., 42 Jahre

„Nach der regelmäßigen Einnahme eines grünen, mineralisierten Cocktails konnte ich meinen Blutdruck, Gewicht und Cholesterin (um 30 Prozent) senken. Außerdem erlebte ich mehr innere Stärke und Entschlossenheit. Angst, Stress und das Gefühl, ständig getrieben zu sein, kenne ich nicht mehr. Ich erlebe mehr Energie, habe das Joggen aufgenommen und an einem Halbmarathon teilgenommen. Durch die neu gewonnene innere Stärke konnte ich meinen verdrussvollen Job kündigen. Dieser Schritt wäre für mich früher undenkbar gewesen."

Herr E. C., 80 Jahre

„Ich konnte durch die grünen Cocktails und Cracker eine deutliche Besserung meiner Hirndurchblutung erreichen. Dadurch kann ich schneller denken. Früher hatte ich Probleme, Menschen zu verstehen. Meine Black-out-Phasen sind jetzt komplett weg. Gluten meide ich ganz. Mein Gedächtnis und meine Konzentration werden zunehmend besser. Herz-Rhythmus-Störungen kenne ich nicht mehr. Jetzt kann ich regelmäßig in den Fitness-Club gehen und trainieren. Vor zwei Wochen nahm ich an einer 9-stündigen Wanderung in den Bergen teil. Meine jungen Kameraden haben zu mir gesagt, ich wäre eine Inspiration für sie."

Herr E. O., 75 Jahre

„Mit dem Wildkräuter-Cocktail und den Mikromineralien wurden meine entzündeten Augen deutlich besser. Ständig waren sie gerötet und haben gebrannt. In wenigen Wochen haben die Beschwerden deutlich nachgelassen. Nebenbei habe ich abgenommen und fühle mich insgesamt fitter und stabiler. Süßigkeiten und Schokolade brauche ich nicht mehr."

Frau I. C., 45 Jahre

„Durch die Cocktails und Mikromineralien sind meine Gelüste auf Schokolade, Süßigkeiten und Brot stark zurückgegangen, und ich konnte endlich abnehmen. Die Cracker esse ich dreimal am Tag mit Butter und manchmal auch Käse. Meine chronische Stuhlverstopfung plagt mich nicht mehr – jetzt kann ich sogar 2-3 x täglich aufs Klo gehen, eine riesige Erleichterung für mich. Damit klappte es auch mit dem Abnehmen. Ich habe jetzt ein komplett neues Körpergefühl, mache wieder Ballett. Ich habe insgesamt 15 kg abgenommen, trage jetzt wieder Jeansgröße 27, vor einem Jahr war das alles undenkbar. Auch eine 6 cm große Eierstockzyste ist verschwunden. Ich habe jetzt ein neues Leben und Körpergefühl."

Herr J. M., 50 Jahre

„Ich konnte durch die Einnahme der Cocktails und Mikromineralien ein Nachlassen meiner Gelüste nach Käse, Milchprodukten und Teigwaren fest-

stellen. Damit hörten meine starke Schleimbildung und meine Nebenhöhlenentzündungen auf.“

Frau U. Z., 61 Jahre

„Nach einem halben Jahr regelmäßiger Einnahme der Cocktails konnte ich endlich abnehmen. Mein sehr hoher Blutdruck von 220/120 hat sich normalisiert, nur in Stress-Situationen steigt er vorübergehend. Auch mein Schlaf ist besser und ich leide unter weniger Ängsten.“

Frau C. J., 46 Jahre

„Mein Kaffee- und Weinkonsum ist fast auf Null zurückgegangen, nachdem ich täglich die Mikromineralien eingenommen habe. Auch die Zigaretten schmecken mir nicht so gut, ich habe vor, komplett aufzuhören. Durch den grünen Cocktail konnte ich 12 kg abnehmen.“

Herr J. M., 65 Jahre

„Durch die regelmäßige Einnahme des Cocktails konnte ich mich nach der Gallenblasen-Operation gut erholen und meine Arbeit wieder aufnehmen. Ich fühle mich sehr wohl und hatte keinen Energie-Einbruch nach der Operation.“

Herr J. L., 56 Jahre

„Nach meiner Operation ging es mir sehr schlecht. Ich litt Tag und Nacht unter einem hartnäckigen Husten. Der verschwand nach der regelmäßigen Einnahme des Cocktails und der Mikromineralien. Seit zwei Jahren nehme ich täglich die grünen Cocktails ein, die ich mit Wildkräutern zubereite. Meine Ernährung habe ich auch umgestellt. Meine Freunde staunen über mein athletisches Aussehen. Ich fühle mich sogar besser als vor der Operation.“

Frau C. S., 54 Jahre

„Ich arbeite in einem stressigen Großraumbüro, die einzige Frau unter vielen Männern. Ich stehe ständig unter Strom, habe auch das Gefühl, mehr leisten zu müssen als meine Kollegen. Der tägliche Cocktail gibt mir die Kraft, die ich brauche, um meine Herausforderungen zu bestehen.“

Frau J. C., 39 Jahre

„Nach ca. 4 Wochen regelmäßiger Einnahme der Cocktails und durch die Cracker habe ich deutlich mehr Energie und Gelassenheit in der Arbeit bekommen. Der ganze Stress und die Hektik gehen jetzt an mir vorbei. Der Schlaf ist auch erholsamer. Die Stimmung bleibt stabil, ohne Fluktuationen. Der Stuhlgang ist besser geformt.“

Frau M. N., 62 Jahre

„Die Einnahme der Cocktails hat mich angespornt, meine Ernährungsweise zu verändern. Seitdem spüre ich zunehmend mehr innere Freude und Zufriedenheit. Ich muss nicht mehr ständig in Urlaub fahren, sondern bin hier

in meinem Umfeld am Starnberger See glücklich. Ich fühle mich insgesamt weniger getrieben und gestresst. Meine Hautprobleme sind während dieser Zeit komplett verschwunden."

Frau M. M., 55 Jahre

„Wenn ich täglich einen Esslöffel der Mikromineralien-Ur-Essenz einnehme, kann ich wie ein Baby schlafen. Wehe, ich vergesse sie zu nehmen, dann schlafe ich sehr unruhig und fühle mich am nächsten Tag wie gerädert."

Frau C. N., 35 Jahre

„Seit ich den Cocktail mit den Mikromineralien einnehme, spüre ich über den ganzen Tag eine hohe Ebene von Energie. Es gibt am Nachmittag keinen Einbruch mehr. Auch der Schlaf ist tiefer und erholsamer."

Frau N. B., 52 Jahre

„Nachdem ich die Grundreinigung mit der Panchakarma-Kur in Feldafing abgeschlossen hatte, fing ich an, die grünen Cocktails zu mixen und einzunehmen. Ich war überrascht, wie gut sie schmeckten. Meine Gelüste auf Süßigkeiten waren durch die Gabe der Mikromineralien wie weggeblasen. Innerhalb von 6 Wochen ist meine Kleidergröße von 42 auf 38 geschrumpft. Ich passe jetzt wieder in meine alten Jeans. Vielen Dank für den Tipp."

Herr N. M., 82 Jahre

„Wenn ich den grünen Cocktail nur zwei Tage weglasse, bekomme ich nachts sehr starke, krampfartige Schmerzen. Ich kann ohne den grünen Cocktail nicht mehr leben."

Herr C. S., 80 Jahre

„Seit fast zwei Jahren mixe ich morgens täglich einen Brennnessel-Cocktail mit Mikromineralien, Feigen und Mandeln. Allgemein erlebe ich viel mehr Energie. Nachmittags schlafe ich nicht mehr beim Lesen ein. Ich gehe um Mitternacht ins Bett und bin um 6 Uhr hellwach.
Ein erbsengroßer Knoten an meinem rechten Hoden ist auch verschwunden. Die Ärzte wussten nicht, was dahintersteckte. Gestern konnte ich den Knoten nicht mehr tasten! Eine riesige Erleichterung für mich, ich dachte, es wäre Krebs."

Herr T. J., 50 Jahre

„Ich trinke die grünen Cocktails seit 6 Jahren. Während dieser Zeit habe ich keine Erkältungen, Sinusitis oder Heuschnupfen mehr gehabt. Warzen an meinen Fingern und Augenlidern sind abgefallen. Kopfschuppen und Hautekzeme sind verschwunden. Der Schlaf ist tiefer und erholsamer. Meine Prostatabeschwerden haben sich zurückgebildet, ich muss viel weniger aufs Klo rennen. Depressionen, gereizte und ungeduldige Reaktionen auf meine Mitmenschen gehören der Vergangenheit an.

Ich kann nur jedem empfehlen, die grünen Cocktails zu probieren. Das Weglassen aller glutenhaltigen Produkte hat mir auch sehr geholfen. Seit ich Gluten gestrichen habe, bildet mein Körper keinen Schleim mehr."

I. O., 46 Jahre

„Wenn ich meinen grünen Cocktail und Leinsamencracker esse, kann ich ohne weiteres auf Brot, Pizza und Pasta verzichten. Ich spüre dann viel weniger Verlangen nach Schokolade. Meine Gelüste schmelzen einfach weg. Durch die Umstellung habe ich viel mehr Energie für Fitness, Yoga, Klavier- und Spanischunterricht. Meine Haut ist besser durchblutet und straffer, die Venen nicht mehr schmerzhaft und Menstruationsbeschwerden sind kein Thema mehr. Lasse ich den grünen Cocktail weg, komme ich schnell aus dem Gleichgewicht. Alte Gelüste auf Kohlenhydrate, Käse und Schokolade tauchen auf. Am nächsten Tag kommt dann die Quittung."

Herr J. M., 50 Jahre

„Wenn ich zwei Tage ohne Cocktail bin, bekomme ich sofort Gelüste auf Schokolade. Ich kann ohne weiteres eine ganze Tafel wegputzen. Ohne Cocktail leide ich nachts unter Wadenkrämpfen. Wenn ich dann einen Esslöffel der Mikromineralien einnehme, hören die Krämpfe schlagartig auf."

Herr A. R., 60 Jahre, Israel

„Auf Ihre Empfehlung habe ich einen kleinen Garten angebaut und mixe täglich einen grünen Cocktail aus meinem eigenen Blattgemüse. Ich erlebe jetzt eine Vitalität, die ich seit Jahren nicht mehr kannte. Meine chronischen Brustschmerzen sind verschwunden, mein Sodbrennen ist mit Hilfe des Mikro-Digest verschwunden, eine riesige Erleichterung für mich."

Frau C. J., 62 Jahre

„Ich fuhr in Urlaub nach Vietnam und mixte dort täglich einen grünen Cocktail mit dem Personal Blender. Wir waren mit dem Fahrrad viel unterwegs. Während des ganzen Aufenthalts hatte ich keine Reisekrankheiten. Es ging mir ausgesprochen gut. Ich bin überzeugt, dass die grünen Cocktails der beste Schutz vor Darminfekten sind, vor allem wenn man etwas von den Mikromineralien hinzufügt. Durch die Zugabe der Mikromineralien sprüht der Cocktail vor Kraft! Die Wirkung ist mit nichts zu vergleichen."

Herr M. N., 55 Jahre

„Seit ich vor drei Jahren meine Ernährung durch die Wildkräuter-Cocktails optimiert habe, habe ich keine einzige Erkältung oder Infekt mehr gehabt. Krank werde ich nicht mehr."

Herr O. P., 23 Jahre

„Auf Empfehlung von Dr. Switzer nehme ich täglich einen Brennnessel-Cocktail mit Mikromineralien zu mir. Seitdem fühle ich mich nicht mehr so dumpf im Kopf, ich spüre mehr mentale Klarheit, fühle mich frischer und

lebhafter. Meine Aufmerksamkeit hat sich bei den Vorlesungen gesteigert und ich kann mich viel länger konzentrieren. Nach dem Frühstücks-Cocktail reicht meine Energie bis zum späten Nachmittag. Das Mittagessen kann ich dadurch locker überspringen."

Mikromineralien und Colitis ulcerosa

„Ich leide an Colitis ulcerosa. Seit einem Monat nehme ich die Mikromineralien. Seitdem geht es mir signifikant besser.
Früher war ich immer müde, die Krankheit kam in Schüben, seit ich die Mikromineralien einnehme, ist die Müdigkeit weg. Die Form des Stuhls, Beschaffenheit und Farbe ist ganz anders. Früher war er voller Schaum, Fäulnisprodukten und sichtbaren Gärungsprozessen, jetzt ist alles viel besser.
Ich bewege mich auch mehr, spüre mehr Kraft in den Muskeln.
Früher habe ich alles Mögliche eingenommen, ohne Erfolg. Zink, Selen, verschiedene Mineralien, Kräuter, nichts hat geholfen. Scheinbar kann der Körper nur die kolloidale Zusammensetzung der Mineralien und Spurenelemente aufnehmen und verwerten.
Ich bin 58 Jahre alt, seit einem Jahr bin ich in Behandlung."

Frau C. Z., 58 Jahre

Mikromineralien und Zähne

„Nach einer längeren Phase mit Obst-Rohkost hatte ich wieder einmal sehr empfindliche Zähne. Sie reagierten stark auf Hitze und Kälte und sogar auf Berührung. Durch die Einnahme der Mikromineralien-Ur-Essenz hat sich die Empfindlichkeit der Zähne innerhalb weniger Tage deutlich reduziert."

Stefan, 28, Rohköstler und Sportler

Schwangerschaft

Viele Mütter waren von der Wirkung der Mikromineralien-Ur-Essenz während der Schwangerschaft begeistert:

Ihre Empfehlungen im letzten November bezüglich meiner Schwangerschaft habe ich alle befolgt und hatte eine sehr einfache Schwangerschaft ohne jegliche Beschwerden und eine komplikationslose, spontane Geburt von vier Stunden ohne jegliche medizinische Hilfsmittel. Ein großes Geschenk und einen gesunden Jungen dazu.
Für Ihre Empfehlungen hierzu herzlichen Dank!

M. L.

Ich war in der Klinik zur Entbindung, als ich plötzlich ein Gefühl wie Stuhldrang gespürt habe. Ich ging zur Toilette und zu meinem Erstaunen war der Kopf meines Kindes schon da! Von der Leichtigkeit dieser Geburt war meine Hebamme völlig überrascht! Ich bin sicher, dass die Mikromineralien dazu beigetragen haben.

K. N.

Autoimmunerkrankung

Hallo Dr. Switzer!

Ich habe im Herbst 2007 die Diagnose „Wegener Granulomatose" erhalten, eine ziemlich schlimme und aggressive Autoimmunerkrankung. Ich habe alle paar Minuten ein Schnapsglas voll Blut abgehustet, weil meine Lungen total am Bluten waren. Meine Nieren standen auch kurz vor dem Versagen und meine Mittelohrentzündung mit Paukenerguss war noch das kleinste Übel. Ich hatte 35 000 Leukozyten/Mikroliter im Blut und war sehr schwach. Die Krankheit führt unbehandelt in spätestens sechs Monaten zum sicheren Tod durch Nierenversagen, kann also durchaus mit Krebs konkurrieren.
Was dann kam, können Sie sich sicher vorstellen: eine Krankenhaus-Odyssee mit Röntgen, CT, Nierenbiopsie, Kortisonspritzen usw. Ich bekam Endoxan, Azathioprin, Methotrexat, Kortison und noch eine Menge anderer bunter Pillen, die insgesamt kaum in meinen Medizinschrank gepasst haben.
Da ich so nicht weiterleben wollte, habe ich mich einem Heilpraktiker anvertraut, der mich auf IgG4-Antikörper untersucht und bei mir heftigste Reaktionen auf Kuhmilch und Gluten festgestellt hat, seine Diagnose war Leaky-Gut-Syndrom. Allerdings hat er versucht, mich mit Palliativmittelchen über Wasser zu halten, und irgendwelche Kupfer- und Selenpillen verschrieben, und als er anfing, mir Zimt zu spritzen, bin ich nicht mehr hingegangen. Glutenhaltiges Brot habe ich ab dann durch glutenfreies ersetzt, aber immer noch lauter gekochtes Zeug gegessen und meine Beschwerden wurden nicht besser.
Im November letzten Jahres habe ich dann einen neuen Schub bekommen, ich hatte furchtbare Rheumaschmerzen, konnte kaum gehen und meine Leberwerte waren jenseits von Gut und Böse, ich hatte Blut und Eiweiß im Urin, das Maximum, was so ein Teststreifen anzeigt. Ich bekam eine Chemotherapie mit Rituximab, ein aus Mäusen gezüchteter monoklonaler Antikörper. Meine Beschwerden besserten sich, aber das ist trotzdem übles Zeug.
Im März dieses Jahres bin ich dann durch viel Googeln auf Rohkost und auf die Rohvolution aufmerksam geworden und habe Ihren Vortrag in Berlin besucht, der mich sehr inspiriert hat. Ebenfalls inspiriert haben mich Michael

Delias, Petra Birr, Gabriele Weiss, Urs Hochstrasser, Markus Rothkranz und eben auch die Geschichte von Ralf Brosius.

Ich stand genau vor demselben Scherbenhaufen wie Ralf Brosius und wusste nicht, ob mir Rohkost und Wildkräuter helfen werden. So wie es Ralf Brosius mit seiner Krebsdiagnose nicht wusste, hatte ich keine Ahnung, ob es gegen meine Autoimmunopathie helfen würde.
Ich habe ab März nur noch Rohkost gegessen, anfangs Cocktails mit Spinat, später dann auch mit Wildkräutern. Das Blut im Urin war erstaunlicherweise schon nach zwei Wochen weg und ist seitdem nicht wieder aufgetreten. Mit dem Vitamix habe ich dann die leckersten Cocktails gezaubert, zusätzlich presse ich mir Dinkelgras. Die neueste Anschaffung ist ein Sedona-Trockner.
Seit nun zwei Monaten habe ich keine einzige Tablette mehr angefasst und es geht mir blendend, die Laborwerte sind unauffällig. Mein Unsicherheitsfaktor war und ist, dass dieses Rituximab (Arzneimittel) noch wirken könnte, denn dies ist ein lang wirkendes Immunsuppressivum. Im Mai sollte ich eine Auffrischungs-Infusion bekommen, die habe ich abgelehnt. Mit jeder Woche gewinne ich mehr Sicherheit, dass ich mein Wohlbefinden meiner Ernährungsumstellung zu verdanken habe.
Ich habe schon viele Rezepte aus Ihrem Buch ausprobiert und bin total begeistert, insbesondere von den Kelp-Nudeln mit Koriandersoße, der Jello-Götterspeise, den Buchweizen-Leinsamen-Crackern, der Ackerschachtelhalm-Limonade, der Giersch-Karotten-Avocado-Paste usw.
Wenn Sie meine Geschichte interessiert, würde ich gerne dieses Wochenende zur Wildkräuter-Radtour vorbeikommen. Sie erwähnten, dass Sie ein neues Buch schreiben und Ihnen die Patienten mit Autoimmunkrankheiten die Tür einrennen. Vielleicht kann ich ein inspirierendes Beispiel wie Ralf Brosius sein.
Sie machen einen großartigen Job und ich bewundere Sie dafür.
Sie können meine Mail auch gerne an Ralf Brosius weiterleiten, soweit ich weiß, sucht er Leute, die durch Ernährungsumstellung Heilung erfahren haben.

Mit herzlichen Grüßen,

Thomas Laue

Lagerung des grünen Cocktails

Die Cocktails schmecken und wirken am besten, wenn sie frisch zubereitet und zeitnah verzehrt werden. Es ist wenig Arbeit, die Cocktails frisch zuzubereiten. Man kann sie allerdings drei Tage im Kühlschrank aufbewahren, wenn man sie luftdicht verschließt.

Welche Ausrüstung ist für die Herstellung der grünen Cocktails und der Sprossen-Cracker empfehlenswert?

Die technischen Innovationen im Bereich der Küchenmaschinen haben der Rohkost-Küche neue Möglichkeiten beschert. Der Kochherd wird durch einen industriellen Mixer mit 28 000 Umdrehungen und der Backofen durch ein Dörrgerät ersetzt. Dadurch bleiben die Nährstoffe und vor allem die Enzyme verschont.

Ein nur durchschnittlicher Mixer wird nicht in der Lage sein, Wildkräuter wie Brennnesseln faserfrei zu pürieren. Es werden immer einige Fasern übrig bleiben, die das Geschmackserlebnis stören könnten.

In den letzten zehn Jahren hatte ich viel Pech mit billigen Geräten. Ich musste sie immer wieder auswechseln oder reparieren lassen, weil sie ständig kaputtgingen.

Ein industrieller Mixer ist unverwüstlich – mein Vater verwendet seinen Vitamix seit über 30 Jahren. Insofern lohnt sich die Investition, um einen solchen robusten Mixer anzuschaffen.

Noch günstiger ist der Mini-Mixer (Personal Blender) der Firma Tribest, der von der Fa. Keimling in Deutschland vertrieben wird, Preis 70,00 bis 85,00 € (mit Mahlwerk). Eine ausgezeichnete und sehr robuste Maschine mit einem exzellenten Preis-Leistungs-Verhältnis.

Wildkräuter-Cocktails im Urlaub

Den kleinen Mini-Mixer „Personal Blender" von Keimling nehme ich auf meinen Reisen mit. Sogar in Hotels mixe ich meine grünen Wildkräuter-Cocktails! Wildkräuter finde ich fast überall, sogar in Parks, Früchte bekomme ich auf Märkten. Schon habe ich eine nahrhafte Mahlzeit zusammen. Das hat mich schon öfter vor einer trostlosen Mahlzeit in einem Restaurant gerettet. Auf Mallorca ernte ich die Blätter des weißen Gänsefuß (der „wilden Melde") und mixe sie mit Wasser, Bienenpollen, eingeweichten Mandeln, Zitronensaft, Bananen und frisch gepflückten Wildfeigen. Eine Köstlichkeit, die sogar meine Frau begeistert hat!

Ich erlebte zwei herrliche Wochen auf Mallorca und musste nicht einmal für teures Geld essen gehen. Ich lebte fast ausschließlich von Rohkost: grüne Wildkräuter-Cocktails, reife Früchte und selbst gepflückte Mandeln, leckere Salate und zwischendurch eine Gelatine-Götterspeise. Ich fühlte mich während dieser Zeit innerlich beschwingt, gut gelaunt und voller Energie. Es ging mir fast täglich ein Stück besser. Der Erholungseffekt nach einem solchen Urlaub war enorm. Mit einer „All Inclusive"-Pauschalreise wäre ich reif für eine Ayurveda-Kur gewesen!

Die meisten Urlauber machen mir einen trägen und phlegmatischen Eindruck. Das Essen ist einfach zu üppig für das Herumliegen am Strand. Nach meinem Wildkräuter-Frühstück fühle ich mich leicht und beschwingt. Der perfekte Start für einen schönen, erlebnisreichen Tag in der Sonne am Strand oder auf einem Mountainbike! Sonne, das tägliche Schwimmen im Meer und die grünen Wildkräuter-Cocktails sorgen für einen tollen Erholungseffekt. Körperlich und geistig kann ich voll auftanken. Hätte ich täglich Pizza oder Pasta gegessen, wären meine Kanäle schnell wieder dicht. Meine Biophotonen aus den Wildkräutern hätten mir gefehlt!

Ich kann einen solchen Wildkräuter-Vitalkost-Urlaub wärmstens empfehlen. Die Wirkung ist ähnlich wie beim Heilfasten mit dem Unterschied, dass durch die Wildkräuter-Cocktails und Mikromineralien mehr Energie zur Verfügung steht als beim klassischen Heilfasten. Man wird keine Durchhänger wie beim Fasten haben, trotzdem bekommt der Körper eine exzellente Gelegenheit, sich zu entgiften.

Mein Essensplan für den Urlaub

Die Wildkräuter-Vitalkost kann die Urlaubskosten reduzieren, weil man nicht mehr auf Restaurants angewiesen ist. Sie werden nur geringe Lebensmittelkosten haben. Sie brauchen nur den Minimixer (Personal Blender) mitzunehmen, etwas Wildgrün aus der Natur ernten, reifes Obst, Gemüse und Nüsse auf einem Markt zu besorgen und das kulinarische Abenteuer kann losgehen. Die Biophotonen-Ausbeute wird enorm sein.

Grüne Cocktails werden mit reifem Obst gemixt (Wildfeigen und Kaktusfeigen wachsen oft wild und sind hervorragend mineralisiert, weil sie nicht gedüngt werden) und zum Frühstück gegessen. Mittagessen wird in der Regel übersprungen, weil die Sättigung des grünen Frühstücks lange anhalten wird. Abends eine grüne Miso-Suppe (ein Gourmet-Erlebnis für Suppenliebhaber) mixen und zusammen mit Leinsamen-Crackern, die man in der Sonne getrocknet hat, essen (wird garantiert nicht anbrennen!). Ein Erdmandel-Milchshake, Wildkräuter-Sushi-Rollen, eine Gelatine-Götterspeise mit Früchten und frisch gepflückten Mandeln runden die Mahlzeit ab.

Glutenfreie Nahrungsmittel

Die folgende Liste enthält glutenfreie Nahrungsmittel, die man anstelle von glutenhaltigen Getreidesorten wie Weizen, Roggen, Gerste, Dinkel und Hafer essen kann. Durch den Verzehr von glutenfreiem Getreide versuchen wir, Darmverschlackungen und Nahrungsmittel-Allergien zu verhindern. Durch die Verwendung von glutenfreien Getreidesorten wird die Passagezeit im Darmtrakt beschleunigt.

Hirse

Im Mittelalter war Hirsebrei ein Grundnahrungsmittel. Brot wurde nur selten gegessen. Auch heute sind Menschen in der dritten Welt meistens Breiesser, wie in Afrika. Hirse ist nicht nur glutenfrei, sie ist auch sehr bekömmlich und eine gute Quelle für Kieselsäure und pflanzliches Eiweiß. Die Sättigung hält lange an.

Maroni

Am besten schmeckt mir der Maroni-Porridge: Das Mehl der Esskastanien wird kurz mit Reismilch aufgekocht und mit etwas Vanille und Mandelmus veredelt. Schmeckt ein bisschen wie Vanille-Sahne-Pudding, macht satt und glücklich (siehe dazu mein Rezept S. 92).

Kichererbsen

Diese Hülsenfrüchte gelten im Nahen Osten als eine Delikatesse. Das Grundnahrungsmittel der Israelis, Araber, Perser und Türken. Hummus ist enorm sättigend und enthält pro 100 Kalorien mehr Eiweiß als Fleisch und Wurst (siehe mein Sprossen-Hummus-Rezept S. 115).

Erbsen, Linsen, Bohnen

Das Geheimnis einer guten Sättigung sind die ayurvedischen Bohnen- und Linsengerichte. Die Ayurveda-Rezepte sind unübertroffen. Die Hülsenfrüchte sind sehr eiweißhaltig, haben einen niedrigen glykämischen Index und sorgen damit für stabile Blutzuckerwerte. Bohnen über Nacht einweichen, dann mit Meeresalgen wie Wakame kochen. Abkühlen lassen und daraus einen Salat aus Essig, Olivenöl, Tomaten, Wildkräutern und Sprossen (Mungbohnen, Alfalfa) entstehen lassen.

Reis

Fast die gesamte asiatische Küche ist glutenfrei. Reismehl kann auch zum Backen eingesetzt werden. Reisnudeln ersetzen glutenhaltige Nudeln.

Mais

Die original mexikanische Küche ist auch gluten- und milchfrei. Tortillas werden z. B. aus Maismehl gemacht, aber auch Polenta aus der italienischen Küche wäre eine gute Alternative. Oder wie wäre es mit Popcorn? Am besten eine Heißluft-Popcorn-Maschine besorgen (ca. 25,00 €). Popcorn poppen, dann mit Tamari-Sojasauce (am besten mit einer Sprayflasche) und Hefeflocken bestreuen (siehe Rezept S. 151). Heilkräftiges Popcorn statt Chips!

Obst, Gemüse

Alle Sorten sind glutenfrei.

Nudeln

Hier gibt es glutenfreie Nudeln im Bio-Markt. Auch Reisnudeln können verwendet werden. Asienläden bieten sogar Glasnudeln aus Mungbohnen an; sie sind sehr eiweißhaltig.

Brot

Das größte Problem ist das Brot: überall beliebt, weil es so gut schmeckt und so konsumfreundlich ist. Von klein an werden wir von der Mutter auf Brot programmiert. Von dieser Prägung loszukommen ist schwierig. Brot macht auch gute Laune: Es enthält Moleküle, die ähnlich wie Opiate aussehen und wirken. Opiate sind Suchtstoffe. Brot und Nudeln sollte man eigentlich als Einstiegsdrogen nennen. Wenn Sie das nicht glauben, sollten Sie versuchen, einen Monat ohne Brot zu leben. Es ist viel schwieriger, als man denkt. Es entstehen richtige Entzugserscheinungen. Durch die Verwendung der Enzym-Cracker ist es aber möglich, von Brot wegzukommen (ab S. 141).

Glutenfreie Samen und Mehle

Als Ersatz für glutenhaltige Mehle und Samen können folgende Getreide, Früchte, Samen und Knollen verwendet werden:

Amaranth

Amaranth ist ein altes Nahrungsmittel der Inkas und Azteken mit wertvollen Inhaltsstoffen (z. B. viel Zink und Eisen). Die Körner erinnern an Hirse und sind etwa senfgroß. Man kann sie poppen oder im Bioladen gepoppt kaufen. Zusammen mit Reismilch und Rosinen lässt sich ein glutenfreies Müsli herstellen. Amaranth enthält sehr viel Kalzium, viel mehr als Weizen oder Roggen. Alle Teigwaren sind deshalb eher Kalziumräuber, sie liefern nur wenig Kalzium.

Buchweizen

Buchweizen kann für alle glutenfreien Backwaren oder Pfannkuchen eingesetzt werden. Buchweizen wurde früher auch in Deutschland viel verwendet, bis die Kartoffel ihn verdrängt hat. Die japanischen Soba-Nudeln und die amerikanischen „Pancakes" bestehen oft aus Buchweizenmehl.

Hanf

Die Samen können zu Mehl vermahlen werden. Hanf besitzt einen hohen Ernährungswert. Er enthält viele wertvolle essenzielle Fettsäuren und Eiweiß. Am besten kauft man die geschälten Hanfsamen, weil die Schale etwas bitter schmeckt.

Hirse

Hirse war im Mittelalter ein Grundnahrungsmittel. Dann kamen Brot und Kartoffeln und verdrängten sie aus der Küche. Die Hirse eignet sich gut für Aufläufe, Bratlinge und Porridges.

Kastanien

Esskastanien kann man als Pulver kaufen und mit Reismilch kurz aufkochen. Dauer: ca. 3 Minuten. Etwas Mandelmus dazugeben und man erhält einen leckeren Porridge. Auch zum Backen und für Pfannkuchen ist Kastanien-Pulver sehr geeignet. Kastanien enthalten ungefähr so viele Nährstoffe wie Nüsse, aber nur ca. 5 Prozent Fett. Eine großartige Nährstoffquelle, ein Grundnahrungsmittel der Indianer Nordamerikas.

Kichererbsen

Kichererbsen sind ein Grundnahrungsmittel im Orient. Sie können zu Mehl vermahlen und Backwaren zugesetzt werden. Bekannt sind Falafel und Hummus. Gekeimt kann man sie Salaten hinzufügen. Sehr empfehlenswert ist mein Sprossen-Hummus-Rezept (siehe Rezept S. 115).

Kokosnuss

Man kann Kokosmehl kaufen und anstelle von Mehl einsetzen. Die Kokosnuss enthält sehr wertvolle Fettsäuren und ist leicht verdaulich.

Mais

Aus Mais kann sowohl Maismehl als auch Maisstärke hergestellt werden. Maismehl kommt in fast allen glutenfreien Brotsorten vor. Mais liefert allerdings kein vollständiges Eiweiß und ruft bei vielen Menschen Allergien hervor. Außerdem enthält er Stoffe, die den Stoffwechsel von Vitamin B3 beeinträchtigen können. Deswegen sollte man Maisprodukte nur gelegentlich essen.

Maniok oder Tapioka

Maniok kommt hauptsächlich in Afrika vor und wird dort oft zu Mehl vermahlen. Die Tapioka-Körner können als Porridge verwendet oder zu Mehl gemahlen werden.

Mohnsamen

Mohnsamen weisen viele interessante Nährstoffe auf. Sie enthalten viel Kalzium und Zink. Sie können zum Sprießen gebracht und als Nachtisch verwendet werden (siehe Rezept S. 159).

Mungbohnen

Aus Mungbohnen werden in Asien Glasnudeln hergestellt, die man in Asienläden kaufen kann. Diese eiweißhaltigen Bohnen lassen sich auch keimen und können für Salate verwendet werden. Im Bioladen gibt es leckere Chips, die aus Mungbohnen hergestellt werden.

Quinoa

Quinoa, auch Inkakorn genannt, wird seit Tausenden von Jahren in den Anden angebaut. Wegen seines hochwertigen Eiweiß-Profils ist Quinoa für Vegetarier ein sehr interessantes Getreide. Es lässt sich auch leicht keimen. Wenn man die Samen über Nacht einweicht, entstehen Sprossen, die man für Salate einsetzen kann. Mein Quinoa-Quark ist eine Art Grundnahrungsmittel für Rohköstler geworden.

Reis

Reismehl wird neben Maismehl auch häufig für glutenfreie Backwaren verwendet. Reis ist normalerweise gut verträglich und ruft wenig Allergien hervor.

Sesam

Vor 4000 Jahren wurde der Sesam vom Ayurveda, der Wissenschaft des Lebens, entdeckt. Als Ölsamen ist er für das Backen schlecht geeignet. Er kann in Form von Tahin-Sesammus eingesetzt werden. Sesam enthält sehr viel Kalzium und Zink.

Verkleben Sie Ihren Körper nicht mit Gluten-Klebereiweiß!

Aus Gluten-Klebereiweiß wird Uhu-Klebstoff hergestellt. Gluten ist in der Lage, unsere Darmschleimhäute zu verkleistern und somit Entzündungen hervorzurufen, die auch an anderen Körperstellen auftreten können. Auch Haut und Gelenke können durch Gluten belastet werden. Schon Pfarrer Kneipp hat früher auf die Problematik hingewiesen.

Hybrid-Getreidesorten wurden in den letzten Jahren gezüchtet, um ihren Glutengehalt zu steigern. Das bringt zwar Vorteile für die Bäcker, aber Nachteile für unsere Darmwände und Gefäße!

Gluten wird vor allem dann zu einem Problem, wenn wir über ein schwaches Verdauungsfeuer verfügen. Das kann vorkommen, wenn ein Mangel an Magensäure und Verdauungssäften vorliegt. Dann werden Verschlackungen im Darm begünstigt. Das Verdauungsfeuer ist bei vielen älteren Menschen schwach, bereits jeder zweite 50-Jährige leidet an einem Mangel an Magensäure. Ein Heilpraktiker in München hat geschätzt, dass über 90 Prozent aller Erwachsenen von dem Mittel Mikro-Digest, einer Verdauungshilfe, die Hydrochlorsäure im Magen freisetzt, profitieren können.

Das konsequente Weglassen aller glutenhaltigen Produkte wie Pizza, Pasta, Brot, Cracker, Müsli etc. sowie eine Reduktion von Milchprodukten ist der beste Weg, um den Magen-Darm-Trakt zu optimieren.

Die besten Strategien, um abzunehmen

Abnehmen wird beschleunigt, wenn der Körper mit Nährstoffen optimal versorgt wird. Eine Kombination aus grünen Wildkräuter-Cocktails, der Mikromineralien-Ur-Essenz und der Elimination von glutenhaltigen Produkten ist das Geheimnis. Reduzieren Sie Ihr Bauchfett, und das Risiko, an Krebs, Herz-Kreislauf-Krankheiten oder Demenz zu erkranken, wird wesentlich geringer.

Eine glutenfreie Ernährungsweise wird die Passagezeit im Darm verkürzen; eine wichtige Voraussetzung, um abzunehmen. Die Leinsamen-Cracker (siehe Rezept S. 141) und die Buchweizen-Brennnessel-Pfannkuchen (Rezept S. 101) bilden einen guten Ersatz für Brot und Nudeln.

Reduzieren Sie auch die Einnahme von Milchprodukten; beschränken Sie sich auf kleine Mengen rohen Ziegenkäse, Ghee und Butter.

Reismilch oder die Milch aus Erdmandeln wird anstelle von normaler Milch eingesetzt.

Zum Frühstück gibt es nichts Besseres als einen grünen Wildkräuter-Cocktail (bis zu einen Liter!) mit 2 bis 4 Esslöffeln der Mikromineralien-Ur-Essenz. Die Sättigung danach ist enorm, allein durch diese Maßnahme konnten viele meiner Patienten innerhalb von 6 Wochen ihr Gewicht um 5 bis 6 kg reduzieren.

Mit der täglichen Einnahme von 2 bis 4 Esslöffeln der Mikromineralien-Ur-Essenz (Firma Rocky Mountain Phyto Essentials) kann man die Gelüste nach Süßigkeiten, Schokolade und Kohlenhydraten oft erheblich reduzieren. Durch einen grünen Wildkräuter-Cocktail zum Frühstück ist es oft möglich, das Mittagessen zu überspringen. Dadurch spart man Kalorien und gewinnt Zeit für andere Aktivitäten.

Eine Götterspeise aus Gelatine wird die Aufnahme von Vitaminen und Mineralien im Darm verbessern und erhöht dadurch die Sättigung. Die Gelatine kann das Darm-Milieu optimieren. Mit einer täglichen Miso-Brennnessel-Suppe lassen sich viele Kalorien sparen (siehe Rezept S. 61).

Ein großer Salat aus gekochten Kichererbsen, Wildkräutern, Avocado, Balsamico-Essig, Tomaten, Rucola, Sprossen etc. ist schnell gemacht.

Der ayurvedische Bohneneintopf (siehe Rezept S. 211, Bohnen vorher einweichen) ist nicht nur kalorienarm, er wirkt auch sehr sättigend und kann eine Fleischmahlzeit ersetzen.

Früchte statt Süßigkeiten essen! Himbeeren und Grapefruit sind besonders empfehlenswert, weil sie den Blutzuckerspiegel kaum beeinflussen. Trockenfrüchte sollte man eher meiden, der Zuckergehalt ist zu hoch. Die Einnahme von Nährhefeflocken stabilisiert den Blutzucker und dämpft Gelüste nach Süßigkeiten.

Empfohlene Lebensmittel

Gesunde Fette

- *Avocado*
- *Rohe Oliven*
- *Eingeweichter/gekeimter Leinsamen*
- *Geschälte Hanfsamen*
- *Kokosmilch, -öl, -mus*
- *Rohmilch-Ziegenkäse*
- *Rohmilch-Butter*
- *Kalt geräucherter Bio- oder Wild-Lachs*
- *Ghee-Butter*
- *Bio-Eigelb*

Empfehlenswerte Gemüsesorten

- *Sellerieknolle und Selleriestauden*
- *Gurken*
- *Topinambur-Knollen*
- *Schwarzwurzeln*
- *Löwenzahnwurzeln*
- *Rote Bete*
- *Alte Rübensorten*
- *Rettich*
- *Kürbis*
- *Brokkoli*
- *Blumenkohl*
- *Weiß- bzw. Rotkohl*
- *Spitzkohl*
- *Kohlrabi*
- *Fenchel*

Grünes Blattgemüse/Grüne Blattsalate

- *Wildkräuter*
- *Grünkohl*
- *Schwarzkohl*
- *Wirsing*
- *Spinat*
- *Mangold*
- *Rucola*
- *Feldsalat*
- *Mungbohnen-Sprossen, Kresse etc.*

Empfehlenswerte Früchte

- *Äpfel*
- *Grapefruit*
- *Zitronen*
- *Alle Beeren*
- *Kiwi*
- *Avocado*
- *Kokosnuss*
- *Esskastanien*
- *Johannisbrot*
- *Ananas*
- *Papaya*
- *Maracuja (Passionsfrucht)*
- *Kumquat*
- *Physalis*

Folgende stärkehaltige Nahrungsmittel sollte man entweder reduzieren oder ganz eliminieren:

- *Kartoffeln*
- *Teigwaren*
- *Brot*
- *Nudeln*
- *Pasta*
- *Chips*
- *gebratene Gerichte*
- *Kuchen*
- *Cracker*
- *alle Fertigprodukte*
- *gebratenes Fleisch*
- *Pommes Frites*

Empfohlene Getränke

- *Ackerschachtelhalm-Limo (siehe Rezept S. 185)*
- *Kombucha-Tee*
- *Vata-Tee*
- *Kombucha-Limonade mit Stevia-Süßblattkonzentrat gesüßt*
- *Abgekochtes Ayurveda-Wasser*

Vegetarische Eiweißquellen

- *Hefeflocken (50 Prozent Eiweiß, Bioladen)*
- *Spirulina (65 Prozent Eiweiß)*
- *Mungbohnen, gekeimt (22 Prozent Eiweiß)*
- *Sonnenblumenkerne, gekeimt (18 Prozent Eiweiß)*
- *Quinoa (ca. 14 Prozent Eiweiß)*
- *Brennnesseln (als Gemüse oder im Mixer püriert, ca. 9 Prozent Eiweiß)*
- *Hülsenfrüchte wie Kichererbsen, Linsen, indisches „Dal“, trockene Bohnen (alle ca. 20 Prozent Eiweiß): mindestens 1 bis 2 Tage in Wasser einweichen, um Phytinsäure abzubauen, damit wird die Verträglichkeit verbessert*
- *Kürbiskerne, Sonnenblumenkerne (vorher einweichen und im Dörrgerät danach trocknen)*

Organische Eisenquellen (gegen Anämie oder Blutmangel)

- *Brennnessel-Spinat und -Cocktails*
- *Hefeflocken (Bioladen)*
- *Wakame- oder Dulse-Meeresalgen*
- *Nori-Algenblätter (Sushi-Rezept S. 79)*
- *Spirulina*
- *Tahin-Sesammus*
- *Melasse-Zuckerrübensaft*

Tierisches Eiweiß

- *Matjes-Filet*
- *Bismarck-Hering*
- *kalt geräucherter Biolachs (Bioladen)*
- *Gedörrte Sardinen*

Ayurveda-Panchakarma-Kur

Verbinden Sie eine Ayurveda-Panchakarma-Kur mit der Heilkraft der frischen Wildkräuter-Früchte-Cocktails und Mikromineralien-Ur-Essenz!

Bei unserer Ayurveda-Kur werden Schritt für Schritt der Stoffwechsel und das Immunsystem optimiert. Unser ganzheitliches Konzept umfasst Therapien aus der Homöopathie, dem Ayurveda, der amerikanischen Chiropraktik sowie Wildkräuter-Vitalkost. Hier ist eine Zusammenfassung unseres therapeutischen Vorgehens:

1. Zuerst wird der Magen-Darm-Trakt durch eine spezielle Ayurveda-Heilfasten-Vorkur gesäubert. Durch die Einnahme von Ghee oder Kokosöl, der Mikromineralien-Ur-Essenz und verschiedenen ayurvedischen Kräutern wird die Entschlackung relativ leicht und mühelos gelingen. Zum Schluss werden Darmreinigungen mit Kräuterölen durchgeführt. Laut Hippokrates ist ein sauberer Darm eine wichtige Voraussetzung für die Wiedererlangung bzw. Optimierung der Gesundheit.

2. Durch die Einnahme von nährstoffhaltigen Wildkräuter-Cocktails, Enzym-Sprossen-Crackern und der Mikromineralien-Ur-Essenz erfahren der Stoffwechsel und das Immunsystem schon während der Kur eine Belebung.

3. Um Wirbelsäulenblockaden zu beheben, wird die amerikanische Chiropraktik eingesetzt. Die Anwendungen werden durch Dr. Harry Rowe, Doktor der Chiropraktik, USA, mit mehr als 30 Jahren Erfahrung, durchgeführt. Bei Wirbelblockaden kann die Nervenenergie die inneren Organe nicht ausreichend versorgen. Dadurch können Symptome entstehen.

4. Um die drei Vitalprinzipien Vata, Pitta und Kapha auszugleichen, werden spezielle Präparate aus dem klassischen Ayurveda eingesetzt.

5. Am Ende der Kur erhält jede/r Patient/in einen individuellen Ernährungsplan für zu Hause. Schon während der Kur kommt man in den Genuss von frisch gepflückten Wildkräuter-Cocktails, Enzym-Crackern und organischen Mikromineralien. Nach der Kur werden die frisch gereinigten Zellen und Organe viele hochwertige Nährstoffe brauchen.

6. Enzyme, sekundäre Pflanzenstoffe, Biophotonen und über 70+ organische Mineralien können ungeahnte Heilkräfte freisetzen und Stoffwechsel und Immunsystem beleben. Diese Nährstoff-Therapie wird zu Hause nach der Kur weiter durchgeführt.

Somit bietet Ayurveda Health and Beauty am Starnberger See eine Panchakarma-Kur, die die Bezeichnung „ganzheitlich" verdient hat. Die intensive innere Säuberung gepaart mit den wunderschönen, klassischen Ölmassagen sowie eine heilkräftige und stoffwechselbelebende Ernährungsweise werden nicht nur als Genuss erlebt, sondern sind auch in der Lage, schlummernde Heilkräfte zu wecken.

Der Unterschied zu einer traditionellen Panchakarma-Kur

Bei einer „klassischen" Panchakarma-Kur besteht die Nahrung hauptsächlich aus Basmati-Reis, Linsen-Dal und gekochtem Gemüse. Enzymreiche Frischkost wird bei einer solchen Kur nicht verabreicht. Deswegen berichten viele Patienten über heftige Gelüste während und nach einer traditionellen Panchakarma-Kur, bei der man täglich Basmati-Reis und Linsen-Dal erhält.

Weil Reis und Linsen auf mineralarmen Ackerböden mit Düngemitteln angebaut werden, fehlen die wichtigen organischen Spurenelemente. Dadurch entstehen die starken Gelüste, die viele Patienten nach Abschluss einer solchen Panchakarma-Kur plagen.

Kaum ist die Kur in Sri Lanka, Indien oder auch Deutschland vorbei, wird man oft von einem starken Verlangen nach Schokolade, Süßigkeiten, Brot, Käse und sogar Wurst heimgesucht. Die fehlenden organischen Spurenelemente, Enzyme, Biophotonen und sekundären Pflanzenstoffe in der gekochten Ayurveda-Nahrung lassen die massiven Gelüste entstehen. Ihre Entstehung ist eine Überlebensstrategie, die der Körper entwickelt hat, um Nährstoffmängeln vorzubeugen.

Weil Basmati-Reis und Linsen mit nitrathaltigen Düngemitteln auf mineralarmen Ackerböden angebaut werden, ist es fast unmöglich, mit diesen nährstoffarmen Nahrungsmitteln eine tiefgreifende Sättigung zu erreichen. Ein Mangel an organischen Mineralien in Reis, Linsen und Gemüse wird die Gelüste anfachen und zu einer Schwächung des Stoffwechsels und des Immunsystems führen.

Deswegen setzt Ayurveda Health and Beauty am Starnberger See auf die Heilkraft und den hohen Nährstoffgehalt der frischen Wildkräuter-Cocktails, Enzym-Cracker und organischen Mikromineralien-Ur-Essenz. Nahrung wird wie Medizin eingesetzt, ganz im Sinne von Hippokrates, damit die körpereigenen Heilkräfte belebt werden können. Wildkräuter werden auf einem Biotop am Starnberger See frisch geerntet und mit Früchten veredelt. Das Ergebnis sind schmackhafte und nährstoffreiche Wildkräuter-Früchte-Cocktails auf Gourmet-Niveau. Diese heilkräftige Nahrung sorgt für eine Stoffwechselbelebung und das Wohlbefinden unserer Patienten. Durch ihre hohe Nährstoff-Konzentration wird das Heilfasten während der Vorkur unterstützt und von den Patienten als leicht und mühelos empfunden. Die Wildkräuter-Cocktails sind die perfekte Fastenspeise.

Bezugsquellen

Den Tribest-Minimixer (Personal Blender), den Vitamix-Industrie-Mixer, den Greenstar sowie die Excalibur- und Stöckli-Dörrgeräte erhalten Sie bei:

Keimling Naturkost
www.keimling.de
Tel. 04161/511 60

Den Turbo-Standmixer Revoblend RB 390 mit 32.000 U/Min. (415,00 €) sowie den Revoblend RB 500 mit 38.000 U/Min. (499,00 €) und den einzigartigen Sixwave Blades erhalten Sie bei:

www.revoblend.de
Tel. 0176/63 39 12 11

Den Standmixer Energy Power Smoother mit 25.000 U/Min. (199,00 €) sowie den Hurom-Entsafter (299,00 €) erhalten Sie von:

Vital-Energy
www.vital-energy.eu
Tel. 0043/07 47 55 40 45

Spiralschneider (verwandelt Zucchini in Nudeln):

Stand-Spiralschneider
Lurch AG
www.lurch.de

Hand-Spiralschneider „Spirelli"
Waschbär Versand
www.waschbaer.de

Frische Wildkräuter:

St. Michaelshof bietet Wildkräuter auf vielen Märkten in Südbayern. Er verschickt bundesweit einen wunderschönen Wildkräuter-Wildblüten-Mix, den man für einen Salat verwenden kann.

St. Michaelshof
www.st-michaelshof.de
shop@st-michaelshof.de
Tel. 07565/94 00 94

Die Mikromineralien-Ur-Essenz erhalten Sie über die folgenden Adressen:

Urkraftquelle Mineralien und Wellness, Feldafing
www.urkraftquelle.de
Tel. 08157/7152
info@ein-langes-leben.de

Rosen Apotheke (Nähe Marienplatz)
Rosenstr. 6
80331 München
Tel. 089/23 00 27 00

Microminerals USA
www.microminerals.us
4026 Bemis St.
Los Angeles, Ca 90039

Rocky Mountain Phyto-Essentials
www.microminerals.eu
Lelystad, Holland

AyurVeda AG
www.veda.ch
Dorfstr. 71
CH-6377 Seelisberg
Tel. 0041/418 20 55 44

Tropische Früchte, Johannisbrot (Karob)-Schoten roh:

Orkos
www.orkos.com
Tel. 0800/999 88 81

Tropenkost
www.tropenkost.de
Tel. 06122/533 36 67

Auch viele asiatische Läden bieten tropische Früchte an.

Kastanien-Pulver in Rohkost-Wildwuchs-Qualität (sowie Kastanienmehl, Kastanienflocken und Dörrkastanien):

Naturgaben Ursula Schaller
www.naturgaben.de
Tel. 09395/85 78

Mikro-Digest, Johannisbrot (Karob)-Schoten roh, fermentierter Bienenpollen, Brennnesselsamen, Chia-Samen, Kelp-Nudeln, Mesquite- und Maca-Pulver, Heilpilz- und Cordyceps-Kapseln, Ashwaganda, Shilajit, Jiaogulan-Tee, Gelatine aus Fischknochen und Krill-Öl-Kapseln:

Urkraftquelle Mineralien und Wellness, Feldafing
www.urkraftquelle.de
Tel. 08157/7152
info@ein-langes-leben.de

Unfermentierte rohe Kakaobohnen, rohe Oliven, Erdmandeln fein gemahlen (roh):

Keimling Naturkost
www.keimling.de
Tel. 04161/511 60

Rohe Kakaobohnen, Bio-Maca-Pulver, Stevia, Weißdornbeeren (getrocknet):

G & M Naturwaren
www.elcompra.de
Tel. 0700/88 03 69 99

Rohes Kakaopulver, Kakaobutter, Lucuma-Pulver, Chia-Samen, rohes Karob-Pulver:

Detox Your World
www.detoxyourworld.com

Superfood for you
www.rohsuperfood.de
Tel. 089/51 26 13 85

PureRaw
www.pureraw.de
Tel. 0163/802 69 14

Rohkost-Leinsamen-Cracker, Schokolade (bestes Sortiment):

Lifefood
www.lifefood.de
Tel. 09633/92 30 50

Bio-Mandelmus in Rohkost-Qualität:

Soyana
www.soyana.ch
Tel. 0041/447 31 12 00

Bio-Kokosmus, -Kokosöl, -Kokosmehl Dr. Goerg:

www.virgin-coconut-oil.de
www.drgoerg.com
Tel. 06431/212 28 00

Kokosöl:

Ölmühle Solling
www.oelmuehle-solling.de
Tel. 05271/96 66 60

Tölle GmbH
www.toellegmbh.de
Tel. 08259/426

Bio-Sesammus in Rohkostqualität:

Vitakeim
www.vitakeim.de
Tel. 07626/974 98 82

Rohmilch-Bio-Butter:

www.schaetzeausoesterreich.at
Tel. 0043/62 14 72 43

Erdmandeln:

Ganze Erdmandeln (verzehrfertig), Erdmandel-Flocken (Chufas-Nüssli):

Fa. Erdmarie (z. B. St. Michaelshof am Viktualienmarkt, München, manche Reformhäuser)

Erdmandeln fein gemahlen:

Bioladen, Reformhaus

Vata-Churna-Gewürz, Vata-Tee:

AMLA Natur Vertriebs GmbH
www.amla.de
Tel. 04108/41 43-0

Maharishi Ayurveda Products Europe B.V. Deutschland
map@ayurveda-produkte.de
Tel. 02432/24 94

Maharishi Ayurveda Products Europe B.V. international
map@ayurveda.nl
Tel. 0031/0475/52 91 11

Jiaogulan-Tee:

Sanleaf Europe
www.sanleaf-europe.com

Kombucha-Pilz:

www.kombuchapilz.de
Tel. 0163/692 31 16

Ayurveda-Panchakarma-Kur:

Innovative Ayurveda-Panchakarma-Entschlackungs-Kuren am Starnberger See werden in Verbindung mit Dr. Switzers Wildkräuter-Vitalkost und Dr. Rowes amerikanischer Chiropraktik durchgeführt.

info@ayurveda-bayern.com
Tel. 08157/71 52

Stichwortverzeichnis

Impressum:

© 2012 Dr. med. John Switzer

Verlagsadresse:
Ayurveda Health & Beauty Verlag
Am Kirchplatz 5
82340 Feldafing
Tel. 08157/7152

4. überarbeitete und ergänzte Auflage

Lektorat: Antje Schütze, München
Druck: Ambacher Druck, München
Layout und Satz: J. Fendt,
Creative Pool Network
Rezeptfotos: Monika Sedivy; Kräuterfotos: U1: Jörg Beuge, Marem, Pixelot, geewhiz und bei Fotolia.de
U4: Elena Schweitzer bei iStock.de
U2/U3-Hintergrund: Uschi Dreiucker, pixelio.de
ISBN Nr. 978-3-00-033320-0